U0897424

本成果受到重庆工商大学商科学术研究国际化促进计划、重庆工商大学专著出版基金资助

国家安全视阈下预防性刑法范式研究

胡 霞 著

中国财经出版传媒集团
中国财政经济出版社

图书在版编目（CIP）数据

国家安全视阈下预防性刑法范式研究 / 胡霞著. -- 北京：中国财政经济出版社，2022.5

ISBN 978-7-5223-1291-0

Ⅰ.①国… Ⅱ.①胡… Ⅲ.①刑法-研究-中国 Ⅳ.①D924.04

中国版本图书馆 CIP 数据核字（2022）第 050351 号

责任编辑：彭 波　　责任印制：史大鹏
封面设计：卜建辰　　责任校对：张 凡

中国财政经济出版社 出版

URL：http：//www.cfeph.cn

E-mail：cfeph@cfeph.cn

社址：北京市海淀区阜成路甲 28 号 邮政编码：100142

营销中心电话：010-88191522

天猫网店：中国财政经济出版社旗舰店

网址：https：//zgczjjcbs.tmall.com

北京财经印刷厂印刷 各地新华书店经销

成品尺寸：170mm×240mm 16 开 16.75 印张 245 000 字

2022 年 5 月第 1 版 2022 年 5 月北京第 1 次印刷

定价：68.00 元

ISBN 978-7-5223-1291-0

（图书出现印装问题，本社负责调换，电话：010-88190548）

本社质量投诉电话：010-88190744

打击盗版举报热线：010-88191661 QQ：2242791300

序　言

国家安全视阈下预防性刑法范式研究在国内外刑法学界都是新颖的问题。国内外目前尚较少有专门聚焦于国家安全这一语境研究刑法范式的项目，西方犯罪学界关于安全对刑法的影响和作用、关于预防性刑事立法规范和预防性刑事司法实践的内容和做法进行了一定程度的研究和论证，但专门从国家安全以及安全价值观、安全文化等角度论证预防性刑法范式的几乎没有。国内刑法学界关于这一主题基本上也并未有学者开展过体系化研究。在此意义上，胡霞博士择取的这一选题在国内外学术界都具有很强的创新性。

对于学术研究而言，创新性固然重要，但成果的理论价值与实践价值同样重要。国家安全视阈下预防性刑法范式的研究聚焦于后“9·11”时代安全问题的严峻性、关注风险社会、后现代社会中新的风险类型对于社会发展与政府治理的挑战，关注刑法作为社会的最后一道防线在国家安全的不断升温和强调下存在的边界模糊、功能泛化的危机。该选题站在国家安全、特别是现代社会发展变迁中出现的安全、国家安全泛化的背景下研究刑法转变中的坚守与变革，超越了传统刑法解释学、教义学的局限，对于当下刑法学、犯罪学领域的整体研究语境把握精准。作者从预防性刑法范式生成的语境出发，在对安全以及关涉内容论证的基础上得出了当下社会安全泛化的结论。作者论证了预防性路径在安全泛化的语境下形成的过程，论证了预防性刑事立法范式与司法范式的主要内容及具体表征，最后形成了国家安全视阈下刑法的坚守与变革的六组术语。作者运用刑法学、宪法学、政治学、社会学、犯罪学、心理学、哲学等不同学科的理论与知识内容，充分将理论与现实进行关联与互动。尤其是在对安全与安全化阐释的基础上，恐惧文化与预防文化分析的基础上，风险社会与风险社会理论厘清的基础上，作者不断靠近和明晰支配当下刑法运作的价值立场和制度目标，不仅可以避免落入刑法哲理研究已有的甚至有些陈旧的套路，观察社会心理和立法心理，还让人更清晰地看到"积极刑法观"背后的刑法工具主义的立场。除此，无论是预防性刑事立法范式中对轻罪立法的质疑抑或道德刑法化的担忧，还是预防性刑事司法范式中对危险者的关注、对全景敞视社会的论证，本书在每一部分都做到了对现实的充分剖析和理论的充分检视，做到了对理论与现实的充分关联互动，而这样的互动效应也跳出了犯罪治理的思考进入国家治理的层面，这是一种非常有价值的思考方式与论证模式。

尽管本书是一部优秀的学术专著，但仍有一些不完美之处。预防犯罪的内容完善可以多从犯罪学领域继续深入研究。预防犯罪的目的达成仅靠刑法是无法实现的，尽管作者也提出要充分发挥其他治理手段的作用，但如何发挥、发挥到什么程度，不同治理手段之间如何统筹、协调，作者并未展开详细论证。事实上，较之于刑法学，犯罪学会研究更为全面的"犯罪"问题，这里的"犯罪"不仅包括刑法意义上的犯罪，还包括一般的失范行为。正是因为犯罪学本身的交叉性以及关注问题的全面性，因此犯罪学中关于预防策略和预防措施的产出比刑法学更为系统和丰富。刑法学中关于预防犯罪目的的不适当关注已经使刑法在预防犯罪的过程中产生了大量危机，正如作者所表述的刑法所实现的预防应该是惩罚所带来的预防效果，而非以预防性路径、预防性逻辑主导下的刑法范式。而且作者也提到安全的泛化导致了刑法的泛化，事实上，刑法泛化的结果也能反证出刑法在预防犯罪问题上的捉襟见肘，更为妥适的做法是预防犯罪的任务在犯罪学中进行分解，经过过滤后将适合刑法的交由刑法应对。上述问题留待作者之后在犯罪学、刑法学深耕时继续研究，相信作者从犯罪学的视角出发一定会关于预防犯罪的内容有更加丰硕的成果。最后，借用胡霞博士在本书中的一句话来结束序言：我们希望立法留给未来的不仅仅是包括着现在正在流行的是非观念，而是经得起时间锤炼与考验的精神与信仰！

刘建宏

（澳门大学法学院特聘教授，博士生导师，
亚洲犯罪学学会会员大会主席，
国际犯罪学学会学术委员会主席）

本书献给我的父母！

前　言

近十几年来，在国内外刑法领域出现了一股研究倾向，即就一系列风险对刑法的作用和影响进行研究，如风险社会对刑法的影响、恐怖主义对刑法的影响、人工智能对刑法的影响等，尽管研究的主题随着社会中的热点事件会发生改变，但当下国内外刑法领域研究的核心仍然集中在刑法与风险对抗之间的关联方面。本书的研究正是围绕这一核心展开，择取了国家安全这一在现代社会被高度强调的内容作为研究的场景，在国家安全的视阈下来论证我国刑法范式的转变过程以及具体的构成内容。本书分为六章，首先对预防性刑法范式的生成语境进行了论证，其次对刑法的预防性路径进行了论证，再次对预防性刑事立法范式与刑事司法范式进行了分别论证，最后阐释了刑法在国家安全的视阈下坚守与变革的具体内容。

具体而言，第一章以安全的泛化作为讨论的主题，论证了预防性刑法范式的生成背景。此章又分为五个部分，即安全的概念与种类、国家安全的概念及认识、安全与其他法的价值的关联、安全的新发展以及安全化的内涵及表征。本部分首先就安全与风险的概念进行了全面的梳理与论证，就安全与风险的内涵与外延的变化进行了阐释。同时因为安全在高频使用过程中存在严重的认知混淆，因此本部分将安全分为客观安全与主观安全、个体安全与集体安全、作为手段的安全与作为目的的安全三种类型，对安全使用中的主要争议进行厘清。其次，本部分对国家安全进行了论证。国家安全是预防性刑法范式探讨的整体语境，因此对国家安全的概念、总体国家安全观的说明以及国家安全与作为国家义务的安全的厘清，有助于认清本书所探讨的国家安全是泛化后的国家安全。本章的第三部分对安全与其他法的价值的关联进行了阐释，安全作为传统的、重要的法的价值，在现代社会因为对风险的对抗具有了对其他价值的主导性。因为本书其他章节要大量提及安全与自由、人权、公正、平等等价值之间的具体冲突情形，因此本部分对安全与其他价值之间的关联进行阐释有助于廓清价值冲突的原因、情形以及可能带来的具体影响。本章的第四部分对安全的新发展进行了论证，之所以用“新”表达，是因为较之于传统社会，安全在现代社会呈现出产业化经营、全球化运作、以国家为本位的安全观，甚至被作为新的治理手段用以社会目标的达成。本章的最后一部分对安全化的内涵及表征进行了论证。安全化是在肯定安全价值的基础上滥用安全的语义导致的结果，因此安全化会促生零容忍的风险应对思路以及绝对预防的理念。

第二章以刑法的预防性路径为主题展开论证，其中包括预防性路径的诠释、宪法视野下的预防及现代刑罚权的基础嬗变以及预防性路径对传统刑法范式的作用三部分。第一部分预防性路径的诠释就预防与先发制人的区别、预防性的刑法与刑法的预防性之关联及预防性刑法范式的概念进行了阐明。第二部分的内容分为宪法层面的预防与国家职责的调整以及刑罚权基础与内容的嬗变两部分，这两部分均涉及国家的风险预防义务，因此从宪法层面对国家风险预防义务的论证，有利于明晰刑法范式转变的原因。但刑罚权的证成与具体内容的构成并非仅靠风险预防义务即可证明，还要结合刑法本身的价值与功用。最后一部分论证的是预防性路径对传统刑法范式的影响，此部分以“科学的刑法与刑法的科学化”“例外的刑法与刑法的例外”“刑法的象征性与象征性的刑法”三组术语进行呈现。

第三章以预防性刑法范式生成中的重要理论为主题进行论证，因为本章所论述的理论关涉对预防性刑法范式的整体解读，因此单独成章讨论。第一部分论述了风险社会理论，首先就风险社会与风险社会理论的认知混淆进行了厘清，其次阐释了风险社会理论与风险社会学关于风险认知、风险评估、风险治理的区别，在此基础上本部分从二阶观察的立场分析了预防性刑法范式的风险。第二部分论述了恐惧文化理论，此部分包括恐惧文化与预防路径的关联，以及恐惧文化作用下的刑法范式变迁两部分。第三部分是科学泛化的理论，此部分主要就科学与刑法的关联、科学的泛化促生的刑法的泛化展开了论证。最后两部分是较轻恶害理论以及例外理论，对这两种理论的论证有助于解释当下社会频繁使用的“例外状态”“特殊状态”对于刑法范式的作用和影响。

第四章以预防性刑事立法范式为主题进行论证，其中包括安全价值观作用下的预防性刑事立法范式、预防性刑事法律规范的典型领域以及预防性刑事立法范式的表征三个部分。安全价值观作用下的预防性刑事立法范式又分为安全价值观的形成原因以及安全价值观视野下的我国刑事立法检视两部分。而预防性刑事法律规范的典型领域则以安全与秩序为关键词，择取了强调安全保障的反恐怖主义刑事法律规范及重视秩序维护的经济刑事法律规范两部分进行论证。本章的最后一部分就预防性刑事立法范式的集中表征进行了阐释，其中包括调控时点的提前、李斯特鸿沟的贯通以及道德的刑法化三个部分。

第五章以预防性刑事司法范式为主题进行论证，包括刑事司法实践中的预防性导向和预防性刑事司法范式的主要表征两部分。第一部分以裁判的刑事政策化与预防性羁押为主题，从实体和程序两个侧面来阐明预防性路径是如何对具体的刑事法领域产生影响的。

第二部分对预防性刑事司法范式的主要表征进行了论述，其中又包括作用点的置换：对“危险的他人”的重视、“预防犯罪”主导下的刑事司法范式、惩罚手段与规训手段的模糊及透过安全的治理体系四个部分。

最后一章以“国家安全视阈下刑法的坚守与变革”为主题，分为为何坚守、为何变革以及如何坚守与变革三个部分。第一部分分别以刑法的坚守对刑法边界的重要性、对人权保障的重要性以及对社会治理的重要性，论证了国家安全的视阈下刑法坚守的原因。第二部分以不断变化的社会现实以及价值共识的缺失，论证国家安全视阈下刑法变革的原因。第三部分则首先说明了坚守与变革的一致性，无论是坚守与变革的目标还是依据都具有一致性，在一致性的基础上此部分论证了刑法坚守与变革的具体措施，在六组主导与补充的术语表达中阐释了当下刑法应在坚守中去变革，在变革中去坚守，唯有如此才能让刑法的发展有积淀、有新生。

整体而言，本书以文献研究、比较研究、跨学科的研究以及证伪法为研究方法，论证了国家安全视阈下预防性刑法范式的生成、发展以及存在的问题和相关的解决方案。本书通过借用风险社会理论、风险社会学、恐惧文化理论、科学泛化理论、较轻恶害理论、例外理论、治理术等不同的理论学说，运用安全、国家安全、风险、预防、自由、权利、权力、危险、个体、国家、治理、范式等关键词，运用安全的泛化、恐惧的恐惧、未知的未知、危险的他者、零容忍的策略、全景敞视社会、价值共识的缺失、求和而非求真等关键术语，形成了预防文化、预防性路径、绝对预防观、预防性刑法范式四组关于预防的术语表达，形成了刑法的预防性与预防性的刑法、刑法的例外与例外的刑法、科学的刑法与刑法的科学化、刑法的象征性与象征性的刑法四组关于刑法的术语对比，形成了安全的泛化、安全价值观、透过安全的治理、国家为本位的安全观、安全的产业化及全球化六组关于安全的术语表达，形成了以报应为主导、预防为补充，以行为为主导、行为人为补充，以实害为主导、危险为补充，以刑法为主导、刑事政策为补充，以宪法为主导、其他依据为补充，以公正为主导、其他价值为补充六组关于刑法范式在当下社会坚守与变革的具体措施。

目　录

第一章

安全的泛化：预防性刑法范式的生成语境

本章所要探讨的是预防性刑法范式的生成语境与背景，即对安全所关涉的内容进行阐释。对安全进行阐释，是研究预防性刑法范式的前提和基础，关涉预防性刑事立法范式与司法范式的具体论证。本书探讨的安全是以人类为中心的安全观，换言之，影响人类生存、发展的因素皆属于本书所探讨的安全范畴。安全与危险相对，最常见的关于安全的界定即为对危险的规避或排除，因此，何谓安全，学界大多是从反面做出界定，因为从正面很难全面、精确地表达出安全的全部内涵。安全的众多面相，是与社会的发展息息相关的，在人类社会发展的不同时期对安全的需求和理解是有差异的，总体而言，关于安全的认知在当代社会变得愈加复杂，安全不仅与危险相关，与恐惧相关，上升为法的价值，转化为安全权，同时还发展成为安全产业，关于安全的问题也容易跨境转移，成为国家甚至全球治理模式的重要节点。我们肯定安全的价值，因为安全的环境保证了人类社会的持续发展，但同时对安全内涵的急剧膨胀以及由此引发的问题也表示担忧。

在当下对安全极度强调的语境中，安全这一术语正在被异化和扭曲。关于安全的理解与评价面临前所未有的挑战，对安全的解读不仅是学术界需要慎思的问题，事实上，不同的解读结论已经对当下社会造成了深刻的影响，如犯罪的治理与危险的防范。当个体、社会、政府被不断升级的安全理念逐渐主导时，大量极端性、未经深思熟虑的法令、措施公布了。而自由与安全之间如何达致平衡，成为中西方社会在国家治理中的共同难点，尤其在当下社会，一方面是权利文化影响下个人主张权利意识的空前高涨，另一方面是安全的实现会影响个体其他权利的正常实现。至于平衡的最佳方案至目前为止，尚在探索中，而且何谓最佳也仍然存有争议。但在争议中，政府对于安全的强调仍在不断升级，以安全为名做出的动议和决策并未减少，这一点从世界范围内主要国家犯罪圈的普遍扩张以及各种限缩公民权利的法案、政策即可获知。为了安全，预防性的理念逐渐深入人心，毕竟“预防优于治疗”的法谚仍然可以说服绝大多数个体。为了实现安全而采取的预防措施，因为其目的不断被证成，甚而程序有瑕疵甚至悖逆程序的举动也因安全的“重要性”不断被认同。安全成为所有行为的终极背书，当似乎拿不出合理的证明标准来摆脱非法的指控时，安全出场了。基于此，我们基本可得出安全已经泛化的结论。

在泛化的安全语境中，大量的非属安全范畴的事物进入安全事项的讨论之中，而国家安全的概念在此背景下也发生了改变，换言之，安全的泛化促生了国家安全的泛化。在泛化的安全观下，传统的刑法观念开始变化，虽然刑法内含预防的功效，但在此安全的语境中，预防已经成为主导刑法发展的逻辑与路径，进而发展成为预防性的刑法。作为惩罚最严厉的部门法，刑法一直承担着实现安全的重要使命。因此，安全的语义变化促动了刑法范式的偏转和调整。当下的刑法呈现出较之以往不同的特征，这些内容或被学者以风险社会的理论进行解释，或以新的极端类型的犯罪增多进行论证，而这背后是国际社会达成的普遍共识，即现代社会比之前社会更加危险的结论。这一共识改变了国家治理的模式以及刑法的构成内容。基于此，以下将围绕安全与风险的界定与种类、国家安全的概念及认识、安全与其他价值的关联、安全的新发展、安全化的内涵与表征共五部分对预防性刑法范式生成的语境进行剖析、论证。

一、安全的概念与种类

（一）风险的理解与安全的诠释

1. 风险的理解。

风险与安全的如影随形，决定了要了解安全的全貌，必须先对风险进行解读。在人类社会的发展过程中始终伴随着风险，但从中世纪到早期现代的漫长过渡时期，“风险”才开始被言说。[①] 在埃瓦尔德看来，风险这个词最早是在中世纪出现，“特指一个客观危险的可能性、神的行为、不可抗力、一场狂风骤雨或其他不能归咎于错误行为的海洋风险”[②]。在早期关于风险的论述中，风险专指非人类行为所引起的事件，关于风险的内涵既包括负面效应也包含正面效果。而当下社会的风险，则更多指涉人类行为所产生的风险，现在“风险”在绝大多数场景中只用于联系消极的和不受欢迎的结果，风险即负面的风险。[③] 风险的认识变迁立基于社会的发展与演变，经济的发展形成了精细的劳动分工以及复杂的利益纠纷，人类发展所极力避免出现之事也逐渐从天灾向人祸转移，即使是天灾在新的解释语境中也被更多诠释为人祸，从人的角度进行解释和归因。而20世纪至今风险的跨境转移、难以确认以及后果的恐怖与极端，使风险焦虑症在整个社会弥漫，无论是国家抑或是个体均产生了强烈的消除风险的意识。

关于风险的认知与评价，建构了新的认识世界与治理民众的方法与模型，风险的功效集中表达即为总体风险观的形成。这是一种以风险意识为基础，试图在驯服不确定性中所形成的治理策略。这一策略的内容与效果学界多从认知科学、建构主义以及治理术的角度进行论证。这三种不同的理论关于风险的认知并不完全一致。从认知科学的视角来看，风险被定义为“不良事件（即危害）的可能性和后果的产物”[④]。该理论存在的问题在于忽视了计算风险的专家关于风险的判断并非价值无涉没有偏见，而是在风险计算的全过程均携带着价值判断的因子。而从建构主义的视角来分析，“风险不是一个静态的、客观的现象，而是作为社会互动网络和意义构成的一部分被构建和商榷的”[⑤]。而且出于对认知科学理论的纠偏，在建构主义者看来，风险概念具有强烈的文化意蕴与政治属性，所谓风险的判断更多的是价值判断而非事实判断，因为风险在感知的过程中发生了夸张与膨胀。正如贝克与吉登斯共同认同的：风险在数

① 【德】尼克拉斯·卢曼：《风险社会学》，孙一州译，广西人民出版社2020年版，第23页。

② 【澳】狄波拉·勒普顿：《风险》，雷云飞译，南京大学出版社2016年版，第4页。

③⑤ 【澳】狄波拉·勒普顿：《风险》，雷云飞译，南京大学出版社2016年版，第7页。

④ 【澳】狄波拉·勒普顿：《风险》，雷云飞译，南京大学出版社2016年版，第14页。

量上没有变得更大，只是被认为更加严重了。而以福柯为代表的学者更多强调的是风险如何被治理，至于风险的本质并非核心主题。因此，在治理术的学者看来既然风险并非新鲜事物，真正的关键在于现代风险的规制需要择取哪种治理手段。尽管这三种理论关于风险的理解存在差异，但其中的共同之处在于：第一，风险与危险概念的同一化。正如学者所言，风险的对立面不是危险，而是安全。[①] 在这三种理论中，风险与危险所表达的内涵逐渐趋同，均指人造的现实危害，浓厚的不确定性是风险的基本特征。第二，客观风险与建构风险均存在于关于风险的整体理解之中，无法彻底分割。尽管技术科学理论与建构主义理论所描述的风险各有侧重，但风险既有客观面向，也有社会建构的成分，两者处于一种不可分割的连接当中。[②] 因此这两种风险类型共同决定了风险评估以及风险决策的生成过程。第三，风险的政治化倾向与表达。风险的现代化发展与风险的政治化表现之间存在直接关联，对风险的治理策略中暗含着风险在政治范畴中的巨大作用。借用治理术的观点，当下社会正通过风险（安全）而实现对社会的治理，风险不再仅被评价为社会生活中存在的自然现象，更重要的是政府以风险为核心组织了当下社会的治理模式，简言之，风险的政治化与风险的工具化同步深入。

2. 安全的诠释。

如前所述，安全是指一种免受威胁的状态，因此，对风险的诠释是认识安全的前提和基础。在卢曼看来，“世界上并无安全这样的东西，安全概念本身没有标示意义的功能，安全概念只是因为其处在与风险相对的一级，因而具有对风险进行反向表达的功能”。[③] 众所周知，“对安全的需求是一个人类学的基本命题”[④]。因此对安全的重视与强调在中西方社会都具有悠久的传统，只不过在近代社会之前，关于安全的认知比较传统，多是从军事的角度来界定“国家”是否处于安全的状态，但人类社会的发展使国家的活动内容日益庞杂，与此同时，安全的内涵亦从国家领土的安全扩张至经济安全、政治安全、

---

①④ 刘刚：《风险规制：德国的理论与实践》，法律出版社 2012 年版，第 82 页。

② 刘刚：《风险规制：德国的理论与实践》，法律出版社 2012 年版，第 61 页。

③ 宾凯：《政治系统与法律系统对于技术风险的决策观察》，载《交大法学》2020 年第 1 期，第 144 页。

文化安全等各个层面。而安全更多被细化至不同的范畴、领域进行专门探讨。安全在不同的学科领域指涉并非一致，但安全的整体内涵即为避免和消除风险已基本达成共识。此种对安全的诠释，因为使用了风险这一术语，所以对安全的理解不可避免地携带着风险的要素。而风险的核心即为不确定，对风险特征中不确定的理解和评价直接影响了当下安全实现的手段和路径。

安全在当下社会的普遍使用，在很多情境下是省略了主体和内容的表达，但这种省略版的安全使用，却导致不同范畴、不同种类的安全内涵正在混用。尤其因为安全与风险如影随形，而风险内涵中的不确定性蔓延至安全，使安全无论是正面、反面的诠释都存在危机。如安全与安全感的混淆、个体安全与集体安全的混淆、安全是目的抑或是手段的混淆等导致安全在使用中孕育了不安全的因子。因此，对安全的厘定除了在宏观层面上将其表达为免受威胁之外，尚需从具体的领域、结合安全的不同种类进行更深入、全面的解释。因为现在关于安全的理解中存在的危机之一即在于关于安全的认知并不统一，在安全认知模糊的基础上促生了大量的非安全领域的事物被纳入安全讨论的情境。当然，如果把因果关系足够延长，似乎可以得出所有事实均关涉安全的结论，但显然安全的内涵并非如此庞杂，其处理的内容仍然只是关涉人类生存、发展的重要事项。以下将结合客观安全与主观安全、个体安全与集体安全、作为手段的安全与作为目的的安全对安全的内涵进一步深入论证。

（二）安全的种类

对于安全而言，学界多从具体领域对安全进行划分，如金融、网络、科技、信息、边境、军事、国际关系等，安全在具体领域的内涵因附加了限制条件故相对清晰，但关于安全的总体的认识迷思仍然会作用至安全的运用，从实践中来看，客观安全、主观安全、个体安全、集体安全、作为手段的安全与作为目的的安全这六种安全囊括了当下关于安全主题的最多纷争。为了研究之便，本书将这六种安全归为三类，即客观安全与主观安全、个体安全与集体安全、作为手段的安全与作为目的的安全。这三类安全在当下的争议可以用三组危机进行概括：即客观安全与主观安全对应的是安全的泛化危机、个体安全与集体安全对应的是安全的认同危机、作为手段的安全与作为目的的安全对应的是安全的治理危机。

1. 客观安全与主观安全。

“不论是具体或抽象描述的事实状态，或者只是纯粹心理的恐惧感受等，皆不断被转译成简化的安全概念。”① 因此客观安全与主观安全的分类与客观风险与建构风险直接对应。客观安全与客观风险更多的是从事实的角度对安全与风险进行的描述，而主观安全与建构风险则更多关注对安全与风险所作的价值判断。关于客观风险与建构风险的理论学说对于客观安全与主观安全的认识同样具有助益。关于客观安全与主观安全的术语表达，在学界存在争议。有学者认为从哲学的角度来说，所有的安全均是客观的，故所谓的主观安全亦是客观的。② 从此角度言之，安全不应做主观与客观的划分。同时该学者进一步认为，国内之所以出现主观安全与客观安全的区分，多是对英文“security”的直接移植，并未考虑中文中安全的语义与英文中的“security”和“safety”的区别。③ 这样的情况在国外同样存在，国外学者同样认为不同的语词所指涉的“安全”并不一致，如德文中的“Sicherheit”在英文中对应的是“security”“certainty”和“safety”三个单词的结合。④ 因此，要注意术语的本土内涵与移植后内涵的差异，在我国传统文化中，安全即是指客观的安全，而主观的安全往往用安全感进行表达。主观与客观安全的现有分类多是对英文中“objective security”和“subjective security”的直接翻译。

本书认为，客观安全是指安全的客观呈现，而主观安全则是个体对安全的主观感知。如有学者曾言：“安全并不依赖于你拥有什么，而依赖于你所没有的东西”⑤，此种意义上的安全即是个体安全感的表达。主观与客观的表达的确会带有一定的误导性，进而造成主观安全不客观的呈现。这样的一种划分在

---

① 古承宗：《风险社会与现代刑法的象征性》，载《科技法学评论》2013 年 10 卷 1 期，第 131 页。

② 刘跃进：《从哲学层次上研究安全》，载《国际关系学院学报》2000 年第 3 期，第 62 页。

③ 刘跃进：《“安全化”还是“安全议程化”》，载《山西师大学报（社会科学版）》2019 年第 5 期，第 41 页。

④ See Lucia Zedner. (2009) *Security*, Routledge, p. 17.

⑤ Richard V. Ericson, Aaron Doyle & Dean Barry. (2003) *Insurance as governance*, University of Toronto Press. p. 267.

学界长期存在多是为了形成术语对比，并不改变这两者的客观属性。但为了避免争议，本书将客观安全与主观安全的划分转化为安全（客观安全）与安全感（主观安全）的划分。安全侧重的是安全的客观事实，安全感侧重的是安全的主观感受，这两者的区别在于安全感因为基于个体的内心，故不易评估、测定，而安全因为直观、可显示，因此有相对明确的测定工具。安全与安全感的混淆，是安全的使用中发生频率最高的现象之一。从外观上看，安全与安全感容易界分，但在实践操作中，安全并不再细分且指明“主观”与“客观”之分，往往容易发生安全感与安全混淆甚至被替换的情形。安全感随个体不同而存在的巨大差异与安全的相对固定，导致了这两者如果不做明确界分，将会对真正的安全做成误判，进而影响安全的实现。而以下将要讨论的安全化正是基于安全与安全感的混淆，对安全进行泛化所致。故而在此意义上安全与安全感的厘定不清，将导致安全内涵的稀释与偏转，进而造成安全的泛化危机。

2. 个体安全与集体安全。

关于个体安全与集体安全的区分，也存在认知上的偏差与误区。首先，集体安全并非个体安全的加总，虽然个体安全的实现有助于集体安全的达成，而集体不安全也易导致个体不安全，但实践中往往将集体安全的实现作为评价个体安全实现的标准。这样的处理逻辑，容易导致对个体安全的忽视和减损。我们需要正视主体的不同会导致安全内涵的不同，进而发生不同主体间安全的冲突。但在后“9·11”时代的当下社会，对集体安全的过分推崇导致了个体安全与集体安全的新冲突。个体安全的实现程度往往通过集体进行表达，造成了一种集体安全即个体安全的假象。或者将个体不安全的情况归咎于个体自身未能对安全承担责任所致。在个体安全与集体安全的关联中，涉及个体的恐惧与集体的恐慌之间的关系。

在安全泛化的语境中，个体受风险多元的影响往往呈现出极端化、情绪化的特征。当个体最极端的恐惧转化为民意进行表达时，民意不再是大众意见的体现，而是成为一套迫使大多数人供养少数人的工具。[①] 恐惧的形成过程固然

① 【美】沃尔特·李普曼：《舆论》，常江、肖寒译，北京大学出版社2018年版，第182页。

受主体自身因素影响较大，但风险的传播媒介、传播频率同样会改变恐惧的生成路径。从个体恐惧到集体恐慌的转变中，媒体的作用异常强大，媒体不仅告知危险的存在，还将恐惧的因子到处传播，以致导致人人自危场景的形成。恐惧就像瘟疫，天生带有传染性，在不断分享中恐惧升级为恐慌，集体的恐慌最终又反哺至个体，加重了个体的恐惧。借助各种媒体形式，恐惧、恐慌形塑为民意，进而开始以大众习以为常的方式发挥作用。从个体的恐惧至集体的恐慌甚或民意的表达的转变，对当下安全的决策产生了巨大的作用。虽然安全的应对策略是基于对安全的客观判断，但决策者个体对风险的考虑以及强大的民意实则是在安全的决策中不能忽略的因素。因此个体与集体关于安全的认知如果持续无法有效沟通，将引发安全的认同危机，进而在主体的层面上人为制造安全内容的撕裂，最终为安全的实现预埋了风险。故个体对安全的关切以及个体安全的实现程度如何在实现集体安全中进行体现，并非不证自明、自动实现，尤其要注意的是个体安全与集体安全发生冲突时，个体安全受到限制的具体条件以及事由的正当性。

3. 作为手段的安全与作为目的的安全。

作为手段的安全与作为目的的安全的区分，在社会实践中最易被忽视，主要是基于安全本身的重要价值以及安全对其他法的价值实现的保障作用。安全究竟是手段还是目的，从外观上看安全两者兼具，但涉及安全的决策时安全究竟应该作为手段还是目的对行动的结果却会产生不同的影响，如“9·11”事件后世界主要国家在反恐的战略中关于安全的设定。如果将安全理解为手段，那就暗含着有比安全更重要的价值需要实现，抑或是为了实现安全并非可以择取一切手段。而将安全理解为目的，则暗含着安全价值的优先性以及要求其他法的价值的妥协与减损。在当下社会中，尽管并未刻意去强调安全的手段性抑或是目的性，但从社会实践中的做法可推知，安全被作为目的的场景日益增多，已经表征出从例外扩张至一般的趋势。安全的高度升温，源于“冷战”时期，但是安全真正被公众关注，则是“9·11”事件的发生。“9·11”事件后的安全，作为一切行动的背书被大量使用。而后“9·11”时代的今天，风险类型比“9·11”事件之前变得更加庞杂且严峻，因此，安全的热度也一直保持至今。人类社会发生的灾难对个体的冲击较之以往时代带来的力度更强，全球化带来的影响即为身处某一地却会感受和经历另一地发生的改变。因此，安全的升温有部分原因的确是因为安全态势的紧张与恐怖，但除此之外还有被放大的恐惧与不安。正是在两者的助推下，安全作为目的被默认了，在大量的场景中其他法的价值因为要实现安全都做出了调整。大量的论断都意在强调，如果没有安全，其他法的价值将不复存在。尽管事实并非如此，即使处于不安全的环境中，仍然可能有公正、自由、民主、正义等价值可以实现。换言之，安全既不是其他法的价值的充分条件或必要条件，更不会是充要条件，但关于安全是其他法的价值的必要条件的论断，仍存在一定的合理性，毕竟安全的受损尤其是国家安全的危急状态的确会对个体甚至会对全人类，产生巨大的作用。

而在当下社会，因为将安全作为目的对其他法的价值的冲击已经引起了学界的关注，安全是绝对目的的认识已经开始遭受挑战，越来越多的学者认同只有将安全作为手段，才有可能在实现安全的同时也实现其他法的价值。零和博弈的应对思路并不能解释和解决安全与其他法的价值的关系，更无法对安全进行妥适的角色设定。并没有绝对的理由能够证明安全的实现一定要以牺牲其他法的价值作为代价，亦不能证明实现其他法的价值会影响安全的达致。正是这种此消彼长的逻辑导致安全的实现路径在遭受质疑时，仍然拥有坚固的根基来支撑安全的优先性。换言之，安全之所以很少被认同可以作为手段，大部分原因在于对安全恐被波及的担忧与恐惧。因而安全角色设定中的混乱与纠结，正是在于对安全与其他法的价值之间关系的错误理解，即使在注定要减损和限缩其他价值时，也并非意味着这样的妥协是不受限制和无条件的，同样要接受正当性的证成。将安全作为目的进行设定除了会导致实现安全的手段滥用之外，还因为将安全作为目的，是一项无法实现的任务。一方面，当下社会仍欠缺检测安全实现的精确模型，所谓安全实现与否带有很强的主观色彩；另一方面，风险的局势不断变化，安全的实现过程也一直在动态调整。而将安全作为手段，并非表示为了实现其他价值可以牺牲安全，而是强调并非只有安全才是人类社会发展追求的唯一目标。

安全究竟是手段还是目的，对于安全价值的实现至为关键。本书认为，安全应被作为手段设定，因为当安全设定为目的时，存在以下问题：首先，我们无法检测设定的安全是否实现？既然设定的目的无法证成，那这样的前提势必成为无解之题，如果强行将此作为背景，只会导致追求安全实现的手段不断升级。[①] 其次，安全被作为目的设定，暗含为了安全，其他价值均须为安全做妥协与让步，但在不同场域中安全的内涵实有差异，例如安全与安全感，如以安全感作为追求的目的，不同个体关于安全又存在不同的认知与体悟，实现了部分个体的安全感却牺牲了另一部分个体的自由与安全。关键的是，安全与安全感容易混淆，安全虽相对明确可测定，但安全感经过意见表达易转化为客观安全，因此，客观安全未必能准确反映风险的级别与程度。在此意义上，如果不明晰安全的角色和价值，将会在动议中回避思考安全的手段性，而将安全的目的性作为安全的唯一角色，进而引发安全的治理危机。

二、国家安全的概念及认识

基于前文对安全内涵与种类的阐释，此部分将从相对抽象的安全认知进入国家安全的层面讨论当下关于安全的若干重要议题。之所以从国家安全层面切入，是因为不仅存在大量不属于安全范畴内的事物被纳入安全进行表达，同时还存在大量不属于国家安全的事物被纳入国家安全的范畴进行呈现。国家安全属于安全范畴中最为重要的内容，一旦被提升至国家安全的层面进行强调，将会对关涉内容的处理与实现产生巨大的影响。但为了强调事物的重要性即将其当作国家安全的事项进行操作，同样会导致国家安全的泛化，而国家安全泛化的效应会比一般层面的安全泛化后的负面效应更为严重。故厘清国家安全的内涵以及当下总体国家安全观的内容，不仅有助于明晰国家安全的调整范围，而且对于前述安全的泛化危机、认同危机、治理危机的规制与解决也将具有重要意义。

---

① See Lucia Zedner.（2003）‘The concept of security：an agenda for comparative analysis’，*Legal Studies*，23（1）：153 – 176，p. 157.

（一）国家安全的概念

国家安全，传统意义上是指军事安全抑或是领土安全，主要是依靠军队、警察等国家暴力机器以国家利益的名义在一国领域内维护内部秩序的稳定与外来风险的对抗。① 但当下社会机构与制度的复杂配置，使仅从军事安全来界定国家安全已经不足以对国家安全进行全面评定。② 例如，自 20 世纪 90 年代以来一直敏感的核安全以及当下备受关注的信息安全、网络安全、文化安全等内容不断丰富着国家安全的新内涵。事实上，第二次世界大战结束后关于国家安全的讨论始终属于重要议题，但“冷战”的发生使国家安全一跃成为国际社会最重要的议题之一，而关于安全的研究也成为国际关系领域重要的学科分支。③

我国《国家安全法》对国家安全进行了描述，其是指国家政权、主权、统一和领土完整、人民福祉、经济社会可持续发展和国家其他重大利益相对处于没有危险和不受内外威胁的状态，以及保障持续安全状态的能力。从《国家安全法》的定义中可以看出国家安全具有两个层面的内涵，第一，国家安全是指事关国计民生的重大利益相对免受威胁的状态；第二，国家安全是一种对政府能力的要求，是要求政府实现对国家、民众重大利益的持续保障。基于这一认识可进一步推知：第一，国家安全调整的范围尽管表达相对抽象，但因有重大利益这一限制条件，因此并非任何安全事项均可划定至国家安全的范畴；第二，国家安全在立法中明确表达为一种相对的状态，在一定程度上暗含着绝对的国家安全无法实现；第三，作为政府的能力之一，国家安全是政府现代治理能力的重要组成，而从“持续保障安全”的表达可知这一能力需要政府根据安全的威胁不断调整与更新。对国家安全的全面认识，对于刑法中危害国家安全相关具体罪名的理解和适用具有直接的指导意义。在全球化的当下社会，国家安全的探讨突破了国界，与国际安全紧密关联。事实上，国家安全尤其是世界上主要国家的安全实现情况与国际安全呈正向互动关系。如 2001 年

---

①③　See Lucia Zedner. (2009) *Security*, Routledge, p. 36.

②　刘胜湘：《国家安全观的终结——新安全观质疑》，载《欧洲研究》2004 年第 1 期，第 2 页。

美国发生恐怖袭击后，整个世界至今仍受“9·11”事件的影响。因此，从风险的无边界这一特性出发，国家安全不再是国家安全，想脱离开国际安全与他国的国家安全来实现本国的国家安全在当今世界基本无法完成。[①] 风险的跨境流动使国家安全对抗的风险中包括大量域外风险，而此部分风险的转移使一国实现本国安全的难度加大。

除此之外，一直以来关于国家安全的探讨，主要集中在国际关系及国际政治领域中进行，其形成的关于国家安全的理论对于其他学科研究国家安全以及安全的相关问题具有重要价值，但需要注意同一术语（如预防）在不同学科的适用需要结合学科本身的调整对象及功能价值进行厘清，原封不动地照搬可能会导致语词的混淆与错乱。当下关于国家安全的研究兼顾传统安全与非传统安全、国内安全与国际安全，尤其是对非传统安全以及国际安全的不断强调，在刑法中增加了大量关涉恐怖主义、信息安全的罪名以及形成了打击恐怖主义犯罪、实现国家安全的国际合作模式。从国家安全的实现方式以及作用路径来看，国家安全内涵的转变已经在不同学科领域中进行了体现，整体国家安全观的内容是当下全面理解国家安全的新的思考方向。

（二）总体国家安全观

总体国家安全观是习近平总书记在 2014 年主持召开中央国家安全委员会时首次提出的，其中明确包括 11 种安全类型，即政治安全、国土安全、军事安全、经济安全、文化安全、社会安全、科技安全、信息安全、生态安全、资源安全、核安全。这 11 种安全类型囊括了国家安全的核心内容，通过分析这些安全的实现状况，即可知国家安全在整体上是否受到影响及哪些方面需要补强。通过将国家安全细化为上述不同领域的安全模块，使政府和公众关于安全、关于国家安全的认知不再是模糊、抽象的内容，也不再简单地把政治安全抑或是国土安全、军事安全等同于国家安全，而是能够更全面地认知和践行总体国家安全观，进而全面保障国家安全的实现。

---

① See Sandra Walklate & Gabe Mythen. (2015) *Contradictions of terrorism: security, risk and resilience*, Routledge, p. 67.

总体国家安全观是在严峻的国内外安全环境下的创造性提出，其对于当下我国探索中国特色的国家安全实现具有宏观的指导意义，同时针对平时易被忽视的文化安全、生态安全、资源安全等内容进行了明确，而针对信息安全、科技安全这两种在当今世界极为核心的安全类型及时进行了规定。通过对传统与新型安全类型的统筹，总体国家安全观的理论内容为国家安全的维护与实现提供了框架和指引，对于我国在世界局势紧张的当下社会探索中国特色的国家安全实现路径提供了强大的理论支撑。但总体国家安全观在被理解和适用的过程中存在泛化的问题，安全的泛化趋势蔓延至国家安全的范畴之中，导致实践操作中存在将利益问题直接等同于国家安全问题的错误认知。本书认为，在总体国家安全观的语境之下，不宜再对国家安全进行更宽泛地解读，如果任何事项经过解释后均可定性为国家安全问题，那么将极大稀释国家安全的内涵，最终导致民众对真正国家安全问题的淡化和无视反而不利于国家安全的实现。这一点也是当下安全泛化的表征之一，但是国家安全的利益更为核心和突出，因此一旦有国家安全作为背书，将更有利于动议的通过与支持。

（三）国家安全与作为国家义务的安全

国家安全与作为国家义务的安全的混淆，是当下社会关于安全及国家安全的研究中普遍存在的现象。作为国家义务的安全分为广义与狭义两种认知，从广义上来看，作为国家义务的安全与安全基本等同，这也是为什么在大量的场景中对安全的表述没有主体的原因。因为安全无论是在古代还是现代社会，对于个体、集体而言，主要依靠国家来提供。霍布斯在《利维坦》中曾言，国家的本质就在于“根据每一个人授权，国家就能运用托付给他的权力与力量，通过其威慑组织大家的意志，对内谋求和平，对外互相帮助抗御外敌”[①]。尤其是在古代社会，安全的单一化内容使国家安全与作为国家义务的安全没有区分的必要，但是现代社会中安全内容的庞杂，国家安全的范围显然要小于作为

① 【英】霍布斯：《利维坦》，黎思复、黎廷弼译，商务印书馆1985年版，第132页。

国家义务的安全的范围。因此，在狭义的层面上，这两者并不能等同。但即使是作为国家义务的安全仍存在广狭之分，广义的国家义务的安全与国家安全、安全的概念等同，而狭义的国家义务的安全则专指宪法及其他法律中所规定的国家需要履行的安全职责内容。

从目前来看，这几种安全的差异并未得到足够的强调及区分，尽管个体、集体也被要求需要对安全承担责任，但从安全关涉的领域、实现安全的能力、安全是否实现来说，国家作为主体的安全仍然占有绝对的支配地位。这就导致了一方面国家通过各种理论、借助媒体将安全的承担责任重新划分，要求个体积极履行安全义务；另一方面国家却牢牢控制着安全战略的制定、安全措施的布置、安全目标的检测等。因此，在充斥着风险的现代社会中，国家关于风险的极力避免已经突破狭义的国家义务安全的范畴，进而根据防控风险的政策内容对法律中所规定的安全义务进行解释。而安全、国家安全本身的政治属性决定了安全的内涵会随着政策的转变进行调整，如风险预防义务是对国家保护义务的解释，但显然当下关于国家安全的认知调整已经超出了国家安全的范围，以至于国家安全被理解为国家的安全，直至安全。所以国家安全的泛化源于国家对待安全的态度与风险的立场，在对风险零容忍的情境下，政府实质上认同这样的理念，即只有将国家安全的范畴尽可能扩大，通过更为严厉的手段规制侵害国家安全的行为，才能保障国家安全的最大化实现。这样的治理思路的确符合正常的思考逻辑，但维护国家安全的手段往往最为严厉和强硬，将不属于国家安全的事项作为国家安全的事项，势必导致治理手段的升级进而对个体的权利造成不当侵害。

本书所探讨的国家安全正是指此种泛化后的国家安全，因为当下社会的确是泛化的国家安全替代了严格意义上的国家安全在发挥作用，所以如果将严格意义上的国家安全作为研究的语境，反而是对现实的无视和扭曲，更重要的是其表达不出究竟是什么内容形塑了预防性的刑法范式。因此，厘清国家安全的内涵以及本书所使用的国家安全的内涵，对于后面预防性路径的论证、预防性刑事立法范式与司法范式的剖析具有重要的价值。除此之外，基于泛化的国家安全与安全内容的基本趋同，因此后面的论证将用安全这一术语来代替国家安全进行表达，一方面符合了国家安全泛化的现状，另一方面安全的术语也能完整地反映出泛化后的国家安全的内容、特征以及影响效应。

三、安全与其他法的价值之间的关联

通过前面对安全的内涵及种类的阐释，可知安全对于人类社会的发展具有基础性的价值和作用。但工业革命至今风险类型日益增多，个体和安全的关系也随之经历了转变。在工业革命之前漫长的时间里，个体对安全并未有主动参与的意识，更多的是自身安全抑或是自己所居住的社群受到侵害后才会做出反应。事实上，安全意识的萌发与人权的勃兴有密切的关系，而随着个体这一新物种的产生[①]，个人关于安全的认识和需求逐渐增加，个体主动参与安全事项的意识变强。因此，即使安全的价值对于人类社会的发展而言如此重要，但人类对安全相对全面的认知和深刻挖掘并不久远。而自20世纪80年代开始，人类社会进入了“风险社会”，风险的蔓延使安全的作用和价值得到了进一步的肯定与提升，安全成为凌驾于其他价值观之上的内容从此很少受到质疑和挑战，这也导致了安全在实现过程中与其他法的价值之间的冲突变得日益频繁和突出。[②]

在法的价值体系中安全经常被等同于秩序进行讨论，本书认为安全与秩序尽管有共同之处，如都内含相对稳定的状态，但较之于秩序，安全的内涵与外延更广，它还强调个体安全的实现，在一定程度上，秩序是安全的基础，有秩序未必有安全，但无秩序则无安全。因此，秩序的维护有助于安全的实现，而安全的实现又会进一步促进秩序的保障。除了与秩序的关联外，安全与自由、民主、平等、公正、人权等其他法的价值之间亦存在关联。在传统意义上，其他法的价值的实现以安全为前提，安全一旦受损，则上述价值内容的实现基础即受到波动，但从人类社会的发展中可知，安全并非首要价值，在现代社会所描述的所有人类价值中，公正才是真正意义上的首要价值，因为公正确保了游

---

① 赵汀阳：《作为产品和作为方法的个人》，载《江海学刊》2012年第2期，第5页。

② 【英】弗兰克·菲雷迪：《恐惧：推动全球运转的隐藏力量》，吴万伟译，北京联合出版公司2019年版，第260页。

戏规则的有效性与正当性。“公正的完美程度与真理相似，结构上也相似。不以真理作为知识标准，知识就崩溃，不以公正作为游戏标准，游戏就崩溃。”[①]因此，安全在与其他价值的权衡中，并不具有天然的优越性，仍然需要接受公正价值的评定。尽管如此，安全与其他价值之间也并非此消彼长的零和游戏关系，而是协同促进、共同保障。但自“9·11”事件之后直至当下，安全与其他价值之间的关系却长期处于误解和扭曲的状态。自由、法治、人权等其他法的价值被认为可以妥协和减损进而去实现安全，重要的是此种观念不仅上升为各种理论，如安全价值观的理论、较轻恶害理论、例外理论等，还体现为各种法律规范，如美国的《爱国者法案》、英国的《反社会行为法案》、德国的《敌人刑法》以及世界上主要国家法律规范中对安全优先性的肯定，同时还呈现为各种侵犯其他法的价值的实践，如美国在古巴设立的关塔那摩监狱和英国设立的贝尔马什监狱，以及世界范围内的反恐实践等。

在安全优先的语境下，安全与自由的冲突与平衡成为各种重大议题的核心争点，新自由主义即是以安全与自由的关系处理作为其理论圭臬。如果说工业革命之后经历了自由意识的大爆发，关于自由的价值得到了无限的提升，进而在一定程度上影响了安全的实现。那当下社会却走向另一个极端，即过度抬升了安全的价值，正导致自由以及相关的权益受到侵害。至于学者使用各种平衡的术语来试图解决安全与其他法的价值目前失衡的关系，实则是要求人们去认同牺牲其他法的价值的必要性和正当性。[②] 作为人类社会发展至今普遍认可的价值，在经典著作中不乏专门对安全的论证，由此也进一步关联出政府成立的初衷与作用。但是，在不同的时代不仅所认同的价值内容存在偏差，更值得注意的是，即使均认可同样的价值内容，但具体的价值排序并不完全一致。以安全为例，尽管安全的重要性不容置疑，但安全是否在人类的价值体系中排序首位，是存在巨大分歧的。不仅国家对安全价值的认知不同，而且个体关于安全与其他价值发生冲突时如何抉择仍然是见仁见智的表达。对安全作用的不同理解，也导致了大量决策的不同导向以及产生的不同后果。

---

① 赵汀阳：《坏世界研究——作为第一哲学的政治哲学》，中国人民大学出版社 2009 年版，第 337 页。

② See Jeremy Waldron. (2012) *Torture, terror and trade-offs*, Oxford University Press, p. 23.

当下社会对安全价值的高度强调，是基于现实的情境，在风险社会及后现代社会的理论描述中，当下社会充斥着风险，尤其是对极端风险的阐释促生了“当下社会比以往社会更加危险”的结论。本书并不探讨这一结论是否正确，重要的是这一理念为安全价值的不断提升一再背书。而安全本身内涵的复杂性，导致了即使将安全作为首位价值，仍然无法保障安全的实现。如前所阐述的个体安全与集体安全之间的关联，个体安全与集体安全并非总是同步得到实现，甚至这两者会出现严重冲突的情况。透过个体安全与集体安全的关联，进一步欲阐明的是当同一法的价值与不同的主体结合时，恰恰会引发冲突。因此，这也解释了为什么即使将安全作为法的主导价值，仍然无法达致安全，原因即在于个体安全之间的冲突、个体安全与集体安全之间的冲突以及个体安全与国家安全之间的冲突无法彻底解决。而此种冲突事实上是自由与安全冲突阐释的另一个版本。

法的价值之间发生冲突乃正常现象，主要是因为不同法的价值虽然对社会的发展极其重要，但各种价值并非总是能够同步实现。各种价值在冲突中要达致平衡的状态主要是一种修辞术的表达，更多的是结合特定时期具体的社会现实进而权衡何种价值应做出让步和牺牲。有学者以反恐为例，阐明了自由、人权、法治等内容在安全的紧迫时刻应该减损，但应减损到何种程度来实现安全却语焉不详，至于究竟实现的是何种主体的安全，牺牲的又是何种主体的其他权益，则故意躲闪。[①] 一般意义上，我们认为的安全是每个个体的安全，但在实际操作中，安全的获取对象以及自由的牺牲对象并非总是对应的，我们总是牺牲部分他人（危险者）的自由来交换我们安全的实现。因此，在安全持续升温的当下社会，安全与其他法的价值冲突背后是个体与个体之间无法消除的隔阂与偏见。一味地减损其他法的价值，恰恰会制造新的社会不安。

安全与其他法的价值冲突过程可以表现为几个阶段，在人类社会早期，法的众多价值对于个体而言并未有直接的体验，而与个体关联最密切的正是安全。和平的生存环境对个体的生存和发展是最基本和最重要的价值，至于自

---

① See Jeremy Waldron. Security and liberty: the image of balance, *Journal of political philosophy*, 2003 (11): 191 - 210, p. 203.

由、正义、平等、法治、民主、人权等内容都是文艺复兴、启蒙运动释放了人性后慢慢形成的。因此，安全价值的优位有着深刻的历史渊源，但随着权利意识的萌发以及个体意识的觉醒，安全的优先性根基受到了动摇，民众开始呼唤更完整的个体内容的实现。安全与其他法的价值之间的平衡与博弈一直持续至“9·11”事件之前，特别是在自由主义思潮的影响下，私权利的扩张与公权力的限缩成为当时社会的潮流。但是“9·11”事件的爆发重新调整了安全在法的价值中的地位，而这种改变因为风险的持续蔓延一直至今都再未出现明显的调整。而安全的强调对其他法的价值的改变也在学界持续引发讨论，尤其是安全与自由的关系，不同学者基于不同的立场进行了证成，即使赞同其他法的价值应该被减损的学者都认为要注意减损的时间和条件。而后面的章节中也将结合具体的情形对安全与其他法的价值之间的关系进行具体的论证，本部分不再展开论述。

四、安全的新发展

有观点认为，贝克的风险社会理论改变了人们看待和理解世界的方式，但理论对现实的作用远不及现实对现实、对理论的影响。“9·11”事件是人类发展过程中的重要转折点，因为它在真正意义上使民众觉得个体的安全需要更强大的国家予以保障。在这之后，世界范围内关于安全与风险的认知发生了巨大的改变，对极端性事件的恐惧助推了安全的升温与强调，同时也使安全的发展进入产业化运营的阶段。安全对应的不仅是人类社会珍视的宝贵价值，同时发展成为一个庞大的充满竞争的市场。安全产品、服务按价码层级分布，世界越多风险，安全产业就越欣欣向荣。[①] 除此之外，因为风险的跨境流动，关于安全的意识、安全的防范、安全的行动也呈现出全球化运作的景象。更重要的是，安全逐渐取代法律、犯罪成为当下社会新的治理手段，透过安全的镜像社会资源进行了重新配置，国家、社会、个体关于安全的责任进行了重新厘定。

① See Lucia Zedner. (2003) ‘The concept of security: an agenda for comparative analysis’, *Legal Studies*, 23 (1): 153 - 176, p. 172.

因此，安全在后“9·11”时代的新发展主要体现在以下四个方面：第一，安全的产业化经营；第二，安全的全球化运作；第三，国家为本位的安全观；第四，透过安全的治理。

（一）安全的产业化

安全的产业化经营，主要表现在安全被作为商品在市场中交易并已形成一定规模。后“9·11”时代的今天，关于安全的认知已经从一种价值、理念扩展至具体的商品和服务。安全的商品化，首先源于安全局势的紧张与个体对风险的恐惧。安全在不断升温的同时安全市场亦在发展，尤其是关于个体需要对自身安全承担责任的口号宣传下，个体被告知需要主动购买更多的安全衍生品来保障自身安全免受侵害。“在一个愈加无保障和不确定的世界里，缩隐于安全的避风港就具有了明显的诱惑力。因此，保卫这一方天地——‘安全的家园’——就成为打开一切门的万能钥匙。”[①] 从简单的防盗设备、监控设施至居住在治安情况好的高档小区、在安保设施严格的商超消费，个体不同的购买实力在一定程度上决定了个体在当下社会能获得多大程度的安全实现。安全市场的产业化运营在有助于个体更好地保护自身的同时，也使原本存在的我们—他们的二元区分更加严重，安全的我们与危险的他们在安全的产业化背后分隔更加突出和深刻，无力购买安全商品和服务的个体亦被划入危险的范畴之中。安全的市场化运作是在国家无力承担全部安全责任情况下的必然之举，但其负面效应亦非常显著，安全的产业化经营固化了本就严重的阶层区隔，使不同阶层之间的警惕和敌视愈发严重。因为对于高收入的群体而言，他们的危险除了与低收入群体面对近乎相同的风险之外，更重要的是他们还将低收入群体视为他们的生活危险。因此，在明码标价的安全市场中，总有人无力购买商品，尤其在国家经济不景气之时，安全市场中呈现出奇妙的景观：一方面是越来越多的个体成为低收入群体无力消费安全商品；另一方面是高收入群体加大购买力度防止低收入群体可能带来的风险。因此，无论在何种情境下，只要还需要个

① 【英】齐格蒙特·鲍曼：《全球化——人类的后果》，郭国良、徐建华译，商务印书馆2013年版，第114页。

体为自身安全承担责任，安全市场就不会衰败只会愈加蓬勃。尽管有学者频繁提及安全作为一种公共善的价值与作用①，但不可否认的是，在公共善的背后安全并没有被普遍提供，即使在整体的国家安全观的语境中，个体所享受的安全亦非均势。对抗安全产业化弊端的对策，不是鼓励个体加大对安全市场的消费力度，而是国家需要更多地承担公共安全的职责，即使安全是消费品，也应该侧重公共消费品的定性，由国家尽可能统一购买、统一提供。

其次，安全观点和理念也成为商品，尽管这种商品对于普通个体而言不是直接消费的对象。但安全观点和理念通过政府和媒体的传播进而影响了个体对安全产品和服务的购买需求。以安全市场为例，安全商品和服务属于初级安全产品，安全理念和观点才属于高级安全产品。正如 IBM 公司最初直接面向消费者进行电脑的买卖交易，但公司之后转变经营战略将计算机零售业务直接打包出售给联想，专门从事计算机相关业务的方案解决，而转变战略后的利润回报远远大于传统的计算机零售业务。同理，提供安全产品和服务较之于提供安全的理念和观点所产生的效益甚至无法直接比较。例如，2020 年新冠肺炎疫情期间戴口罩以及勤洗手的观点直接带动了全球范围内口罩以及含有酒精的免洗洗手液的生产和消费，一个正确的安全观点对于国家控制疫情、恢复正常的社会秩序以及后疫情时代良好的卫生习惯发挥了功不可没的作用，而对于企业而言，呼吸机、口罩、洗手液的生产获得的物质利润固然可观，但却无法与上述价值在一个层面进行比较。安全观点和理念的设计者包括政府及其他主体，但购买者主要是政府，政府通过设计或购买安全的观点、理念，直接改变了社会治理的模式以及民众的生活方式。故而政府购买什么样的安全观点正如个体购买什么样的安全产品，会关系其安全实现的程度，但同样存在巨大弊端。世界上的个别主要国家牢牢控制着安全观点的设计与生产，是否购买都是存在风险的事项，因此，除了能够提供安全产品和服务之外，能够生产和制造有影响力的安全理论、安全理念才是安全市场更为核心的竞争。在此意义上，国家安全的保障需要更具前瞻性、预见性的安全观点与理论，需要更加形成有本国特色的安全观以及安全实现战略，这就要求国家不仅能够生产和制造安全产品，

---

① See Ian Loader & Neil Walker. (2007) *Civilizing security*, Cambridge University Press, pp. 145 - 146.

而且还要有能力引领世界安全理念的发展，只有如此，才能保证在当下社会不至于被他国安全理论裹挟影响本国安全的实现。

安全商品的需求永远不会停止，只要存在不平等，就会有安全的强烈需求，弱势群体（任何一个个体都是弱势群体）需要，贫弱的国家更需要。而经济羸弱的主体购买能力有限，关键的是，较之于其他市场，安全市场有购买门槛，而且安全的产品和服务在当下社会并非生活的必需品，因此，这也导致了安全的商品消费过程中的不均衡。在安全的产业化中，不仅是个体与个体空间上的隔离，而且在文化、心理、政治上都产生了隔离，“那些不能自愿选择这种隔离的生活，而且没有经济能力来确保其安全的人，在这类似于早期圈地的当代产物中完全处于被动”。[①] 在此情势下，整个社会的安全并未因安全市场的发展而得到更好的保障，反而，有可能引发新的更大的不安。因此，安全的产业化本身即充满悖论，即一方面提供安全，另一方面制造不安。当然，这种悖论性的存在反而推动安全的市场永续发展，因为对不安的恐惧，所以刺激了安全商品的消费，但这种无法均势的行为导致了新的危险出现。

（二）安全的全球化

安全的全球化运作作为安全发展的新表征，源于风险的全球化蔓延与扩散。全球化的发展使风险跨境流动，如恐怖主义、瘟疫甚至传统的犯罪类型借助新的媒介在世界范围内造成影响和伤害。安全的全球化带来了治理思路的全球化，在当下关于安全的治理中，已经摆脱了早期对风险的区域治理路径，即使风险源于某一国、某一地区、某一行业，但世界联系的紧密度使风险必须协同治理才有可能实现安全的状态。而国家安全与国际安全的休戚相关正是安全全球化的表征与体现。即使当下民粹主义与保守主义渐成潮流，如美国与英国等国家的贸易保护以及对新移民与外国学生的敌视，但人员、资源、技术等仍然在跨境转移，安全的全球化进程并未得到改变和扭转。有部分学者认为当下社会呈现出逆全球化的特征，本书认为在经济整体疲软的状况下部分国家的确

① 【英】齐格蒙特·鲍曼：《全球化——人类的后果》，郭国良、徐建华译，商务印书馆 2013 年版，第 20 页。

采取了收缩政策，但各国之间的互联互通才是国家继续生存、发展的基础。而部分国家极端的保守主义也将对全世界增加新的风险类型，故而关于安全防范、构建的思维必须立足全球，只有将其他国家的风险因素也考虑在内，才有可能将安全之网筑牢。换言之，即使有铁幕阻止有形的人、物、技术的交流，但无形的理念、思想等仍然会发生互动。因此，尽管在新冠肺炎疫情发生之后，世界范围内出现了强烈的反全球化的操作，但风险的跨国境流动以及安全的全球化构设并不会因为这一操作的改变而出现根本的偏转。

除此之外，安全的全球化、产业化与当下社会将安全作为治理手段紧密关联。安全的产业化与全球化均基于风险的扩张与极端，对于风险的规制在国内表现为安全的产业化运作，要求个人为自身的安全买单，而在国际层面，则体现为各国需要紧密协作，避免风险从他国倒灌。正如全球变暖的治理，涉及人类共同资源的保护更需要各国共同行动，否则问题仍然存在甚至会更加恶化。安全的全球化还体现为各国安全治理模式的趋同，在预防优于治疗理念的影响下，各种“先发制人”的行动成为安全全球化的一大景观。政治对法律的直接影响，导致法律术语与政治术语的混同，在大量的风险防控政策作用下法律尤其是刑法逐渐扩张自己的界阈以应对多元且极端的风险。

（三）以国家为本位的安全观

有学者认为，“安全观念正在从以国家为本位的安全观向以人为本位的安全观转变，国家成为维护安全的主要手段，而可能不再是维护安全的最终目的”①。对此观点，本书认为从目前的国内、外安全治理现状来说，恰呈现出从以个体为本位的安全观向以国家为本位的安全观的转变。这种转变的背后是个体与国家关系的改变，个体面对充满不确定且有可能导致极端危难的风险无力独自承担，如果风险仅仅是个体自身产生，那尚有可能改变，关键是来自世界各地的他者的风险，使个体在安全的实现上更加倾向于接受只有国家处于安全的状态，个体才会更加安全。从对国家“守夜人”角色的要求至积极干预

① 刘胜湘：《国家安全观的终结？——新安全观质疑》，载《欧洲研究》2004年第1期，第9页。

者的形象呼唤，整个世界呈现出一种“大政府、小个体”的景观。以英、美为代表的西方国家民粹主义的抬头以及世界范围内主要国家保守主义的强势，可推知更加强势、积极介入的政府更易获得民众认同。因此，客观上风险的刺激与主观上个体对风险的恐惧，共同推动了以个体为本位的安全观向以国家为本位的安全观的转变。

这种安全观的转变当然具有现实性和一定的合理性，但其中仍有若干问题需要阐明：第一，以国家为本位的安全观以国家的安全为优先，以秩序为价值导向，而个体安全的价值导向是幸福①，这两者的不同价值趋向决定了两者的冲突在所难免，秩序与自由的平衡虽然不能概括这两者冲突的全貌，但至少是突出表征。国家安全当然是实现个体安全的前提和基础，但国家安全未必能保证个体安全的实现。如前所述，个体安全的加总并非国家安全，同理，国家安全的均分也并非能推导出个体安全可以实现。这其中需要阐明的是，个体是否安全的判断实则是很主观的事项，其只能由个体评价，而非国家做出的判断，当国家作为评断主体时，其无法评断具体个体的安全感知状态，而个体的安全感恰是个体安全中无法回避的事项。因此，需谨慎处理以国家为本位的安全观对个体安全的作用和影响，确保以国家为本位的安全观能够在保障国家的安全时不至于侵害个体利益的实现。第二，以国家为本位的安全观在当下社会的确有利于集中资源解决突出的风险问题，从更为长远和全局的角度制定对国家、民族的发展有益的政策。但权力与资源的集中容易导致权力的扩张与滥用，历史上大量的教训足以证明强势的国家与弱势的个体共存于同一情境所带来的风险。以国家为本位的安全观并不代表国家相关利益是唯一的关切，事实上个体利益也属于其中的重要组成。但忧虑的是，以国家为本位的安全观却正在矮化甚至污名个体权益的实现，个体被教育要主动妥协和减损自己的利益来保障国家利益的实现。国家安全本就相对抽象的表达为司法实践留下了相对较大的自由裁量空间，正如与个体安全对应的是个体的安全感，国家在一定意义上同样也存在安全感。国家安全感会受到政府对国内外各种安全情势的评估、判断的影响，其并非国家安全的直接复刻。因此，以国家为本位的安全观的确是对当

① 赵汀阳：《论可能生活》，中国人民大学出版社 2010 年版，第 135 页。

下风险增多的现实回应，但这一回应过程中产生的问题却可能滋生新的风险的出现。这也是本书的核心论题，即如何在治理风险的过程中尽量避免新的风险的产生，以国家为本位的安全观重新强化了国家权力，但在权力强化的过程中需要同时深化个体与国家关于安全的沟通共识，只有如此才有可能以国家为本位去主导安全的实现不至于过度侵蚀个体的权利实现。

（四）透过安全的治理

安全转化为治理的路径和工具，源于当下社会风险的弥漫以及公众对风险尤其是极端风险的恐惧。“强调个人安全和社会安全是能引起共鸣的话语。安全修辞已经在世界许多地方成为支配性描述，其支配性已经达到准宗教性质的程度。”[①] 在此情境下，传统的国家治理的思路逐渐调整和改变，安全不仅是法的重要价值，同时成为国家治理的新的手段。透过安全，各项资源得到重新配置，国家、社会、个体应承担的安全责任得以重新厘定。安全，演变为以安全为名，在安全的标签下，大量的政策、法案、动议得以批准和施行。从法律至犯罪，直至安全，治理手段在嬗变的同时，反映出安全的角色日渐多元。当下社会对安全问题的持续聚焦转化为安全强大的号召力，这如同20世纪80~90年代，法律与秩序，以及犯罪在当时社会所引发的共鸣。对于政府而言，将引发强烈共鸣的事物作为治理的手段，易于治理活动的推进与开展。

通过安全进行治理，意味着“安全”这一术语将具有调动和调整社会资源的能力，法律与秩序的口号在20世纪末期对美国以及欧洲国家治理社会发挥了强大的作用。“为了法律与秩序”，已经成为固定的宣传口号甚至在2020年美国大选时法律与秩序仍然是重要的辩题，且双方以此主题互相抨击对方维持社会秩序中存在的问题。将安全理解为新的社会治理手段，并不意味着法律与秩序在当下没有市场或价值，而是因为安全是当下社会最易唤起个体认同、形成集体共识的概念，如美国与中国的贸易摩擦、英国脱欧、印度及其他部分

① 【英】弗兰克·菲雷迪：《恐惧：推动全球运转的隐藏力量》，吴万伟译，北京联合出版公司2019年版，第208页。

国家对中国大量应用软件的禁令等，这些做法在本国都获得了大量的认同，原因即在于政府将其上升为国家安全的事项，激发了民众甚至主动去维护和落实政府的战略。安全在当下社会巨大的共识，已经推动了大量关涉安全的法案与行动，同时也使个体的安全观念发生了改变。伴随着风险类型的增加，公众对于风险的容忍度反而越来越低，一般风险与极端风险的治理手段有趋同之势。透过安全进行治理的模式在贴近民众的同时，也使权力通过安全的贯彻进入个体生活的各个细节，除了导致了公权力与私权利的冲突之外，还包括在安全的作用下国家对个体的驯服程度在加深。通过媒体的作用，安全转化为万能背书活跃在各种“两难”处境的场景。

透过安全的治理模式中的安全，不仅指前面所描述的安全，还扩展至其他被解释为安全的内容，因此，在新的治理模式中准确而言是被冠之以“安全”的内容在发挥作用，其外延要大于安全本身。透过安全的治理模式对于恐惧的消除、安全的实现的确发挥了重要作用，而且从社会发展的角度来说，当“生命政治”诞生后，权力的施展模式已经与过往时代存在巨大差异，其中安全正是这一新的模型的关键支撑。因为随着安全战略的实施，以往权力无法直接进入的细节现在可以自由进入，透过安全的调控，个体被牢牢固定在权力的各个节点上，成为更加驯服的对象。①

五、安全化的内涵及表征

（一）安全化的内涵

本书探讨的语境不仅包括安全的现实，还包括安全化的现状，但在阐释安全化的特征之前，安全化这一术语的内涵在学界的争议有必要厘清。关于安全化在学界有两种认识：一种是基于中文中安全化的含义进行的解释，即认为安全化是指“使不安全变为安全”；另一种关于安全化的表达源于国内学者在译

① 莫伟民：《从‘解剖政治’到‘生命政治’——福柯政治哲学研究》，上海人民出版社2018年版，第311－312页。

介哥本哈根学派的理论时对“securitization”的翻译得出，此种意义上的安全化指的是不属于安全范围内的事项进入安全的范围。有学者认为后一种意义的安全化实则指涉的是安全议程化而非汉语中的安全化。[①] 本书认为第一种观点基于中文中传统的语义就当下安全化的内容进行论证具有必要性和正当性，但本书所指的安全化并不是“使不安全如何变为安全”，而是指安全的议程化。不过基于学界的通常表达，本书中仍是以安全化进行表述，但其本质上是安全议程化，而非对应“使不安全变得安全”这一认识范畴的安全化。

安全化与非安全化的术语是由哥本哈根学派提出的。该观点认为，“安全是一种所有政治之上的特殊政治，通过使可能不属于安全的某些问题安全化可获得社会资源。因此，不应随意扩大安全范围，而应朝非安全化方向努力”[②]。从这一解释出发，安全化亦是指安全在使用过程中被泛化的现象，即将不属于安全的问题纳入安全范畴的情况。在探讨透过安全的国家治理模式时，谈及其中的安全已经大大扩张，这一扩张的结果即为安全化。因此，在此部分论证安全化的初衷正是基于安全在使用过程中已经出现的扭曲和泛化现状。当下对安全的关注导致了安全化的趋势，即现在存在着大量问题为了吸引关注加入安全话题的阵营中。以安全为名，是这一转变的突出体现。的确，社会中发生的很多行为经过不断解释会和安全关涉，但并非意味着这些问题均属于安全问题。之所以将很多问题贴上安全的语义标签，无非因为安全的价值在人类社会发展中的重要意义，而如此动议可以获得更多的民众支持与认同。

安全化，是以安全的泛化作为集中表征，其是伴随安全的逐年升温产生的现象，是在肯定安全价值的基础上滥用安全的语义内涵导致的结果。当安全逐步泛化时，呈现出如下内容。

第一，安全价值的首位设定。在前面探讨安全与其他价值之间的关联时，已经阐述了安全与其他价值之间协同促进以及矛盾与冲突的关系，但在安全化的语境中，安全的价值被排在了首位，其他价值在安全面临紧迫状态

① 刘跃进：《“安全化”还是“安全议程化”》，载《山西师大学报（社会科学版）》2019年第5期，第40页。

② 刘胜湘：《国家安全观的终结？——新安全观质疑》，载《欧洲研究》2004年第1期，第3页。

时，大多被认为可以妥协和减损。自“9·11”事件发生至今，恐怖袭击以及灾难性、极端性事件的发生不断显示其他重要的社会价值为了保证安全的实现，都在进行限缩。本书在高度认同安全价值的同时，思考的是其他法的价值限缩的状态应该是限时的例外状态，而非固定的常态。目前而言，对安全的重视已经使如反恐的极端操作蔓延至一般的犯罪类型以及日常的生活模式之中，这已经不是私权利的偶尔妥协，而是重新去固定扩张的公权力与后退的私权利的界阈。

第二，安全的系统化、体系化运作基本成形，安全市场正在蓬勃发展。目前为止，安全的发展已经从一个距离公众甚远的抽象概念发展成为庞大的理论与实践体系。安全的系统化运作是“安全”这一术语持续发展的保证，围绕安全，现已形成一个繁荣的产业需求供应链。安全市场的形成的确有助于安全的实现，但同时也发展成为全球范围内重要的经济类型。当安全这一理念以及安全的商品和经济密切关联时，安全的内涵中就掺杂进大量的原本与安全无关的利益事项。“如果将安全的外延任意扩张，将安全等同于利益、好处，安全将变得没有实际意义。”[①] 而这正是本书所担忧之处，安全强烈的集聚功效将随着安全的泛化不断降低，最终安全本身的凝聚力也必将随着利益的过多涌入彻底消失。安全之所以可以唤起民众的共识，在于安全与每个个体均有关联，如果个体关于安全的理解不能本能感知而只能依靠专家来传递，那么这样的安全内涵实则暗含危机。

第三，关于安全的责任承担发生了调整。当下社会，安全并非只有国家和政府保证和提供，个体被不断教育需要对自身的安全承担责任。从各种口号、标语到案件发生后对受害者的责难，即可获知国家将自身对安全的责任转移给社会和个体来分担。安全责任转变的背后是个体与国家关系的转变，国家基本上仍然扮演家长式的角色，而个体则经历了从“未成年人”至“成年人”的转变这一过程。当个体与国家属于未成年人与家长之间的关系模式时，国家需要承担全部的安全责任，而当这种关系转变为成年人与家长时，个体需要独自承担责任，同时还需要对国家承担责任，当然在“家庭关系”中，个体与国

① 刘胜湘：《国家安全观的终结？——新安全观质疑》，载《欧洲研究》2004 年第 1 期，第 11 页。

家仍需要协力互助。在一定程度上，做此类比未必全然妥适，尤其是将个体与国家的关系界定为“成年子女与父母”之间的关系时，其实个体并不像成年子女一样具备独立的行为能力与承担责任的能力，个体仍然在国家划定的框架内行动。[①]

虽然在人类社会的发展过程中，经历了一段时间的“守夜人”式的国家角色，但随着风险的升级家长式的治理方式又重新占领高地，只不过此次国家并未如传统社会将责任大包大揽，而是将责任重新分配，个体被不断教育需要对安全承担责任。此种转变的背后有风险类型的庞杂与现代国家职能的增加，因此国家已经无力去单独处理日益增加的国内、国际纷争，在此意义上，个体承担安全责任有现实性与必要性。但个体承担安全责任与安全市场的构建是相伴而生的，个体承担安全责任势必需要购买安全产品与服务，而安全市场的弊端前面已经进行过论证，故而个体承担安全责任演变为个体按购买能力实现安全，尤其是在广泛的宣传中，无能力购买安全商品与服务的个体被贴上了“危险者”的标签，此类举措进一步加剧了不同社会阶层的悬殊与分层，强化了社会排斥的效应。这也进一步证明安全的泛化非但无助于安全的实现，反而会带来新的不安。

（二）安全化的集中表征

安全化的形成，一方面是因为现代社会风险类型日益多元，尤其是恐怖主义等极端事件的发生，促生了关于安全的新思考以及解决安全问题的新路径；另一方面则是因为安全被作为目标而无法达致。前面已经论证过安全作为目的设定存在的问题与危机，而安全化正是将安全作为目的的重要表征。从安全至安全化，安全的内涵在不断稀释的同时，地位却在不断提升。当安全成为正确的代名词，只要表达安全本身同样存在问题，似乎就成为错误的论断。安全的重要性毋庸置疑，正是如此更需要我们不断去证明威胁安全的内容和事项，更需要明晰追求安全的手段和条件，简单地将利益相关事项理解为安全抑或是对

① 车浩：《自我决定权与刑法家长主义》，载《中国法学》2012 年第 1 期，第 97－98 页。

风险绝对禁止的立场对当下社会的治理并无益处。在当下社会安全化主要以对风险的零容忍立场以及绝对预防的理念作为集中表征。

1. 零容忍的风险应对思路。

零容忍的立场源于美国的破窗效应理论，意指某一行为如果不进行治理，将会发展成为更大的问题，造成更严重的危害。[①] 对风险的零容忍源于对风险的极度恐惧与对安全的极端渴求，在零容忍的立场中风险本身的含义只被削减为负面效应。尽管风险与机遇并存的口号仍然在高喊，但极端性灾难的发生使风险的正面价值逐渐失去吸引力。风险越来越频繁地与危险等同理解，刑法范畴中大量的危险犯中的危险与风险的混淆只是这一术语滥用的典型之一。零容忍的立场对应的是政府坚决对抗某一行为的态度，同时也暗含着这一行为的严重危害，但即使从单一维度来理解风险，风险的程度也存在差等。将风险笼统地归为一类，不去探究不同风险的应对之策，导致了危害较轻的风险与危害严重的风险使用了同样严格的措施，如反恐的特殊对策适用于一般犯罪的治理之中。违反比例原则的治理手段滥用，事实上是将所有的风险一概极端化处理，导致了大量的无现实危害性及危险性较轻的风险被偏差对待，遏制了风险本身正面价值的发挥。除此之外，对风险的零容忍立场很容易演变为政策性立法、司法以及各种专项行动。零容忍的立场带有极强的时效性，关于某一风险的重视容易受环境和情势的影响，对司法实践中贯彻与落实罪刑法定原则、罪刑相适应原则以及宽严相济的刑事政策都带来一定压力。

就刑法学的立场而言，零容忍的立场应该更慎重且克制地适用，而这一结论的得出正是因为当下社会对风险不加区分地一律零容忍的态度。刑法中危险犯、持有犯、预备犯、帮助犯等的正犯化无不在说明我们对风险的警惕已经渗透进刑事立法之中。当然这其中涉及公众对刑法功效的迷信，希冀刑法发挥规制风险的作用。零容忍的治理思路不仅包括个体的恐惧还包括国家恐惧。“任何一个安全问题都是与恐惧有关的心理问题。”[②] 因此，安全化的扩张所生成的零容忍的应对思路中除了个体对风险的恐惧之外还有国家对风险的恐惧。恐

① 【美】乔治·凯林、凯瑟琳·科尔斯：《破窗效应：失序世界的关键影响力》，陈智文译，生活·读书·新知 三联书店2014年版，第20页。

② 何玮鹏：《恐惧：国家安全的心理分析》，载《世界经济与政治》2001年第2期，第25页。

惧本身就像瘟疫一样带有传染性。恐惧在传播的过程中能量更加强大，恐惧使极端性的对策变得合理且正当。而且恐惧与所立基的事实之间逐步脱节，演变为独立的系统进而对权力的施展发挥作用。本书认为极端性的对策、零容忍的思路涉及对公民私权利的减损与限制，要明确具体的适用情形，如对特殊的对策不做限定，很容易滑入一般情形，当特殊变为一般时，新的特殊情形又出现，如此循环会导致人类社会所珍惜的价值体系遭受重创。

2. 绝对预防的理念。

安全与预防之间具有天然的关联，在风险与决定之间预防准确地以一种特定方式发挥着中介的作用。一般意义上，预防包含两个层面的内容：一是降低损失发生的可能性；二是降低损失的程度。[①] 先发制人、后发制于人，凡事预则立、不预则废，未雨绸缪等古谚，皆在提醒人们应当注意预防对于安全价值的实现所发挥的作用。这样一种朴素、直观的联系源于人类社会在不断发展中所沉淀的宝贵经验。这些术语已经转化为个体、集体、国家在行动时的自然指引，这样的行动模式甚至不需思考，即可知需要提前采取行动。而这种天然的关联性在当下社会不但没有减弱，反而更加深入人心，但预防不仅是一种理念，其还是具体的行动与方案。尤其是在主观安全的作用下，预防的确有助于安全的实现，但同时还促生了其他的危机与风险，尤其是对刑法而言。

在安全升温的语境中，风险的正面价值被忽视了，其负面效应被无限提升甚至扭曲扩大，“不能坐以待毙、必须采取行动”成为面对风险的正常应对思路。正是在安全化的语境中，零容忍的风险应对思路从极端性的灾难事件渗透进一般事件，大规模的监控应运而生。尤其是现代科技的飞速发展以及近年人工智能技术的突飞猛进，使监控的发生更便捷、更隐蔽。安全充当媒介形塑了一种新的权力治理技术与模型。新的治理术重视预防策略，不断向公众宣告“预防优于治疗”的显著功效，在一定程度上，也促动了安全市场的进一步繁荣。安全的泛化，导致传统的事后惩罚思路不足以保障对安全的高度需求，治理的时点同时不断向前调整，从犯罪行为、失范行为至一般的中性行为，公权力进入私领域的触角越来越深。规训与惩罚的思路仍然盛行，治理活动在两个

① 【德】尼克拉斯·卢曼：《风险社会学》，孙一州译，广西人民出版社 2020 年版，第 51 页。

层面同时进行：宏观层面是政府通过大量的立法活动限缩个人行动空间，微观层面则是大规模的监控活动。

本书认为在安全泛化的语境下，尽管预防仍以避免风险的发生为核心理念，但这里的风险不自觉中却被替换为一切风险。在刑法中存在容忍的风险理论，但刑法的发展以及整体社会充斥的却是对风险的愈发不可忍受。多元的风险、价值认同的分裂转换为对和我们不同的一切“他们”的仇视，在沟通手段和工具如此便捷的当下社会，人与人之间却多了更多的障碍和羁绊，“我们”对“他们”的敌视并未随着人类社会的发展变得更少，相反却在增多。而这种排斥的观念正是绝对预防主义盛行的另一主因。绝对预防主义意味着预防手段的升级以及预防理念的改变。主动性的预防、进攻性的预防使预防充满了惩罚的意蕴，预防与惩罚之间的界限变得模糊不清，刑法司法法的性质也频繁受到挑战。

绝对预防主义存在的问题在于设定了一个误导公众的假象，即采取足够多的预防措施可以消灭风险，尤其是这种假象不断向公众传输，致使公众不断要求预防措施的升级。但这样的设定实则进入一个恶性循环圈，因为相对（不）安全状态的普遍存在，诱使预防措施始终要针对那部分不安全进行治理，而预防工作的开展又是一次新的权力拓展，对于政府而言，个体是风险的来源，因此预防的对象和权力作用的对象最终又落实在具体的个体，使个体的正常身份以及权利内容发生变化。虽然整个社会的观念正在经历从国家本位向个体本位的转变，但个体与国家强大的力量悬殊，决定了国家在实现安全、预防风险的过程中，大多回避自身对个体的风险而仅强调个体对国家的风险，这种二元对立的割裂使国家哪怕采取了绝对预防的观念都无法真正认识和研判社会中的另一类来自国家对个体的风险。所以，“国家可能无处不在，其触角可以伸到每一个角落和缝隙，但它的结构、进程和政策可能已经远离公民的认同感、历史感和一致感”①。

---

① 【澳】约瑟夫·A. 凯米莱里等：《主权的终结》，李东燕译，浙江人民出版社 2001 年版，第 251 页，转引自刘胜湘：《国家安全观的终结？——新安全观质疑》，载《欧洲研究》2004 年第 1 期，第 9 页。

本章结语

本章通过阐释安全的概念、种类、国家安全的概念、总体国家安全观的内涵以及安全与其他价值的关联、安全化的内涵与表征等内容，试图廓清本书所讨论的预防性刑法范式的研究语境。风险与安全的内涵关联，决定了安全概念的复杂与安全实现的难度。之后安全与安全感、个体安全与集体安全、手段的安全与目的的安全界分脱离了传统的安全分类，更加倾向于聚焦那些在当下影响安全论证的关键术语。这样的择取不只是基于学术的考虑，更重要的是因为国际社会安全的争论议题离不开对这三组术语的厘清。而国家安全以及总体国家安全观的论证是因为安全的核心始终围绕国家安全进行，当下国家安全的内涵已经大大扩张，探索中国特色的国家安全实现路径对于我国国家安全的实现至关重要。因此，总体国家安全观的提出正是基于对复杂的国内外形势充分研判后的及时对策，对不同领域安全事项的处理提供了框架与指引。安全在当下社会与其他法的价值的冲突较之其他时期要频繁、严重，各种关于法的价值的平衡冲突实则是以牺牲其他价值为代价来换取安全，但安全实现的不均势导致了更为严重的社会危机。因此，我们必须重新考虑和设定安全的角色与地位，必须反思安全的优先性并不必然保证安全的优先实现。后“9·11”时代的安全已经呈现出新的特征与趋势，安全不仅是法的价值，同时也是新的产品与服务，安全的产业化正蓬勃发展，而危险的跨境流动以及全球化的背景导致安全的实现模式也正全球化运作，在这两者的促动下，安全成为新的治理工具与手段。基于此，安全范畴中进入了大量与安全无关的事项，安全化成为当下探讨安全议题不得不关注的问题，安全化不仅导致了零容忍的风险应对思路，还形塑了绝对预防的观念。这两者都直接作用于刑法范畴之中，进而改变了当下的刑法范式，预防性的刑法范式正在形成之中。

第二章

刑法的预防性路径

国家安全，自“9·11”事件至今已然成为当下社会最受关注的议题之一。围绕国家安全，不仅制定了新的政策法案、新的战略战术、新的同盟合作，乃至新的治理手段。对国家安全的强调、重视，并非“9·11”后才开始的事项，只是在这一事件后国际社会对安全采取了更加“激进”“极端”的应对手段。或许是贝克所描述的风险社会的路径，或许是以“人体炸弹”为典型的“新”恐怖主义的蔓延，抑或许是犯罪被诠释为日常生活中的自然组成部分，上述种种均赋予了“预防优于治疗”这句古谚在当下社会中发挥作用的巨大潜力。

预防，一跃成为国际社会各种特殊动议、法案，甚或战争的最佳背书，充当了一种新的风险管理措施。[①] 预防的强调，一方面刺激了国家治理路径的改变，另一方面促成了一系列政策法案的出台，而其中最值得研究的乃是刑法范式的变迁。刑法范式的转变，并非否定传统意义上的惩罚功能，而是强调预防在新范式形成中所发挥的作用。预防性的路径，带来的并非全是“优于治疗”的社会效果，即使其在具体的个例中实现了优于治疗的功效，但置于更宏大、更长远的社会背景中，预防是否真正优于治疗，仍是存疑的问题。故在国家安全的背景下研究刑法的预防性路径，乃是基于预防对传统刑

---

① See Francois Ewald. (1993) ‘The infinities of risk’, in B. Massumi, ed., *The politics of everyday fear*, pp. 221 - 228. Minneapolis: University of Minnesota Press, p. 222, adapted from Claudia Aradau & Rens Van Munster. (2009) “Exceptionalism and the ‘war on terror’: criminology meets international relations”, *British Journal Criminology*, 49: 689 - 701, p. 696.

法范式的渗透和转变。新的刑法范式以预防性路径为指引，突出了对行为人、对行为人危险系数的强调，扩张了危险犯、未遂犯、预备犯的范围，淡化了刑法的危害性原则，模糊了规训与惩罚的手段、固化了不同群体的区隔。基于此，本部分将围绕因预防所提出的问题展开，将内容划分为预防性路径的诠释、宪法视野下的预防以及刑罚权的基础嬗变、预防性路径对传统刑法范式的作用三个部分。通过借用例外主义、规训惩罚、风险社会、犯罪化等理论，着重分析国家从现代社会至后现代社会治理手段的嬗变脉络，分析在后“9·11”时代刑法被盲目迷信所造成的扩张效应，分析在国家安全的名义下，国家可以将何种行为正当地犯罪化，最终呈现刑法范式在预防性路径主导下转变的轨迹和路线。

一、预防性路径的诠释

后“9·11”时代关于人类所面临的灾难和风险的重新认识，形塑了几乎所有学科当前研究的内容。关于风险的类型、风险的危害，以及对抗风险的工具和手段，重置了世界范围内各项资源的分配。为了对抗风险，尤其是那些可能对人类社会带来毁灭性打击的危险，不同国家的政府将更多的资源用于安全机制的优化与构建。安全，几乎成为所有政府行动的最佳背书。从安全到安全化，暗含着人类共生系统为了应对风险所促生的时代烙印，表征着安全的产业链从工业社会到现代社会直至后现代社会演变中的逐步形成，背书了“预防优于治疗”的普遍适用。① 在肯定预防存在必要性的前提下，预防的不同侧面对国家治理、法律规范和行为模式的影响同样需要阐释。对预防性路径的阐释，需要从预防着眼，通过分析预防与先发制人的区别，预防性的刑法与刑法的预防性之间的关联，进而得出在新自由主义和利己主义的影响下国家安全的场景是如何形塑了预防性路径对社会不同领域的主导，是如何对传统意义的“预防”观念进行的扭曲和偏转。

---

① See Lucia Zedner. (2009) *Security*, Routledge, p. 90.

(一) 预防与先发制人之关联

在通俗意义上，预防或可等同于先发制人，其意均指防止未来损害结果(包括危险)的发生。如对预防进行拆解，“预”表达预测之意，“防”则指干涉、干预之内涵。① 在汉语中，对于预防与先发制人的表达在古籍中有迹可循，“先发制人、后发制于人”“凡事预则立、不预则废”“未雨绸缪”等均表达了采取预防措施的重要性。而在英文中，预防对应的是 prevention，先发制人对应的是 preemption。从字面意思来看，似乎很难得出这两者之间的区别，而在实践中这两者也经常发生混用甚或被理解为同样的意思表达。但问题是，这两者在特定的场景中指涉的内容是否相同，产生的效果是否一致？

西方学者在对 prevention 和 preemption 进行区分时，指出“prevention 指涉的对象是不迫切的危险，而 preemption 针对迫近的危险”②。正是因为危险的迫近程度不同，所以 prevention 和 preemption 的手段及其受到的限制并不完全一致，如针对 preemption 可以采取战争来对抗危险，但在 prevention 的情境中原则上不能通过战争消除危险。③ 除了所针对的危险发生时点不同之外，preemption 更侧重军事属性的表达，而 prevention 则是更为一般化的社会术语。关于这一点，从两伊战争至伊拉克战争，乃至现代社会的反恐战争，多使用 preemption 来强调威胁的对抗，而 prevention 适用的场合较之 preemption 更普遍，范围更宽广一些。一般社会生活中需要表达对未来危险、危害的防范时，多应用 prevention 进行诠释。在此意义上，preemption 较之于 prevention 是特殊术语，其适用的场合、情境更为限定、具体。

正是因为这两者内在属性及适用场景的不同，故一旦混用，可能会造成极为严重的后果，因为这关系到预防手段的正当性与合法性。如前所述，针对先发制人的场景，可通过最严厉的预防手段即战争来减低或者消除危险。但众所

① See H. M. Lomell. (2012) ‘Punishing the uncommitted crime’, in Hudson B. & Ugelvik S, *Justice and security in the 21st century: risk, rights, and the rule of law*, Routledge, p. 88.

② Gareth Evans. (2004) ‘When is it right to fight’, *Survival*, 46 (3): 59 – 81, p. 65.

③ See Alan M. Dershowitz. (2007) *Preemption: a knife that cuts both ways*, W. W. Norton & Company, pp. 202 – 205.

周知，战争中倒下的第一个即为真理。到目前为止，我们仍无法避免战争的发生对无辜民众带来的伤害，因此，需要设置监督和审核机制确保战争的发生是必要的且会控制在最小伤害的限度之内。故诱发战争发生的危险必须是严重的、迫切的、会对国家利益造成重大伤害，且有确切的证据证明如果不采取先发制人的手段，危险必定会发生的情形。[①] 在一定程度上，当政府使用“先发制人”的术语来对抗危险时，则暗含着可以使用一切必要的手段，包含战争在内。但预防不同，如果说先发制人充满主动性、进攻性，那么预防则暗示了被动性与防御性。当然，此处的主动与被动、进攻与防御均是相对意义上的指称。

在当下国际社会中，国家会选择对自己更为有利的术语为其行动背书，尤其是在“9·11”事件后，先发制人的适用范围渗透进一般社会生活领域，特殊手段的正常化或演变为未来社会治理的常态。而更值得深思的是，以维护国家安全之名所制定的政策法案，充斥着先发制人的思维逻辑，所谓的预防日益过渡为先发制人内核的躯壳，起到“障眼法”的功效。正如贝克所描述的风险社会的图景，当下社会充满着类型迥异的风险，而近年来恐怖主义的猖獗更刺激了先发制人战略的深入人心。而“反法律‘法律规范’”的密集出台，一方面以“零容忍”的态度进行掩护，另一方面则不断挑战法治的底线，侵蚀现代国家的根本。因此，这两者的区分并非仅是语义上的厘定，更重要的是手段和限度的界分。

（二）预防性的刑法与刑法的预防性之关联

在刑法学领域中，预防更多的是被作为刑罚的价值和功效进行理解。事实上，我们强调预防性的刑法，并不否认刑法中的惩罚所内含的预防性，更不否认惩罚性的存在。而此处的预防，是作为限定词来修饰刑法范式的特征属性。这样的比较，仅是为了研究所作出的厘定，刑法范式本身是惩罚性抑或是预防性，应由其主导性的逻辑做出决定。在国家安全的视阈下，预防性的思维路径

---

① See Alan M. Dershowitz. (2007) *Preemption: a knife that cuts both ways*, W. W. Norton & Company, p. 96, 202.

不仅渗透进普通社会生活领域，更影响了法律规范的内容。如果说，传统意义上的刑法范式突出对行为的强调，那当下社会的刑法则更关注行为人本身的危险属性。之所以会发生范式的转变，乃是因为国际社会对风险的认识与诠释影响了同属上层建筑范畴的法律规范。

风险，是理解当下刑法范式最重要的术语之一，是重构刑法理论与刑法规范最核心的社会性力量。[①] 而风险所促成的恐惧，在刑法范式的转变中更是扮演了关键性的角色。毋庸置疑，任何一部刑法规范的内容在发挥惩罚功能的同时，都暗含着对未来危害行为的预防。[②] 同理，任何一部刑法规范在注重实害性的同时，也侧重对危险性的考虑。故研究的核心并非预防在刑法范式中是否应发挥作用，而在于预防究竟应发挥多大的作用。[③] 预防在刑法范式中的扩张，导源于国家对风险和恐惧的治理思维，只是风险和恐惧固有的不确定性从一个场景转移到另一个场景。对风险和恐惧的回避，成为刑法规范不断进行调整的最大驱动力。

在一定程度上，人们或许会接受刑法规范是出于对风险的回避而形成，但进一步言之，如果刑法规范的驱动因素换成了恐惧，这样的刑法规范应如何评价？当然，风险的回避自然旨在减少人们对危险的恐惧，进而增加民众的安全感。但风险本身应相对确定、可进行估量，其并非基于臆测或猜想。而恐惧的形成过程却极其复杂，其在客观危险的基础上，还糅合了大量的个体因素。对于同一个危险源，不同个体的认知和反应并不完全一致。是否会产生恐惧，以及恐惧的程度，并非全部由外界的危险决定。因此，以恐惧作为刑法规范产生的驱动力，本身的合法性和正当性或存在问题，即我们以何种标准来确定恐惧，来确定减轻或消除了恐惧，附随而来的症结在于我们如何判断刑法规范实现了立法设计的初衷。当然，较之于恐惧，风险对于刑法的价值在一定程度上会被肯定。但就严格意义而言，无论是风险，抑或是恐惧，这两者在刑法中的

---

① 劳东燕：《风险社会中的刑法——社会转型与刑法理论的变迁》，北京大学出版社 2015 年版，第 35 页。

② See Peter Asp.（2013）‘Preventionism and criminalization of nonconsummate offences’, in Andrew Ashworth, Lucia Zedner & Patrick Tomlin, *Prevention and the limits of the criminal law*, Oxford University Press, p. 26.

③ See Alan M. Dershowitz.（2007）*Preemption: a knife that cuts both ways*, W. W. Norton & Company, p. 96, 202.

角色都应尽可能地被限缩。因为在任何一种正常运转的社会形态中，犯罪大多是伤害道德情感的事实。[①] 而现代刑法的发展与集体感情的维护之间的间隔越来越远，刑法的扩张背后是大量脱离集体感情表达，同时被视为对社会具有严重危害的高“风险”行为的入罪化趋向。

从刑法的预防性到预防性的刑法，发展的轨迹无疑是要契合复杂多变的时空背景。但预防性的刑法范式在提供安全的同时，也创造了危险，正如国家的角色一样。预防性的刑法范式固然会继续发挥刑法的预防性，只不过在此种范式之中，预防在具体的语境中承载了相对复杂的功能。此种复杂，不仅指涉角色的多元，更包括此处的预防与彼处的先发制人意思是否等同。事实上，刑法无力真正去实现矫正罪犯的功能，更无法承担吓退效仿罪犯的“危险分子”的角色，其真正价值在于通过维护一种富含生命力的共同意识来极力确保和维持社会的凝聚。[②] 从这一论断出发，今天刑法的变迁所表征出来的并非仅是看似中性无涉的预防性路径的主导，除此还有“某些道德因素已不可补救地被动摇，以及我们需要的道德尚在襁褓之中”[③] 的无奈。易言之，即预防性路径所促生的传统刑法范式的失势。

（三）预防性刑法范式的厘定

“范式”这一词汇源于托马斯·库恩在《科学革命的结构》中的表达。尽管库恩是从科学革命史的角度提出了范式，但显然这一术语的影响范围已经远远超出了库恩一开始的设计。当然库恩关于范式的概念阐释并不统一，有学者统计在《科学革命的结构》中范式就有多达 21 种表达。[④] 为了澄清误解，库恩在《对范式的再思考》中认为科学历史中的范式需要满足两个条件：“第一，‘空前地吸引一批坚定的拥护者’，使他们脱离科学活动的其他竞争模式；第二，它们必须是开放性的，具有许多的问题，以留待‘重新组成的一批实

① 【法】埃米尔·涂尔干著：《社会分工论》，渠冬译，三联书店 2013 年版，第 36 页。

② 【法】埃米尔·涂尔干著：《社会分工论》，渠冬译，三联书店 2013 年版，第 70 页。

③ 【法】埃米尔·涂尔干著：《社会分工论》，渠冬译，三联书店 2013 年版，第 367 页。

④ 【美】托马斯·库恩：《科学革命的结构》，金吾论、胡新和译，北京大学出版社 2012 年版，导读第 11 页。

践者去解决'。"[①] 在这一诠释下，范式在不同场景中被频繁使用，甚至存在被滥用的情形。范式之所以会从科学历史的范畴进入其他学科领域，原因就在于"范式规定了共同体所研究的谜题和问题"[②]。换言之，范式提供了共同体内部沟通的话语体系，使共同体的成员在范式内部有共同关注的问题与共同的思考模式。

刑法学界当然也关注范式，但学者更多的是使用"研究范式"而非"范式"来阐释刑法的变迁过程。本书认为，在预防性路径的主导下、在预防犯罪目的的强调下、在安全价值观的指引下、在恐惧文化的笼罩下，不只是刑法研究的内容发生了改变，而是整个刑事法体系中关注的问题与思考的模式都发生了改变。因为如果只是研究范式转变的话，那么暗含的内容则是刑法学界讨论的问题和立法实践、司法实践关注的问题、思考的模式、话语的表达并不一致。但现实情况是，学术界与实务界针对刑法的发展基本上形成了统一的思考模型，尽管在学界和实务界有观点反对预防性路径对刑法范式的作用，但无论是刑事立法、刑事司法和刑法学界绝对的主流观点都是去肯定预防性路径对传统刑法范式的转变，以及肯定此种转变的积极作用。当然，重点不在于是支持或反对预防性刑法范式的人数多少，而是理论界、实务界均是在预防性刑法范式的话语体系中去讨论问题。这些影响虽然在后面会详细论述，但此处还是要说明的是，我国迄今为止的十一次刑法修正以及刑事政策对刑事立法和刑事司法的疯狂渗入，正是在一步步将对风险的规避、安全的实现转化为具体的刑事法律规范与刑事司法实践，至今也并未有停止的趋势。

刑事立法与刑事司法的变化与刑法学界基本保持了同样的节奏，受德国刑法学的影响，学者们纷纷认为积极的刑法观、功能主义刑法观才能使刑法在当下社会具有对抗风险的能力。因此，在"安全刑法""预防刑法""风险刑法"的标签下，学界开始对法益、罪刑法定原则、谦抑性、危险、行为、刑罚的功能与目的等内容进行了深刻改造，以使刑法范畴中这些传统的术语可以在新的

---

① 【美】托马斯·库恩：《科学革命的结构》，金吾伦、胡新和译，北京大学出版社 2012 年版，导读第 15－16 页。

② 【美】托马斯·库恩：《科学革命的结构》，金吾伦、胡新和译，北京大学出版社 2012 年版，导读第 16 页。

背景下充分发挥功能。而从近10年来我国刑法学界的关注内容来看，风险与安全成为刑事法体系中最重要的关键词，围绕这两个术语可以关联起我国刑事立法、刑事司法基本上所有内容。而当下刑事法体系关于犯罪问题的处理也形成了从犯罪后至犯罪前，甚至犯罪前之前的思考模式。因此，无论从问题的意识、语言的表达、思维的习惯，当下中国刑法学界都近乎和谐一致，认同与不认同预防性刑法范式的主体几乎都使用着一样的理论、一样的术语、一样的依据在为刑法学的发展欢呼或担忧。因此，从库恩所表达的范式概念来看，传统的以报应为核心的刑法范式已经无法发挥凝聚共识的作用，而当下刑法体系内所研究的所有问题和谜题正是来自以预防性路径为主导的刑法范式的供给。所以，不管是反对还是支持预防性的刑法范式都无法否认预防性范式的生成，因为当下刑法学界所有的问题、争议皆是围绕此而形成。

二、宪法视野下的预防及现代刑罚权的基础嬗变

“所有刑法问题都可以从宪法角度来解释”,[①] 因此，从宪法的角度对预防的内容进行不同角度的诠释，以及从现代刑罚权的嬗变过程对刑法的转变进行论证，有益于更清晰地认识预防性刑法范式的生成过程。从前面提及的当下我国社会的“总体国家安全观”，有学者从风险社会的角度结合我国《宪法》的规定提出了“整体风险观”[②]，进而从宪法教义学的角度论证了国家的预防义务。国家的预防义务在宪法层面体现之前，在关于国家和政府存在与建构的经典著作与学说中，已表达出国家存在的最重要的目的之一就是安全，如著名的启蒙思想家霍布斯、洛克、卢梭等关于国家的职能阐释，在此基础上进而发展出了大量的安全学说与理论。较之于为人民创造更多的福祉，当下社会国家职责的重点是如何避免现存一切的毁灭，在此情势下整个社会陷入一种高度依赖风险控制的机制氛围之中，故对国家积极作为的要求成为避免风险、实现安全

---

① 【德】洛塔尔·库伦:《论刑法与宪法的关系》，蔡桂生译，《交大法学》2015年第2期，第158页。

② 王旭:《论国家在宪法上的风险预防义务》，载《法商研究》2019年第5期，第116页。

的本能反应。①

预防作为实现安全的重要策略，在法治社会不断完善的今天，虽然已经深入人心，但在国家决策、行动的大量场合，借助古谚来为行动提供证成已经不能满足合法性的标准，因此从宪法层面来为各个部门法中预防性规范性法律文件的增、删以及重大动议进行合法性证成，符合当下法治社会的内涵与要求。从宪法层面论证预防，旨在阐明国家预防的范围与手段，进而论证以刑法为代表的司法法以预防为导向时需要注意的风险与内容。事实上，预防在宪法层面的论证仍集中于个体权利与国家权力的关系，尤其是在大量的超个人法益不断凸显和强调的当下社会，预防什么以及如何预防成为权利与权力关系博弈的关键因素。宪法领域对预防的内容以及手段的规范，是检测刑法修改是否正当的重要标尺。当下学界所热议的积极刑法观与消极刑法观正是围绕预防什么以及如何预防展开的讨论，因此，以下将围绕宪法层面的预防内容及手段要求进行具体阐述，同时结合刑罚权的来源与基础的嬗变，进一步廓清、明晰刑法范畴中不断强调的预防的具体指涉以及实际功用。

（一）宪法层面的预防与国家职责的调整

风险预防源自国家成立的初衷以及宪法上关于国家的保护义务要求。② 关于人类社会是否进入风险社会虽仍存争议，但风险的多元与极端却基本上达成了共识。对风险的回避，尤其是对可能带来极端灾难的风险的恐惧，使国家和民众对传统的事后治理手段产生了质疑。加之风险的跨境转移与全球流动，以及网络命运共同体的形成，对于政府而言形成了新的治理能力的挑战。因此，国家治理能力现代化要求的不仅是治理能力的革新，同时更加要求应对风险的能力要能够及时、有效地避免重大风险如政权的颠覆、经济危机的发生、核危机、生化危机等灾难性后果的发生。就此意义而言，不能坐以待毙、一定要事先采取行动成为政府行动的主导性逻辑。因此，关于预防的诠释和践行中，不

---

① 古承宗：《风险社会与现代刑法的象征性》，载《科技法学评论》2013 年 10 卷 1 期，第 130 页。

② 王旭：《论国家在宪法上的风险预防义务》，载《法商研究》2019 年第 5 期，第 117 页。

仅包括传统的防御型的预防，还增加了进攻型的预防，最为典型的即为先发制人的操作路径。换言之，“预防在立法上呈现出两种类型：一种是产生侵犯效果的‘强制—命令’型手段，另一种是产生支配效果的‘激励—诱导型’手段。第一种预防属于典型的干预，因为它直接对基本权利主体进行限制”。①而学界现在争议的重点也主要集中在第一种类型的预防，因为此种预防超出了预防的本身内涵，会对其他主体的权益带来侵害的风险。

国家尊重和保障人权的条款以及国家根本任务的条款构成了我国宪法预防义务的根据。② 但预防性质的改变也影响了刑法领域就我国宪法关于国家预防的具体内容的理解，如我国《宪法》第二十八条规定：“国家维护社会秩序，镇压叛国和其他危害国家安全的犯罪活动，制裁危害社会治安、破坏社会主义经济和其他犯罪的活动，惩办和改造犯罪分子。”此规定是刑法预防内容的根据与指引，尽管宪法上还存在其他预防类型的表述，但第二十八条中关于惩罚犯罪、保障国家安全的国家职责与刑法的功能设定最为接近。显然，根据当下我国刑法条文的具体规定，该条中的镇压、制裁、惩办的方式和内容已经出现了明显的扩张，最典型的即为对危险犯犯罪类型和危险人的突出防范。诚如学者所言，“风险社会的世界观已经刷新这种危险消除的秩序模式，要求国家更加广泛、深入地介入社会生活”③。而在自由主义思想的影响下，个体对自由的追求与国家对风险的对抗之间经常发生矛盾，尽管新自由主义思想较之自由主义思想，已经强调要实现自由与安全的平衡，言外之意是肯定个体应该牺牲部分自由去实现安全，否则个体的自由亦可能受损。在这其中太多不确定的因素导致这样的交换并不必然能够换取安全的实现，但确定的是个体的自由受到了限缩。因此，针对此种危机，有学者从宪法层面建议以比例原则作为检测个体自由是否受到严重不当侵犯、国家干预是否适当的标准。宪法中的比例原则的确为各个部门法的预防性规范以及预防性操作实践是否违宪提供了依据，就此意义上而言，预防性路径对刑法的影响以及呈现出的具体表征应该借助比例原则进行论证。但超个人法益在法益体系中的强调使比例原则在适用的过程中可能会产生新的问题，即超个人法益是否应优先于个体法益进行实现，是否超

①③ 王旭：《论国家在宪法上的风险预防义务》，载《法商研究》2019 年第 5 期，第 123 页。

② 王旭：《论国家在宪法上的风险预防义务》，载《法商研究》2019 年第 5 期，第 117 页。

个人法益的实现就会自动实现个体法益。对这两个问题的探讨，实际上关涉当下国家职能的理解。

随着社会关系的多元、分工的复杂细致，个体之间、个体与集体、国家之间的利益冲突愈发集中，在此背景下，国家的职能也从军事安全发展至政治安全、经济安全、文化安全等的保障。无论是个体对国家的要求还是国家为了持续发展的自我要求，都在一定程度上丰富了国家的角色和职能。积极进取的国家形象取代了“守夜人”的角色来解决当下社会的风险类型，这一形象对于社会秩序的维护、风险的消除至少从外观上起到了稳定人心的作用。但风险与恐怖的交织使风险成为一种世界观①，进而使国家从秩序维护者向风险消除者的角色进行了重要的嬗变。风险的消除并非排除秩序的维护，但这两者的导向存在根本差异，前者指向的是未来的不确定因素，而后者指向的是当下的确定因素。对于风险的容忍度并未随着风险的增多而上升，相反，对于极端风险的关联式思考导致了零容忍的思维逻辑占据了上风。对风险的零容忍，导致预防路径的自动生成。因为风险的不确定性决定了必须事先构建尽可能完备的预防体系才有可能避免风险的发生，所以大规模的立法工作不仅在我国发生，也在世界上其他主要国家和地区同步发生。因此，国家必须将转变后的政府职能在最高级别的法律规范中进行体现，进而保障国家行动有法律的确认并同时为其他部门法的调整提供基础。

对如前所述内容进行梳理即可发现，刑法中的风险预防义务源自宪法中的国家保护义务，而宪法中预防义务的增加从实质上是国家保护义务扩大的结果。② 国家保护义务的扩大又源于社会发展中孕育的风险类型对国家职能的转向要求。因此真正的问题可表达为：“谁或者什么决定着（并以哪些现实视角与时间视角）将之视为风险。”③ 虽然通过宪法的形式将风险的类型以及国家的风险预防义务予以明确有助于风险的规制，但风险的评估却是在宪法纳入具体风险之前所要完成的事项。换言之，如果在风险评估中掺入了对风险的失真判断，那当下宪法回应的就并非真正的风险，而是风险意识。关于这一点其实

---

① 王旭：《论国家在宪法上的风险预防义务》，载《法商研究》2019 年第 5 期，第 112 页。

② 王旭：《论国家在宪法上的风险预防义务》，载《法商研究》2019 年第 5 期，第 117 页。

③ 【德】尼克拉斯·卢曼：《风险社会学》，孙一州译，广西人民出版社 2020 年版，第 17 页。

在宪法中已经有所反映，积极干预型的风险预防义务以及由这一义务所促生的预防范畴中的风险，正成为宪法及其他部门法集中研究的重点。因为在基本权利构成社会自治基石的当下社会，“在社会自治的领域内，构成标准的不是国家的理性，而是个人的意志。因此，对这个领域的侵入不能依国家的善意而行，而必须为社会的利益而谋”①。尤其是在宪法的层面对国家的职能与具体的预防义务必须进行更审慎地规定，要知“预防性国家行为比制裁性国家行为更加广泛地逃脱了国家权力的传统控制机制”②，因此，积极干预型的预防措施若处理不当，将导致国民与政府的冲突升级，最终恐将对政府的正常运作构成巨大威胁。故如果从宪法层面对干预型的义务不做明确的限制与要求，那由此传递给各个部门法的价值观念恐怕就是肯定在具体的实践操作中干预型的预防措施的不受约束。

（二）刑罚权基础与内容的嬗变

刑罚权的基础是刑法学中的核心命题，事关国家启动刑法的正当性，同时，刑罚权的启动以及具体的适用也是宪法学中的重要问题③。故而从刑罚权的角度对现行刑法中出现的预防性倾向进行论证有利于阐明此种倾向的现实性、必要性以及可能存在的问题。刑罚权源于国家对公民的保护承诺，其中不仅涉及公民个人利益的保障还涉及秩序的维护。但人类社会的发展导致了国家与公民之间的承诺内容不断在发生改变，从个人法益至超个人法益的关注是对社会中风险变化的现实回应。换言之，国家与公民之间的“契约”仍然牢不可破，而且如前所述，个体对风险的极端恐惧引发的绝对回避风险的立场刺激了个体对国家的进一步依赖。在此意义上，刑罚权的来源仍然是拟制的承诺的存在，是个体为了自身利益对自我权利的牺牲与妥协。不过刑罚权的基础却从

① 【德】迪特尔·格林：《宪法视野下的预防问题》，刘刚译，载刘刚编译：《风险规制：德国的理论与实践》，法律出版社 2012 年版，第 116 页。

② 【德】迪特尔·格林：《宪法视野下的预防问题》，刘刚译，载刘刚编译：《风险规制：德国的理论与实践》，法律出版社 2012 年版，第 113 页。

③ 张翔：《刑法体系的合宪性调控——以“李斯特鸿沟”为视角》，载《法学研究》2016 年第 4 期，第 41 页。

原本的实害不断向风险转向，对风险的重视不可避免地促生了超个人法益在刑法中的增加，因为超个人法益直接对应的是国家的利益与关切，因此家父主义刑法观随着超个人法益的涌现得到不断膨胀。而在膨胀的背后需要思考的是，个体与国家形成的承诺似乎在个体与国家两方主体之间存在不同的理解，个体期待的自身利益并非得到真正全面实现，尽管个人在新自由主义的思潮下不断妥协自身权利，但这样的妥协在安全的名义下被要求进一步后退，个人权利被限缩已成为公认的事实，但需要论证和回答的是个体权利被限缩至何处才可以保证个体利益（尤其是安全）的实现。

目前的困境在于，刑罚权的启动大多时候被默认为不证自明的事项，甚至包括刑罚权的内容与基础的嬗变都因其现实性而被等价为正当性。殊不知现实却不正当的应对思路正是风险社会中各种观点、理论争辩的焦点，我们肯定物质基础的改变必然会导致上层建筑的改变，但不能就此得出结论说因为上层建筑改变具有现实性与必然性，所以上层建筑内容的任何改变都具有正当性。当下预防性路径对刑法范式的影响引发了积极刑法观与消极刑法观的理论争辩，而这一争辩基本上围绕两个问题进行，一是刑法扩张的现实性，二是刑法扩张的正当性。两种理论都肯定刑法扩张是因应风险社会的要求进行的调整，但在正当性的问题上两种理论各持不同意见。本书认为，当下我国刑罚权的来源构成、启动依据以及其具体内容同样需要正当性的证明。风险的增多可以成为证成上述问题的依据之一，但并非唯一或绝对有力的证据。其原因在于，我们关于风险的认知似乎进入了一个循环怪圈，“风险的增多增加了恐惧（包括个体和国家的恐惧）——→在风险和恐惧的协同作用下预防的路径开始逐步主导社会的治理体系——→因为预防性路径的作用是全社会、全体系的，个体在治理过程中角色势必被矮化——→被矮化的个体权利被限缩——→风险仍然在不断涌现并且不能彻底被消除——→继续收缩个体权利去对抗风险。”因此，在这样对风险极度痴迷、被风险主导的逻辑思路中，不断升级预防手段就成为必然和“正当”。故而要打破这样的罗生门般的循环只能回到问题的起点，即打破以风险作为思考问题、构建制度的逻辑起点，从而破除预防性路径的系统性作用，将这一循环圈的负面效应尽可能控制在最低程度。本书支持和肯定在特别限定的重大风险领域风险预防义务的规定，也并非否定风险以及预防性路径在社会治理中存在的正面功用，本书质疑和否定的只是风险以及由此促生的预防的主导和支配作用，因为这种预防的操作模式很容易发展为没有边界、没有限度。

因此，风险的增加并不必然导致刑罚权启动的正当，风险的增加与风险通过刑法治理的必要性与有效性才能证成刑罚权的启动。刑罚权本身内含国家预防的义务，但预防与预防性路径并非同一事物，前者是具体的预防事项，而后者则是主导治理模式的一种逻辑思路。将预防与预防性路径进行混淆替代，很容易从刑罚权本身为预防性路径提供证成，根据前面论证可知，预防性路径并非刑罚权的产物，而是风险意识的产物，但刑罚权的基础嬗变与预防性路径之间的互动使彼此在形式上获得了更大的公信力。尤其是在一般意义上会认为是刑罚权的构成变化刺激了刑法范式的调整，透过对风险意识的研究，即可知刑罚权的基础嬗变与预防性路径对刑法的主导基本同步进行。故对可能带来极端后果的极端不可能情况的痴迷①，以及在此基础上不信任和恐慌的滋长与蔓延才是当下预防性路径生成的原因之一。在部分择取刑罚权的角度进行论证是为了呈现当前预防性刑法范式发展中存在的问题，因为不仅刑罚权推演不出预防性路径，甚至刑罚权的内容和构成也需要被证成。因此个体与国家的承诺内容从外观上看有所变化，但实质上仍然是国家要对个体的幸福承担责任，这种责任的核心仍应以个人为中心，尊重个体的主体权能，尽最大可能保障个人权益的实现。这样的职责设定对国家的治理能力提出了更高的要求，但目前预防性路径的系统化操作以及由此促生的危机可知这或许不是最佳的治理策略。

三、预防性路径对传统刑法范式的作用

诚如前所述，预防性路径促动了传统刑法范式的调整，这种调整实则是社会控制手段和国家治理工具最直接、最深刻的表征。概言之，从注重实害到侧重危险，从行为到行为人，从犯罪时到犯罪前，甚或犯罪前之前，从实行犯到预备犯、未遂犯，直至预防性刑法范式的生成，反映出近现代国家通过法律、

① 【澳】狄波拉·勒普顿：《风险》，雷云飞译，南京大学出版社 2016 年版，第 9 页。

通过犯罪，进而通过安全进行治理的嬗变脉络。

作为国家治理的重要手段之一，刑法内含着国家的存在、发展所面临的危险以及应对的思路。“更少的残忍，更少的痛苦，更多的仁爱，更多的尊重，更多的‘人道’，”福柯认为，“这些变化背后是惩罚运作对象的置换”[①]。借由马布利之言，福柯表达了自己的看法，“如果由我来施加惩罚的话，惩罚应该打击灵魂而非肉体”[②]。如何打击行为人的灵魂，并非单纯意义上借助宗教来施加挞伐的形而上的观念，在人类社会发展的今天，以心理学、生物学、医学为代表的进步理念不断糅合进对行为人施加惩罚的刑事法体系之中。从对行为的惩罚，到对灵魂的拯救，刑法承担的使命异常严峻。而预防性路径对刑法范式的作用，最重要的着力点可总结为从行为到行为人的迁转。就表面而言，着力点的转换对刑法范式影响甚微，因为无论是行为抑或是行为人，惩罚的对象都在于人本身；但实际上，转变的背后却是现实与未来的博弈，确定性与可能性的较量。刑法惩罚的过程与机制较之从前，在国家安全的语境中，都发生了巨大的改变。这种改变，对刑法范式的影响将以“科学的刑法与刑法的科学化”“例外的刑法与刑法的例外”以及“刑法的象征性与象征性的刑法”三组术语进行呈现。

（一）科学的刑法与刑法的科学化

科学的刑法与刑法的科学化，前者的科学指涉刑法的合理性与正当性，后者指涉刑法研究中的被科学化现象，即奇特的“科学—司法复合体”。[③] 科学的刑法需要刑法具备一定程度的科学性，但刑法的过度科学化可能会侵蚀刑法的合理内核。因此，如何把握“科学”因素在刑法学范畴中存在的度成为这一组命题论述的核心。在刑法学场域中，人们经常从实证主义的立场理解科学。[④] 实际上，各种类型的专家知识、实验数据，甚或民间知识、传统取向在不同的场景中均被冠以科学之名。波普曾言：“科学建立在流沙之上，它根本

①② 【法】米歇尔·福柯：《规训与惩罚》，刘北成、杨远方婴译，三联书店 2012 年版，第 17 页。

③ 【法】米歇尔·福柯：《规训与惩罚》，刘北成、杨远婴译，三联书店 2012 年版，第 21 页。

④ 【德】乌尔里希·贝克、【英】安东尼·吉登斯、【英】斯科特·拉什：《自反性现代化：现代社会秩序中的政治、传统与美学》，赵文书译，商务印书馆 2014 年版，第 119 页。

没有稳固的基础。”[①] 此论断旨在强调科学并非神圣之物，其自身亦需证成。

1. 科学的刑法。

任何一个正常社会的刑法都应具备正当性，而正当性中最核心的问题，莫过于对惩罚权的正名。从启蒙思想直至当下学术流派，如何诠释惩罚权的来源、划定惩罚权的范围以及实现惩罚权的手段，都是刑法学范畴中至为攸关的命题。上述学术倾向，只是惩罚权学说史的一个缩影。概言之，即如何确立妥当的犯罪化理论来制止刑法的泛化现象。不管犯罪化理论的外壳如何迥异，大多数学者在理论的构建中普遍思考了如何对犯罪进行诠释，刑法对公共利益如何回应以及回应的程度，刑法对个人利益与公共利益的冲突如何抉择的价值取向，权利与权力关系的“平衡游戏”，刑法与道德、集体情感的互动与反馈。刑法的正当性，要求刑法的犯罪圈不至于过宽抑或是过窄，否则刑法调整社会关系的效果均不能正常实现。在理论的构设中，即使怀有如此初衷，但面对社会危机时，倾向于泛化刑法的使用。

“制裁是否有利于社会，这个问题已经淹没了那个更基本的追问：给予被指控者的刑罚是否具有道德上的正当性。”[②] 科学的刑法中应体现最低程度的道德、应凝结和表征一定时空背景内的集体情感。毋庸置疑，刑法是道德哲学中的门类之一，但除此之外，刑法还隶属于政治哲学的范畴，故其“科学”与否还取决于在权利与权力的博弈中如何决策。这一命题，在国家安全的语境中，进一步演化为安全与自由之间的平衡。我们承认，没有绝对的权利和自由，而刑法在根据不同价值观确定权利的界域时，内含代价意识。各种“二律背反”的艰难场景，功利主义与纯粹主义在刑法领域的冲突抗争，在目前社会实践中是以刑法的泛化作为“暂时的”结论。从表面上看，实践应该比理论的虚拟场景中面对更多不可控的因素及随机的事件，但刑法理论中的各种困境却是刑法场域的交叉所引发的迷思。在犯罪化理论的设计中，刑法更多的是被作为道德哲学领域的规范进行诠释，但在实际的运行过程中，刑法却是社会控制、国家治理的最重要手段之一。或者理论向实践“靠近”，不断让道德

① 【德】乌尔里希·贝克、【英】安东尼·吉登斯、【英】斯科特·拉什：《自反性现代化：现代社会秩序中的政治、传统与美学》，赵文书译，商务印书馆2014年版，第110页。

② 【美】乔治·弗莱彻：《反思刑法》，邓子滨译，华夏出版社2008年版，前言，第1页。

屈从于政治的需求；或者理论与实践保持距离，以至于理论被贴上“幼稚”“乏力”的标签，这样的选择任何一种都充满指责与诟病。面对刑法泛化的处境，需要反思的是刑法的政治性对道德性的稀释背后，国家权力正不受节制地进行扩张，公众对刑法的认同感与信赖感正在衰退的景象。故而，强调刑法的正当性，就是要更侧重刑法道德品格的维护，更突出权利和自由的优位。从深刻的层面而言，对于一个法学研究者来讲，“所关注的不应只是法的层面上的权利问题，他更应关注人类自身的命运。”①

2. 刑法的科学化。

如果说科学的刑法是研究刑法的道德品格，那么刑法的科学化则主要聚焦于刑法研究中的“科学”手段。在充满威胁的文明中，存在两种不同类型的科学形式，一种是旧的实验科学，另一种是庞杂的公众经验。② 旧的实验科学，近似于实证主义的研究方法；而庞杂的公众经验，多由媒体主导、操纵进而向外表达。在此背景下，私人生活演变为科学理论与公众冲突的玩物，③ 刑法范式的变迁亦被夹杂着各种数据、模型、公众态度的专家意见不断证成。

当然，实证科学的研究需要引入刑法范畴，不同学科的研究方法和模型也可以与刑法进行一定程度的结合，但如果要把刑法建立在数据模型和实证科学之上，会带来严重的问题。数据模型和实证科学或可对已发生的犯罪案件进行提炼总结，得出未来的应对策略，但要对尚未发生的危险进行精确的测定，实无力进行。尽管存在如此严重的障碍，但为了避免如恐怖主义袭击、核战争、生化武器等会对人类社会造成致命威胁的风险时，风险估测的局限与弊端被无视了。换言之，在现代社会，乃至后现代社会的图景中，犯罪圈的一再扩张，罪名的不断增加，刑法的极端反应建立在一系列不确定性之上。“不确定性回归到社会中”意味着越来越多的社会冲突不再被当作秩序问题，而被认定为风险问题。④ 犯罪演变为可以计算的风险，抑或是可以被避免的事件，而不是

---

① 程燎原、王人博：《权利论》，广西师范大学出版社 2014 年版，第 36 页。

② 【德】乌尔里希·贝克、【英】安东尼·吉登斯、【英】斯科特·拉什：《自反性现代化：现代社会秩序中的政治、传统与美学》，赵文书译，商务印书馆 2014 年版，第 39 页。

③ 【德】乌尔里希·贝克、【英】安东尼·吉登斯、【英】斯科特·拉什：《自反性现代化：现代社会秩序中的政治、传统与美学》，赵文书译，商务印书馆 2014 年版，第 58 页。

④ 【德】乌尔里希·贝克、【英】安东尼·吉登斯、【英】斯科特·拉什：《自反性现代化：现代社会秩序中的政治、传统与美学》，赵文书译，商务印书馆 2014 年版，第 13 页。

需要特别解释的道德反常。① 从行为到行为人，从危害性到危险性，其中转变的轨迹反映在具体的刑法规范之中。当下的刑法范式似乎比以往任何时候都更需要对复杂多变的风险源进行回应，这些风险会具化到具有某些属性的某一群体，某一个体，从民族、种族、宗教信仰，直至时空背景、职业阶层……都可以成为风险评估的重要内容。各种实证研究对社会不同群体，尤其是对“风险”群体进行了相对深刻的剖析和阐释，各种跨学科的研究工具和方法被糅合进刑法范畴中，成为刑法修改的“可靠”依据。

贝克曾言：“风险具有无限可再生性，因为在多元社会里我们能够而且必须根据某些决策和观点对决策做出评价，而风险则随着这些决策和观点自我繁衍。”② 刑法科学化的背后，是应对风险社会的憧憬，但又拿什么来判断曾经设定的安全目的已经达成？至少在目前的刑法范式中，安全的角色实则是一个永远无法实现的目标。旧的危险，旧的安全观，新的危险，新的安全观，这是一个循环往复的过程。再回到刑法科学化的范畴中，传统意义上以经验主义为核心的刑法学科，需要糅合实证主义的精华，但并非意味着实证主义可替代成为刑法学科的内核和灵魂。以科学为名，往往会让原本邪恶的事物披上一层良善的外衣，进而正当化那些侵蚀人类生存根基的暴行。因此，“科学可以有先见之明，却不可以发号施令，”③ 应是对刑法科学化的恰当回应。

（二）刑法的例外与例外的刑法

“未来不只是偶然，而是灾难性的偶然。”④ 刑法的例外与例外的刑法正是基于此种对未来的设想展开讨论。刑法的例外与例外的刑法，前者指涉刑法针对紧急情况和危机状态做出的特殊应对，后者则指刑法例外措施的常态化。国际关系场域中的“例外主义”理论，在国家安全的语境中，频繁为刑法规范

---

① See David Garland (1996). ‘The limits of the sovereign state: strategies of crime control in contemporary society’, *British Journal of Criminology*, 36 (4): 445 – 471, p. 451.

② 【德】乌尔里希·贝克、【英】安东尼·吉登斯、【英】斯科特·拉什：《自反性现代化：现代社会秩序中的政治、传统与美学》，赵文书译，商务印书馆 2014 年版，第 14 页。

③ 【法】埃米尔·涂尔干：《社会分工论》，渠冬译，三联书店 2013 年版，第 8 页。

④ Claudia Aradau & Rens Van Munster. (2009) “Exceptionalism and the ‘war on terror’: criminology meets international relations”, *British Journal Criminology*, 49 (5): 689 – 701, p. 696.

的增删进行背书。对灾难性偶然事件的防范，刑法将落脚点置于灾难，而非事件的偶然。后“9·11”时代世界各国针对反恐所制定的特殊法律规范，抑或是对原有刑法规范的调整足可以说明，刑法正身体力行地扩张自己的界域来防范灾难性事件的发生。的确，刑法不应墨守成规，但值得警惕的是，刑法的调整幅度与力度却和不确定的灾难性事件建立了某种默契。故研究刑法的例外与例外的刑法，旨在论证例外主义在刑法体系中的渗透程度以及其对预防性刑法范式的生成所发挥的作用。

1. 刑法的例外。

刑法的例外，强调刑法应“应时”“应势”，要不断根据现实的变化做出调整和修正。为了应对紧急状态和突发事件，各种设置时间限制的刑法规范可以被称为刑法的例外。较之于一般刑法规范，其例外抑或是特殊表现在：第一，此种刑法规范是为了对抗特殊风险，如战争、恐怖主义、大规模骚乱等；第二，此种刑法规范设置休眠条款，需要具备特殊启动条件；第三，此种刑法规范具有特定的时空限制。一般而言，此种刑法规范的制定程序与一般刑法规范无异，均需要遵守严格的立法程序标准。但因为例外的刑法规范是出于对特殊紧急状态的应对，所以其内容的表达、设定与法治原则以及正当程序可能会发生龃龉的现象。从外观上看，刑法的例外因具备形式的合法性，较少受到质疑，其中存在争议的也仅为未设置“夕阳条款”的部分刑法规范。但从实质上看，紧急状态的存在，是否可以为极端的政府政策向特殊的刑法规范的直接转化进行证成，甚或进一步证明安全的价值在例外场景中可以被置于价值序列的首位，抑或是法治原则与正当程序在特殊场景中可以被妥协、减损？这一问题的回答，需要对紧急状态展开说明。

苏利文曾言：“紧急状态，是合乎宪法的黑洞”，因为它悖逆了宪法作为社会和政治冲突永远仲裁者角色的设定。[①] 此种论断的提出，在很大程度上是出于对法治原则和保障人权可能会被中断的忧虑。通过法律的形式使犯罪分子的罪行得以惩罚，是法治国家的一种表征。但回顾自然法学与实证法学的学派

① See Kathleen Sullivan, Tanner Lectures, delivered at Harvard University, 2001 - 2, published as The Tanner Lectures on Human Values, Salt Lake City: University of Utah Press, 2002, adapted from Michael Ignatieff. (2005) *The lesser evil: political ethics in an age of terror*, Princeton University Press, p. 26.

论争，再加之第二次世界大战的洗礼，我们深知法治并非空具法的形式即可，即使是对付类似恐怖主义的特殊风险，这里的法律也绝非应是恶法。的确，有部分学者会为刑法的例外背书，他们认为尽管这些规范内部存在矛盾，甚或悖逆法治的情况，但在现有的情境中，“法律”的存在优于法律的缺失，即法内特殊规范要优于法外规范对特殊状态的应对。① 但“9·11”事件以来长达十几年的反恐经历，却证明了相反的观点，即那些制定法内特殊规范的国家从未放弃使用法外规范来夯实自己的反恐手段。② 因此，并不意味着法内特殊规范的存在，就会彻底排除反恐范畴中法外规范的使用。大量的法内特殊规范与法外规范之所以被认可，是因为在权力的建构中对国家的责任进行了免责处理，这意味着国家及其执行职务的人员可以滥用人权，甚至可以“犯罪”而无须担心刑罚，因为他们的活动早已划定在无罪的界域。③ 因此，刑法的例外在具备特定条件时可证成其正当性，但值得警惕的是刑法的例外有意或无意地异化为例外的刑法，尤其是公众的“恐惧”在不断被强调和滥用的背景下国家对刑法功效的夸张。

2. 例外的刑法。

在例外刑法的语境中，常以行政权对司法权的侵蚀作为研究的出发点，但此部分更关注恐惧，抑或是公众恐惧在例外刑法形成中的功能。在刑法范式中，实害与危险是解释犯罪行为极为重要的概念。而“恐惧”这一术语，却鲜有提及，其偶尔出现在论证“民意司法”或“民粹主义对刑事司法的影响”“道德恐慌”范畴之中。不过，“恐惧”在当下社会，却成为新自由主义思想对刑法范式作用的导流管。恐惧，在具体的场景中，是国民内心不安全状态的表达，是安全的主观侧面所要做出的回应。贝克曾言，现代社会建立在普遍的不确定性之上。④ 这种不确定性通过风险、恐惧、安全等向外凸显。传统意义

① See Manuel Cancio Meliá. (2001) ‘Terrorism and criminal law: the dream of prevention, the nightmare of the rule of law’, *New Criminal Law Review*, 14 (1): 108 – 122, p. 121.

② See Manuel Cancio Meliá. (2001) ‘Terrorism and criminal law: the dream of prevention, the nightmare of the rule of law’, *New Criminal Law Review*, 14 (1): 108 – 122, p. 122.

③ See Phil Palmer. (2012) ‘Dealing with the exceptional: pre – crime and anti – terrorism policy and practice’, *Policing and Society*, 22 (4): 519 – 537, p. 524.

④ 【德】乌尔里希·贝克、【英】安东尼·吉登斯、【英国】斯科特·拉什：《自反性现代化：现代社会秩序中的政治、传统与美学》，赵文书译，商务印书馆2014年版，第13页。

上治理犯罪的手段似乎捉襟见肘，国家重新配置社会资源来对抗社会的不安，这种不安未必是真正意义上的“犯罪”，但体现在刑法范式中却是通过修订刑法所产生的一系列法定犯。消除恐惧，被默认为刑法设定的重要使命。但如前所述，恐惧并不完全由外在客观的风险决定，其程度的认定掺杂了个体的主观属性，其形成是在国家、媒体的协同作用下联合主导着公众获取的关于风险知识的类型。所以，如何消除恐惧，公众的恐惧国家又如何获知？是否国家的恐惧事项才是刑法不断扩张的原因，而所谓的公众恐惧仅是名义呢？要知道这两者所恐惧的内容并不相同，国家恐惧的事项还包括其不能应对公众恐惧时所发生的“灾难”。因此，透过恐惧这一水晶球，其中折射出国家将启动刑法时点提前至“犯罪前之前”的真相。因为，恐惧战胜了理性在政府的重大决策中发挥作用，所以，基于“恐惧”所产生的应对策略充满了主动性、进攻性、侵略性。故在此语境中产生的刑法范式虽以预防为标签，但其内容却弥漫着粗暴、草率、对人权的减损以及法治的侵蚀。

如贝克所言，摧毁现代性的并非后现代，而是现代性自身。[①] 事实上，在面临紧急状态时，草率、粗暴以及未经审慎思考的立法活动，成为国家应对威胁的本能反应。继之而起，媒体的广泛宣传和不断暗示，强化了公民对国家行动的支持。以各种最恐怖场景的假设作为立法基础的法律规范，从特殊场合慢慢渗透进日常生活领域。在国家安全的研究视阈中，刑法仍是国家治理的重要合法手段之一。即使面对如恐怖主义等风险，大多数国家仍选择适用刑法来对抗。但如理查德·埃里克森所提及的“反法律‘法律规范’”[②]，这并非真正意义上的灰色空间，而是国家授予自己无限权力的真空地带，通过法律减少自己行动的界限，来大张旗鼓地为自己的例外状态证明。[③]

从虐囚、不确定期限的羁押、截停盘问、秘密监控，这些机制的出发点均是为了预防特殊状态的发生，但刑法对例外状态的回应，不应局限于单个例外

---

① 【德】乌尔里希·贝克、【英】安东尼·吉登斯、【英】斯科特·拉什：《自反性现代化：现代社会秩序中的政治、传统与美学》，赵文书译，商务印书馆2014年版，第5页。

② Richard Ericson.（2007）‘Rule in policing：five perspectives’，*Theoretical Criminology*，11（3）：367－401，p. 388.

③ See David Dyzenhaus.（2013）‘Preventive justice and the rule－of－law project’，in Andrew Ashworth，Lucia Zedner & Patrick Tomlin，*Prevention and the limits of the criminal law*，Oxford University Press，p. 99.

状态的存在，而应抽象出例外状态的一般情境，并强调例外状态所附加的额外限制条件。对于充斥“政策性”的刑法的例外规范，要警惕立法、司法以及学术研究成为国家政策的附庸。① 当刑法对极端状态做出回应时，以不对公民的基本人权扭曲和减损为度。同时，应设置界限条件来保证特殊措施不致演变为规制国民个体的一般行为规范。因为对于外在明显的威胁人们会表现出本能的警惕，但却往往忽略权力不受限制、肆意扩张时产生的恐怖后果。“在所有使人类腐化堕落和道德败坏的因素中，权力是出现频率最多和最活跃的因素。伴随着暴虐权力而来的往往是道德的堕落和败坏。”② 推而论之，我们在肯定刑法例外所带来的威慑效果时，要防止其异化为例外的刑法。

（三）刑法的象征性与象征性刑法

刑法的象征性与象征性刑法是当下学界对刑法的变迁进行剖析的另一组术语。刑法的象征性是指刑法本身所携带的宣示、警戒、威吓的功能，这些功能在刑法制定后尤其是在刑法实施中自动展示，而象征性刑法是指由象征性所主导、形塑的刑事法律体系，其是指刑法在制定、实践中为了解决公众的不安全感、为了规制恐惧，“将不应当且实际上也难以予以有效进行刑事规制的行为，以象征性或者宣示性的姿态予以刑事规制而制定的刑法”。③ 世界范围主要国家刑法的变化以及近年来我国通过修正案对刑法所做的调整，有学者认为刑法的发展表征出强烈的象征性意味，进而对刑法的未来表示担忧。④ 当然，即使谴责象征性刑法的学者也并不否认刑法具有象征性，存在争议的是象征性在刑法范畴中究竟应如何发挥作用。而在这其中又有两个问题需要厘清：第一，当下刑法是否是象征性刑法抑或是否有发展为象征性刑法的风险；第二，象征性刑法较之于传统刑法有哪些不同，会对刑法以及社会的发展带来哪些负

---

① 何荣功：《自由秩序与自由刑法理论》，北京大学出版社 2013 年版，第 160 页。

② 【英】约翰·埃默里克·爱德华·达尔伯格－阿克顿：《自由与权力》，侯建、范亚峰译，译林出版社 2014 年版，第 294 页。

③ 田宏杰：《立法扩张与司法限缩：刑法的谦抑性》，载《中国法学》2020 年第 1 期，第 168 页。

④ 刘艳红：《象征性立法对刑法功能的损害——二十年来中国刑事立法总评》，载《政治与法律》2017 年第 3 期，第 35 页。

面效应。正如前文所分析，刑法对风险社会的回应促生了预防性路径对刑法的主导，故在此意义上探讨象征性在刑法范畴中应有的作用是立基于风险社会的话语背景。

1. 刑法的象征性。

刑法的象征性源于法律本身的象征性，尤其是彰显和体现国家公权力的法律规范对社会现实的回应较之于其他法律对个体的影响更为直接和强烈，因此其发挥作用的过程本身就是其象征性体现和彰显的过程，正是这些以刑法为典型的具有浓厚的公权力属性的法律规范的实践，具有其他部门法所无法比拟的凝结社会共识的作用。就此侧面而言，刑法的象征性具有相当的正面效应，通过刑法的制定以及不断的实践使社会大众肯认社会的共同价值以及确认国家的作用。[①] 刑法的象征性并非仅是刑法预防作用的体现，更非预防性路径对刑法的支配所促生的产物，而是在刑法的预防与惩罚过程中自动产生的，其是刑法本身的天然构成。对刑法象征性的承认，是在肯定刑法本身所携带的政治属性与文化属性，这些内容都是刑法的作用与功能的自然体现。

长久以来，刑法的象征性并不需要格外探讨，但当下关于象征性刑法的讨论使象征性一词在刑法范畴中具有了更多的否定意蕴。其实象征性的刑法与刑法的象征性中的象征表达的内涵并不一致，前者中的象征暗含着刑法的名实不符、名过于实的现象，而后者的象征则强调刑法功能的实现效果。但刑法的象征性与象征性刑法之间存在转化机制，当过度强调刑法的象征性，尤其是泛化刑法的社会治理功能时，将刺激象征性在刑法中的角色变更。作为最严厉的治理手段之一，刑法不仅仅发挥着惩罚犯罪的作用，其还被要求在社会治理中通过其强大的威慑力发挥足够的宣示国家权力的作用。这种宣示作用旨在显示国家有权力、有能力保障人民的安全与利益的实现，这也是刑法本身的重要价值之一，毕竟刑事法律的运作随处可见公权力的影子。这样的象征效果，对于国家与个体而言都具有重要的价值，一方面国家需要这样的象征向民众展示自己的神圣威严与保护个体的能力，从而向民众间接传递国家存在的重要使命；另一方面民众需要这样的象征救济自己被侵害的利益关系抑或是受到惊恐的内心

① 贾健：《象征性刑法“污名化”现象检讨——兼论象征性刑罚的相对合理性》，载《法商研究》2019年第1期，第67页。

安宁。尤其是关于个体受到惊恐的内心安宁，现正成为刺激刑法转变的重要因素。因此，我们肯定刑法的象征性，但同时亦注意到刑法的象征性存在转变为象征性刑法的可能与风险。

众所周知，国家与个体之间的关系始终处于动态调整之中，不同时代关于国家与个体的义务要求以及实现职责的手段并不相同。伴随着个体角色的活跃，个体对自身的权益内容以及保障提出了积极的要求，这样的要求尤其表现为个体在社会生活以及政治生活中主动参与的诉求，社会利益的增加使个体无法仅仅满足于扮演简单的自然身份而存在，对社会意义的身份以及政治意义身份的要求更进一步激发了国家与个体之间的冲突与矛盾。因此，个体对社会生活尤其是政治生活的参与意识以及具体的诉求使个体不满足仅仅被动享受国家提供的军事安全，个体对国家提出了更多新的实现自身政治权利的要求。故从被动至主动参与社会治理的个体身份转变，要求国家不断提升治理技术充分实现个体更丰富的权利主张。从国家对个体的绝对支配，至社会财富的丰富刺激个体意识萌发与觉醒之后对国家绝对支配状态的破除，这种关系的转变暗含国家必须更加注重个体包括生存在内的其他权利的实现。

因此，刑法的象征性至象征性刑法的转变倾向是国家在回应个体诉求的过程中治理过度的场景。刑法的象征性象征的是当正常的社会关系遭到破坏之时国家守护民众的能力，这一阐释如同前面所提及的国家安全是国家保障和实现民众福祉的能力。在安全泛化的当下社会，对国家守护民众的能力提出了较之过往时代更为严苛的要求，即去规制充满不确定的未来。故在此意义上，我们或可推知为何刑法的象征性会演变为象征性的刑法，因为仅靠事后的惩罚以及由惩罚所促生的预防被认为无力回应不断增加的风险，当政府整体治理的思维路径转变为预防之后，刑法的调控时点提前也就成为必然之举。① 在国家必须有所作为、主动作为的新模式之下，刑法被当作社会治理中的急先锋出场，以此表明国家对人民利益极度关切以及对“人民内部战争”零容忍的立场。厘清刑法的象征性旨在回应两个问题：第一，刑法范畴中的象征性包含刑法的象征性与象征性的刑法，不能因为否定象征性的刑法进而一并排斥刑法的象征

① 姜涛：《风险刑法的理论逻辑——兼及转型中国的路径选择》，载《当代法学》2014 年第 1 期，第 82 页。

性，因为刑法的象征性不仅是刑法本身不可分割的要素，同时也具有恢复社会秩序、安抚民心的重要价值。第二，因为刑法的象征性本身即为公权力的展示，在特殊时期对公权力积极作为的渴求容易导致公权力扩张进而诱使象征性实现对刑法的支配。

2. 象征性的刑法。

通过前面的描述可知，象征性的刑法实则是名实不符的场景，即刑法所规制的行为在现实中并不存在或存在的问题并非达到需要刑法启动的程度，如刑法回应的现实中部分是风险，部分是个体基于甚至脱离风险的恐惧。因此，有学者认为："在象征性刑法的语境里，刑法只是作为象征出现，并且除了作为象征之外，并无任何其他的意义。"① 学界目前关于象征性刑法普遍的共识是象征性刑法存在大量问题并不可取，争议点在于我国当下刑法是否可以被描述为象征性刑法。针对象征性刑法的问题在阐述刑法的象征性时已经进行了简略描述，其实象征性刑法如同前面的预防性刑法、例外性刑法一样均属刑法发展的现状表征，均是刑法在回应社会现实中的客观反映。只是此种回应不仅引发了刑法本身的理论变迁，更重要的是通过刑法这一最为严厉的治理手段来合法地干预个体的行为选择，进而造成了个体与国家关系的新的风险。换言之，象征性的刑法更强调刑法象征性的发挥，正是在此种过度强调中扭曲了刑法本身的角色和功能。本书认为，刑法传统的事后法、司法法角色是其他部门法以及社会治理手段无法替代的，同样刑法亦无力扮演好社会治理法的角色。但是刑法在民众心目中长久以来形成的威严感，以及作为唯一的可以剥夺个体生命的法律规范，刑法也被要求必须积极发挥作用尽可能堵截风险的发生。因此，事前的预防机制不仅在其他社会治理法中进行了体现，而且也主导着当下刑法的发展过程。在一定意义上，正是过度强调刑法的象征性才促使了预防性刑法的生成，但预防性刑法生成后进一步为象征性的刑法提供了证成。故以下将从象征性刑法对国家、对个体、对刑法所存在的弊端与危机进行剖析，借以阐明从刑法的象征性过渡为象征性刑法的风险。

① 程红：《象征性刑法及其规避》，载《法商研究》2017年第6期，第23页。

（1）正当化了国家权力对公民权利的进一步干预。

象征性刑法以积极的一般预防理念作为导向，因此出于预防犯罪的目的，势必影响刑法罪名的调整。[①] 刑法范畴中罪名的增删不仅是刑法领域内的事务，其背后是国家公权力扩张的整体图景，刑法的扩张对于国家而言是权力扩张的重要环节。公众对于刑法的认知以及传统的情感形塑了一种朴素的“为民做主”的刑法观，正是此种朴素的刑法观使刑法的扩张对于民众而言，似乎并不存在学术界所担忧的对个体权益侵犯的问题。因为民众对于扩张的刑法会主动甚至接近本能地自我说服这样的扩张其实是为了更好地保障个体权益。但实际上刑法的每一次扩张都是对个体私生活空间的进一步限缩，毕竟哪怕如学者所建议的遵循“立法扩张、司法谦抑”[②] 的精神，也并不会改变刑法禁止性、命令性规范的构成，因此刑法的扩张一定会带来个体权利行使的受限以及刑法威严的可能受损。其中的逻辑在于，如果个体实施了刑法规定的行为并达到入罪标准，如作为犯罪行为进行评价无疑将限缩个体的行为空间，如不作为犯罪行为进行评价不仅悖逆了罪刑法定原则，同时也会影响公众对于刑法的朴素感情。一旦发生后者的情形，那么对于刑法而言将是得不偿失之事，毕竟刑法中现在增加的大量罪名已经距离个体的生活较远，在一定程度上对刑法的认同更多的还是基于个体在传统意义上对刑法的认知。如果刑法中只规定罪名，当然这里的罪名是指那些从法益的角度不应被规定为刑法的内容，却不真的适用，恐怕比严格适用这些罪名会带来更为严重的负面效应。因为不适用的情形会让那些仅靠朴素的情感维系对刑法认同的个体，觉得刑法并非强大而威严，进而逐渐失去对刑法的信任。

如此论证并不代表本书否定公权力扩张在一定范围内的必要性和正当性，毕竟预防是公权力的天然属性，但是当下刑法对社会现实的回应并不完全基于客观的风险事实，还有个体的安全感抑或是恐惧在发挥作用。而“国家为了控制潜在的新风险或是满足安全感的心理需求，势必不得不加码提高社会管制

① 程红：《象征性刑法及其规避》，载《法商研究》2017 年第 6 期，第 23 页。

② 田宏杰：《立法扩张与司法限缩：刑法的谦抑性》，载《中国法学》2020 年第 1 期，第 166 页。

的层级，藉以避免社会系统一旦崩坏之后，必须付出相当客观的风险成本”[①]。在“我恐惧”的逻辑作用下，我们似乎忽略了任何治理手段的选择都有成本，而如果择取不适当不仅会有成本还会产生巨大的损失，因此如前所述，我们不鼓励坐以待毙静待风险的发生，相反认同要在宪法的指引下遵循比例原则遴选最为合适的治理手段，但显然象征性刑法并不适格。

（2）增加了个体守法的难度。

象征性刑法是国家治理民众的一种较为便捷的思路，之所以用“便捷”描述，是因为其整体的路径就是要扩大国家干预的范围，确保风险尽可能在国家控制的范围内。但此种便捷的思路并没有坚实的理论基础与现实依据进行支撑，象征性刑法的理论框架中掺杂了大量的对现实并不可靠的评估，整体的制度设计充满了夸张与膨胀的视觉感受。这种夸张与膨胀源于国家治理社会的难度，但是可能导致的后果却是加剧了这种治理难度。国家治理并非只靠政府制定政策、实施动议即可完成，还需要个体的配合，甚至认同。如前所述，个体对刑法具有其他社会治理手段以及其他部门法所不具备的朴素的法感情，即对刑法的惧怕与对刑法的主动抑或是被动的信任。

在人类社会发展的漫长时空中，刑法的确彰显的是以眼还眼、以牙还牙的报应观，直到今天这样的报应观在普通民众中仍有强烈的感染力。正是基于朴素的法感情能通过威严的刑法予以体现，民众关于刑法的逐步扩张的容忍度是比较高的。但当下刑法的扩张带来的首要问题就是疏离了公众与刑法的情感联结，如前所述刑法凝聚共识的功能在慢慢减退，刑法中新增的大量法定犯对于公众而言要达成共识本就艰难，公众对于自己并不理解的法律规范如果要遵守更多的是基于对政府的信赖。但如果仔细观察，民众对刑法的观感在一定程度上恰似民众对国家认知的缩影，同样是希冀实现个体权益，同样是恐惧中带着渴求。因此，梳理刑法与个体之间的关系，对认清国家与个体之间的关系具有参考意义，当然此表述反过来亦成立。刑法作为沟通法，必须考虑其规范内容、作用发挥对于民众的影响，如果民众对于刑法长期处于被动接受的状态，那么这样的服从从短期来看似乎不影响刑法效果的发挥，但从长期来看象征性

① 古承宗：《风险社会与现代刑法的象征性》，载《科技法学评论》2013年10卷1期，第122－123页。

的刑法否定了个体的自决权利，限制了个体的权利空间，会使个体产生对刑法不信任的效果。因为作为一种不得已的恶，刑法以保障人权为使命，而如果刑法中充斥着大量为了宣示国家威权而制定的法律规范，那么刑法就会从保护民众利益的最后一道防线演变为伤害个体权益最为严重的规范。更需要警惕的是，刑法背后对应的是国家公权力的作用，民众对刑法的感受会影响至国家的认同，进而形成棘轮效应，导致个体对法律体系的普遍不信任的风险增大。

本章结语

无数的事实已证明："一个社会只有实现了人的权利才能激发人的主动性和创造性，才能产生主体的自觉的自律性，才能形成一种新的社会秩序，实现社会更高层次的安全与稳定。"① 作为亘古以来公权与私权的博弈场，刑法对公权和私权在不同时空背景中做出了不同的回应。无论是近现代以来以"保障私权"为口号对刑法的各种革新，抑或是当下社会以"国家安全"为名对刑法的各种调整，直接或间接反映了国家治理社会、个体的不同思路。各种政治倾向、政治态度成为刑事政策和刑法规范的蓝本和渊源，反恐法案即为明证。因关涉国家安全领域的敏感性与专业性，所促生的司法权对行政权的顺从，个体角色的刻意淡化，均是刑法范式对这个"危机"时代的回应。但正如涂尔干所言："人们的欲望也只能靠他们所遵从的道德来遏止。如果所有权威都丧失殆尽，那么剩下的只会是强者统治的法律，而战争，不管它是潜在的还是凸显的，都将是人类永远无法避免的病症。"②

① 程燎原、王人博：《权利论》，广西师范大学出版社 2014 年版，序言第 35 页。

② 【法】埃米尔·涂尔干：《社会分工论》，渠东译，三联书店 2013 年版，第 15 页。

第三章

预防性刑法范式生成中的重要理论

在前面对安全、安全化的语境以及预防性的路径探讨之后，本章将就预防性刑法范式生成中的重要理论进行分析，进一步探讨刑法的变革不仅受具体的社会现实的影响，同时也与其他学科领域存在复杂的内外部关联。本章除择取了当下刑法中引用频率最高的风险社会理论之外，还择取了恐惧文化理论、科学泛化理论、较轻恶害理论以及例外理论，后四种理论虽不及风险社会理论对刑法影响深刻，但同样是解读与论证近年来刑法发展变化的重要依据。至于本部分单独成章，主要是因为对这五种理论的探讨不仅关涉预防性刑事立法范式与司法范式的论证，还涉及刑法范式与国家治理模式之间的互动，因此对重要理论集中阐述有助于更加全面和清晰地理解和认识当下刑法范式转变的原因与背景，以及刑法在预防的指引下出现的一系列新的表征。当然具体的表征将分别在预防性的刑事立法范式与刑事司法范式内容中阐述，此部分涉及的是更为宏观的表达与架构。具体而言，本章的结构以五种理论进行划分，第一部分阐述风险社会理论，此部分又分为三个层面：一是厘清风险社会与风险社会理论的认知混淆；二是分析风险社会理论与风险社会学关于风险社会的不同认识；三是从二阶观察的视角分析刑法的转变。第二部分是恐惧文化的理论。此部分涉及恐惧文化与预防路径的关联，以及恐惧文化作用下的刑法范式变迁。第三部分是科学泛化的理论。此部分涉及科学、科学的泛化与刑法的互动，旨在论证当下社会泛化后的科学对刑法的作用。第四和第五部分则主要论证了较轻恶害理论与例外理论。这两种理论尽管在国内刑法学界较少提及，但其关涉的内容与当下我国社会对抗风险的逻辑实则一致，故对其引介有助于从不同的视角分析预防性刑事立法范式、司法范式的作用机制。

一、风险社会理论

当下学界关于刑法的发展趋势的确存在不同的声音，但普遍承认的是目前刑法的发展呈现出鲜明的预防性。在这一共识之下，学者们从不同的领域借用了丰富的理论来证明预防刑法范式的合理性以及存在的危险与问题。而在所有理论中，风险社会理论是世界范围内为预防性刑法范式的生成必要性背书的最重要理论，同时该理论也被学者用来指出预防性刑法范式暗含的危机。自从乌尔里希·贝克的《风险社会》问世以来，其提出的风险社会以及之后其他学者完善、丰富的风险社会理论影响了人文社会科学领域思考问题的方式，当然其也被用来为刑法的改变提供证成及解读。正是因为其影响力巨大，而且风险社会的理论在刑法学界仍存在一定的认知偏误，因此对风险社会理论的重新梳理有助于我们认清刑法转变的原因及方向，包括对新的刑法范式进行充分审查和检视。

风险社会理论源于乌尔里希·贝克的首倡，在贝克早期的文字表达中，该理论是指当下社会较之从前充满了不确定性，以恐怖主义、核危机、环境污染、技术发展为典型的新风险对社会带来了更大的挑战，个体对政府的诉求从“我饥饿”向“我恐惧”转向①，社会的发展充斥着更多新类型、后果更加极端的风险。在贝克的理论体系中，风险的描述限定在特定的领域，并未上升至关于风险的更为宏观的、抽象的概括与提升。这也是其他学者关于风险社会及风险社会理论的质疑之处，如果这样的论证不能得出当下社会较之过往社会更为危险的结论，那就无法为社会整体意义上的治理路径转向提供合理性证成。基于贝克写作风险社会的时代背景，我们可以理解书中关于风险的具体描述，毕竟该理论提出至今已经有30余年，在该书出版后社会又在飞速发展，从后

① See Ulrich Beck. (1992). *Risk society: towards a new modernity*, Sage, p. 49.

工业化时代至信息时代、智能时代的转变已经孕育出大量的更新型的风险类型。事实上，在贝克后期的关于风险社会的论述中，以及在吉登斯、拉什、卢曼等学者的作品中均对风险社会的理论进行了一定程度的改进与完善。虽然整体的理论探讨仍是在社会学中展开的，但政治学、经济学等跨学科的思考内容在风险社会的理论中也进行了体现。基于贝克与卢曼的风险社会相关理论的巨大影响，而且这两种理论对风险社会的具体内容存在认知差异，因此以下将主要对刑法范畴中存在的风险社会与风险社会理论的认知混淆进行厘清，阐明风险社会理论与风险社会学关于风险的内涵以及风险的治理中存在的差异，进而从二阶观察的视角分析当下刑法转变的原因及存在的风险。

（一）风险社会与风险社会理论的认知混淆

自从风险社会理论传入中国以来，大量的刑法研究以此为主题进行展开，就刑法中出现的各种变化以及未来的发展进行论证，但是，在研究中一直存在一个问题，即刑法需要回应的是风险社会这一社会状态还是风险社会理论本身。这样的表达似乎有点拗口，但此问题的厘清对于我国刑法学界设计合理的制度回应社会现实具有重要意义。在中国知网上以风险社会为主题搜索出的绝大多数刑法论文，事实上探讨的不是刑法对风险社会的回应，而是刑法对风险社会理论的回应。本部分之所以要做这样的区分，是因为风险社会与风险社会理论并不一致，尽管风险社会是在风险社会理论提出后才形成的表达，但当下社会是否是风险社会，以及关于风险社会的特征与治理并非仅仅只能通过风险社会的理论才能诠释。事实上，治理术、恐惧文化等也是解读社会发展的特征以及政府治理模式变更的重要理论。换言之，刑法在近30年的时间里，回应的是风险的社会还是风险社会，抑或是风险社会理论，似乎并未在刑法学界阐释清楚。有学者认为："风险社会命题极不正确，论证也不充分，即使在风险社会理论的大本营，也尚未对风险社会达成理论共识，风险社会到底是一个满足理论诉求的理论性概念，还是一种倚重实证调研的实践性概念，并不明确。"[①] 作为上

① 姜涛：《社会风险的刑法调控及模式改造》，载《中国社会科学》2019年第7期，第116页。

层建筑，刑法理应随着变化了的社会现实不断调整，但当下社会是否是贝克所指涉的风险社会，并非没有争议，更遑论立基于风险社会基础上的风险社会理论也存在诸多诟病。如有学者认为，“贝克的‘风险社会’理论更多是针对后工业社会而言的，而中国当前尚处于现代化的社会转型过程中，当前面临的主要问题不是‘风险社会’的风险，而是转型过程中‘自然的报复’的增大”①。

根据贝克的描述，风险社会是指以大量的不确定的、极端的、灾难性的人造风险为突出内容的社会类型。在传统的社会形态的界定中（如原始社会、奴隶社会、资本主义社会、社会主义社会、共产主义社会的分类抑或是农业社会、工业社会、信息社会、智能社会的分类）并不存在风险社会的表达，与风险社会对应的亦不能称为前风险社会抑或是安全社会。在此意义上，风险社会的表达具有强烈的创新性，其对于学者跳脱传统的理论框架认识和理解社会发展和演变提供了全新的模型。我们当然承认任何社会都有风险，只是在不同的社会发展阶段风险类型有所差异，在此意义而言任何社会都算是广义上的风险社会。但贝克创造的风险社会的提法强调的更多是人造的风险而非自然界原本存在的风险，而且这些人造的风险异常且特殊，通过传统的保险制度无法全面治理，但如果不进行及时防范将会对社会造成灭顶之灾，如核危机、新恐怖主义以及环境污染等。正是因为贝克警醒式的论断开始让风险意识在公众群体中逐渐形成，促使关涉安全、预防、风险等的治理策略大量生成并不断适用。基于风险社会理论强大的影响力和辐射力，因此，在学术研究中存在将风险社会理论当作风险社会现实直接引用的情形。这不是要求学者在论证中就风险社会理论全面证明，但同样需要承认的是风险社会理论并非放之四海而皆准，其中的大量观点同样需要在质疑中改进。其最核心的论点表现为：第一，那些极端的、恐怖的、后果严重的人造风险类型是否在全社会普遍存在；第二，这些极端的、恐怖的、后果严重的风险是否是当下社会中最应该投入精力避免发生的风险类型；第三，是否这些风险如学者所言会关乎人类社会的生存与毁灭问题。对这三个问题的回答关涉刑法在风险社会理论之下进行的范式调整究竟是

① 孙万怀：《刑事政策司法化的内在道德》，北京大学出版社2021年版，第52页。

否合理与正当？

关于第一个问题，贝克指出“贫困是分等级的、烟雾是讲民主的。现代化风险具备一种内在固有的全球化趋势。食物链把地球上的每个人都串联起来了。遇到边界，风险下潜而过。”① 在此意义上，贝克指出“风险社会是一个世界风险社会”②。本书认同风险跨境流动所导致的风险全球化问题，正如第一章关于安全的新发展中所呈现的一样，风险与安全都存在全球化的趋势。但是，风险的全球化蔓延并不等于所有领域的风险类型及风险等级均一样严峻，而关于这一点在贝克的著作中并未有进一步的清晰的阐述。本书认为部分领域的确风险形势严峻且危急，如核危机的问题，但并不代表任何领域都是“定时炸弹”③。贝克未直接说明的问题随着风险社会理论的扩散，似乎得到了肯定，现在理论与实践中均表明的立场是风险不仅全球化运作，而且哪怕琐细到如何育儿、究竟是喂养母乳还是奶粉都上升至生死存亡的讨论。令人担忧的不是风险的跨境转移，而是“末日悲观论”的到处肆虐。定时炸弹及末日悲观论涉及恐惧文化，在风险社会理论阐述后会展开论证。因此，当下刑法回应的并非完全基于风险社会的风险类型，而更多的是对风险社会理论中对未来可怕的不确定性的回应。

第二个问题关涉当下社会整体治理思路的问题。世界范围内对诸如新恐怖主义、环境灾难、智能技术、生物基因技术的高度恐惧直接导致的后果是“我恐惧”对“我饥饿”的诉求替换。贝克明确表达了个体对风险的恐惧已经超越了个体对贫穷问题的关注，但贝克论断的重点其实在于强调风险意识的形成，而非否定其他传统风险问题的重要性。因此，在其谈论“我恐惧”的视角时，同时，他还指出“极端贫困和极端风险总是系统地‘相互吸引’”④。要知道，全球范围内的饥饿和贫富悬殊的问题仍然非常严峻，国家整体破产的事

---

① 【德】乌尔里希·贝克：《风险社会》，张文杰、何博闻译，译林出版社 2018 年版，第 27－28 页。

② 【德】乌尔里希·贝克：《风险社会》，张文杰、何博闻译，译林出版社 2018 年版，第 9 页。

③ 定时炸弹的场景是一个伦理学上的思想实验，多用于讨论酷刑是否公平。其大致内容是：一枚大规模杀伤性的定时炸弹隐藏在你的炸弹并即将爆炸，知情者已被羁押，是否应该使用酷刑来审讯。这是一个道德上的“两难”问题。

④ 【德】乌尔里希·贝克：《风险社会》，张文杰、何博闻译，译林出版社 2018 年版，第 35－36 页。

件也在发生，尤其在新冠肺炎疫情的影响下，全球范围内的失业及经济不景气是当下各国面临的现实问题，这些都是传统的风险问题。虽然政府仍然在投入相当精力解决传统的风险问题，但从宏观上政府的整体治理思路却被新型的极端性的灾难性风险支配。例如，在世界范围内主动淡化饥饿、贫穷、收入悬殊等问题。这主要表现在关于风险的关注点聚焦在环境污染、技术革新、人工智能等领域，被发达国家控制的风险讨论模式以及治理模式并未考虑到大量的发展中国家的风险关注以及其他极度贫乏、战乱所引起的社会失序。因此，真正的问题是："谁或者什么决定着是否（并以哪些现实视角与时间视角）将之视为风险。"① 在这样的模式下，哪些是风险，我们要规制哪些风险，我们又要对哪些风险视而不见就不是真正由现实中存在的风险决定的。当发达国家在探讨二氧化碳排放权、关注人工智能汽车以及基因技术发展时，大多数发展中国家的民众仍然在为生存问题挣扎，因此对于发展中国家而言，尽管在风险的全球化趋势下同样会感受到这些风险的存在，但主要的风险仍然集中在传统风险领域。故此以新型风险去涵摄传统风险，以新型风险极端的预防思维去统筹其他风险的治理模式既不正当，也不妥当。

第三个问题主要强调的是极端性预防思维的蔓延问题。曾几何时，未来的提出是与希望紧密关联的，但当下的未来却是与充满失败的不确定性关联在一起。关于可能导致死亡的描述从极端风险类型进入一般的生活场景，喝水、吃饭、睡觉、过马路、做运动等场景中随处可见耸人听闻的风险提醒，"不确定性似乎拥有了不祥之力，未知之疆域被一块指示牌隔开，上书：'此地危险：请勿跨越'"②。在这样的氛围影响下，政府将近乎所有风险统筹纳入一个名为"生死攸关"的密封瓶中采取了一样的治理思维。风险类型的差异性被主动抹去，而个体关于社会中存在的绝大多数风险类型只能获取第二手甚至第 N 手经验，因此，个体关于风险的认知和判断基本上是在政府和媒体的联合塑造下形成的。当频繁的风险警告出现在个体生活中时，个体获得的直观感受就是当下社会比以前社会更加危险，个体需要让渡出更多的权利来保障安全的实现。

---

① 【德】尼克拉斯·卢曼：《风险社会学》，孙一洲译，广西人民出版社 2020 年版，第 17 页。

② 【英】弗兰克·菲雷迪：《恐惧：推动全球运转的隐藏力量》，吴万伟译，北京联合出版公司 2019 年版，第 92 页。

在任何社会个体皆需借助政府来认识和规制风险，但传统社会中宗教、巫术，甚至是对未来充满希望的伦理道德规范都会给个体传递面对风险的勇气和能量。但是当下巫术近乎消失、宗教也频频受到挑战，传统的信仰体系遭受了前所未有的冲击和摧毁，尽管这些信仰内容有被当代人诟病的迷信与落后，但其在人类社会发展的相当长时间发挥了稳定人心、促进社会发展的作用。当下社会科学虽然在一定意义上扮演了新的“宗教”，但此种宗教发挥的作用与那种无法证成的宗教发挥的作用并不相同。科学告诉我们的未来社会是一个极端恐怖、风险丛生的社会，尽管科学本身也无法证明未来究竟是什么，但这样的不确定性就足以唤起民众内心对恐惧的规避、对安全的渴求。因此，风险的一体化极端预防文化的蔓延模糊了不同风险的区别，导致了较为严重的治理过度。而这一问题在刑法中也得到了反映，集中表现为积极刑法观与消极刑法观的理论争辩。

上述三个问题的阐述，是在强调刑法应该回应的是现实社会中的风险，并应针对不同的风险采取不同的治理思路，刑法回应的不应是风险社会的理论，风险社会的理论无疑在刑法中可以运用，但并不代表这一理论或其他理论可以成为证明刑法转变正当性的背书。而且风险社会的理论并不能完全反映和治理当下社会的风险，至于该理论与其他理论共同促生的预防文化也必须被重新评估和判断。尽管如此，风险社会的理论犹如时代的号角使我们对新的风险类型产生了足够的警惕，但最大的不足在于风险社会理论与不确定性的结合使我们关于未来充满了恐惧与拒斥，而这种恐惧与拒斥深深体现在社会的点滴之中，预防性的刑法范式即是这种对未来不期待、不渴望的鲜明表征。

（二）风险社会理论与风险社会学关于风险社会的不同认识

预防性刑法范式生成中最重要的理论推力即来自贝克的风险社会理论，“贝克认为法律制度仍是现代社会控制风险的核心手段，而这个法必须是预防性的法”[①]。虽然在风险社会的理论著作中，并未专门论述刑法抑或是犯罪学

① 古承宗：《风险社会与现代刑法的象征性》，载《科技法学评论》2013年10卷1期，第122页。

在新的语境中应如何转变，但在贝克的风险社会的理论中描述了整体社会都必须以预防为导向去治理新的风险类型，在此影响下刑法以预防为导向自然是情理之事。但是附随产生的问题，是预防性刑法范式的生成对刑法的价值、法治的精神、个体权益的保障等内容都产生了新的风险，因此以预防为导向的刑法是否真的可以有效规制风险并不是一个容易回答的问题。在贝克之后，卢曼的风险社会学在系统论的基础上，将风险概念从有害而危险的日常直觉中解救出来①。贝克和卢曼虽然都以风险社会为研究对象，但各自所立基的理论基础并不相同，因此在不同的理论指导下形成了关于风险以及相关内容的不同认识。这些认知中的差异虽然是就社会的现状以及未来的发展从整体意义上进行的分析，但对于刑法的发展仍然具有非常重要的价值与意义。尤其是卢曼的风险社会学，为我们认清刑法在风险社会中的应对策略，剖析法律系统对于风险的规制、转移与隐藏提供了独特的视角。

1. 风险与危险的关联。

在贝克的理论中，危险与风险在20世纪80年代之前基本上对应着不同的内涵，危险包括人造危险和自然危险，但都是强调负面效应，而风险则更多指涉的是人造的危险："是以系统的方式应对由现代化自身引发的危险和不安。"② 但是当下社会关于风险的理解逐渐取消了风险存在的正面效应，将风险与危害、恐惧、不确定性紧紧捆绑，因此出现了危险与风险等同的现象。根据贝克的描述，当下社会的风险无法被明确掌握、无法被有效评价、无法通过保险制度有效保障。③ 在卢曼看来，"风险是一种将负面结果和错误决定嫁接起来的因果性想象"④。贝克和卢曼都从自反性现代化的角度解释风险的形成，同样认同风险具有自反性。贝克认为当下社会的风险内涵与危险渐趋等同，进而在各种场景中将风险与危险等同使用。而卢曼从系统论出发，认为风险与危险之间仍须明晰区别，且这种区别是由归因决定，"风险来自对自身决定的可

① 【德】尼克拉斯·卢曼：《风险社会学》，孙一洲译，广西人民出版社2020年版，代译序第XV页。

② 【德】乌尔里希·贝克：《风险社会》，张文杰、何博闻译，译林出版社2018年版，第7页。

③ 古承宗：《风险社会与现代刑法的象征性》，载《科技法学评论》2013年10卷1期，第122页。

④ 【德】尼克拉斯·卢曼：《风险社会学》，孙一洲译，广西人民出版社2020年版，代译序第XXⅡ页。

能的缺陷进行归因，而危险则来自对受波及者的外部决定之缺陷进行归因”①。

正是基于两位学者对风险内涵的不同认识，所以贝克认为只要人类足够警惕，对未来的不确定事项采取足够的预防措施就可以在相当程度上避免风险的发生。不过，贝克所设计的风险规制体系是以政治系统对其他系统，如经济系统、文化系统、法律系统的控制和支配为内核的组织架构。在卢曼看来，风险是普遍存在的，因决策而产生，属于纯粹建构意义上的概念，简言之，风险社会学中的风险属于“世上本无事、庸人自扰之”。② 而且较之于贝克对于风险的评价以及风险治理手段的论证，卢曼的态度要“消极”一些，其更多的是从社会发展的事实层面来展示风险的特征以及面对风险的态度。换言之，“卢曼的目的是去观察正在发生的情况，而不是要提供任何社会咨询”③。当然，这也导致很多学者误解卢曼关于风险的理论只停留在理论层面，关于风险的应对没有积极的举措。本书认为这两种理论的差异不在于世界发生了什么，而在于我们如何看待世界，如果从卢曼二阶观察的视角来看，贝克的理论是从系统内部对系统提出的解决办法，是一阶观察，而卢曼的关于风险的认识不仅包括一阶观察，还包括二阶观察。贝克的理论更多的是从风险的表征来评价风险与危险的混同，而卢曼则是从归因的方式来强调只有受波及者才是受危险者，而决策者虽在风险之中，却在危险之外，而这里的危险其实就是危害。卢曼的分析旨在指出“现代社会之所以是一个风险社会，不是因为它制造了危害、痛苦、毁灭，而是任何的危害我们无法再利用所有的不幸或命运加以包装，因为几乎所有发生的一切必须归因于某项决定”④。

2. 风险的评估与治理。

基于上述关于风险的不同认知，贝克和卢曼关于风险的评估与治理也存在不同的设计。对于贝克而言，风险尽管存在不确定性，但风险借助科学仍然可以在一定程度上进行评估与治理。虽然贝克在《自反性现代化》中又提到科

---

① 【德】尼克拉斯·卢曼：《风险社会学》，孙一洲译，广西人民出版社2020年版，代译序第X页。

② 宾凯：《政治系统与法律系统对于技术风险的决策观察》，载《交大法学》2020年第1期，第139页。

③ 肖文明：《观察现代性——卢曼社会系统理论的新视野》，载《社会学研究》2008年第5期，第70页。

④ 古承宗：《风险社会与现代刑法的象征性》，载《科技法学评论》2013年10卷1期，第157页。

学本身的局限与科学的自反化问题，但是以科学为代表的技术理性在贝克关于风险的规制理论中占据了相当重要的地位。对于卢曼而言，风险因决策而产生，因此风险无法得到消除，更重要的是要对不同决策可能产生的后果进行比较，进而决定选择对哪种后果来承担责任。在此意义上，风险是指决策所实际产生的效应与预计的效应之间偏离的情形。卢曼对于风险的评估与治理主要使用了二阶观察的视角，其认为一阶观察会导致对风险认知的盲点，因为一阶观察者只能看到风险的一面，不可能同时看到风险的另一面，而二阶观察是“对观察的观察”①，因此有助于克服一阶观察的弊端。简单而言，二阶观察即我可以观察到你不能观察到你所不能观察到的事物②。当然，卢曼所提出的二阶观察立场与其所论证的社会功能分化理论紧密相关。

较之于传统社会，在现代社会系统内部出现了政治系统、经济系统、文化系统、法律系统、科技系统等错综复杂的系统体系，不同系统内部还有子系统，因此社会要维持正常的秩序，需要各个系统充分发挥各自作用，不同系统之间不能越界，否则容易导致功能的紊乱进而造成社会的失序。卢曼也举了福利国家的例证来说明政治系统在这些国家的支配性作用，导致其他系统尤其是经济系统无法充分发挥作用，进而产生了福利国家的危机。③ 因此，在卢曼的风险社会学中虽然没有给出关于风险的明确治理方案，更多的是要求不同的系统各司其职、不能越俎代庖，但这并不否认不同系统之间的沟通。从政治系统、经济系统、文化系统、技术系统产生的风险，除了需要各个系统内部针对出现的风险调整政策之外，还需要法律系统的配合，而法律系统本身的闭合性与开放性设计决定了其他系统的风险需要在法律系统中规制。但法律系统究竟是消灭了其他系统的风险还是隐藏起其他系统的风险，而且法律系统为了解决其他系统的风险自身所产生的风险又如何规制？在卢曼看来，这些风险大多被转移和隐藏起来，而非被真正治理，只是在外观上这些风险看起来被规制，通

---

① 【德】尼克拉斯·卢曼：《风险社会学》，孙一洲译，广西人民出版社 2020 年版，译例第 XX 页。

② 肖文明：《观察现代性——卢曼社会系统理论的新视野》，载《社会学研究》2008 年第 5 期，第 78 页。

③ 肖文明：《观察现代性——卢曼社会系统理论的新视野》，载《社会学研究》2008 年第 5 期，第 73 页。

过观察视角的转换，法律内部形成了一套“自欺”的结构。[①]“这套自欺结构虽然无法避免风险，甚至会导致风险，但却可以让法律系统对于科学、政治、经济等外部系统的变化保持高度敏感，并形成紧密的结构耦合。”[②] 因此，在风险的治理立场上显然卢曼要比贝克的理论“保守”一些，但从现代社会中的“不确定性”来看，卢曼的克制和谨慎是有必要的。因为单纯期待一种系统或建立一种支配性系统来解决社会整体的风险都是自大而狂妄的设计。所以在政治系统和经济系统交错强势的当下社会，法律系统如何回应，并不是简单的问题。因为其他系统的强势势必会影响法律系统正常功能的发挥，如在预防性路径的主导下政策对刑法的强势影响，正是政治系统对于法律系统的跨界干预。因此，贝克的风险社会理论与卢曼的风险社会学对于进一步反思刑法近年来的范式转变提供了不同的视角，有助于从系统内、外的不同路径分析当下刑法对待风险的妥适立场与态度，有助于我们认清风险预防原则在刑法中的扩张使用对刑法本身可能会带来的风险。

（三）从二阶观察的立场来分析刑法的转变

无论是贝克的风险社会论，还是卢曼的风险社会学，有一点是共同的，即我们需要回应的并非社会中的一切风险，因为风险是普遍存在的，生活在社会中就是与风险共存的过程。就社会治理的角度而言，必须考虑清楚的是我们对风险的接受范围以及接受度的问题，而灾难阈值的不同设定会影响人们在面对风险时究竟是决定者还是受波及者。[③] 因此，对于刑法而言，回应的内容确是现代社会中的风险，但并非一切风险，也不完全是贝克风险社会理论中所描述的风险类型。相较于贝克的理论，卢曼提出的风险社会学对刑法中治理风险具有更强的意义和价值，因为其在近乎脆弱的概念界定与无法指明方向的经验研究之间提供了新的可能，即转换了归责的模型，从之前的向外部因素归因转为现在针对观察者的向内归因。在卢曼看来：“安全专家以及所有责怪自己为安

---

①② 宾凯：《政治系统与法律系统对于技术风险的决策观察》，载《交大法学》2020 年第 1 期，第 150 页。

③ 【德】尼克拉斯·卢曼：《风险社会学》，孙一洲译，广西人民出版社 2020 年版，第 16 页。

全做的不多的人，都是一阶观察者。他们相信事实，而当他们争论或协商时，这通常建立在对同一事实的不同阐释或不同要求上。”[①] 从当下刑法学界的争议内容可发现，其更多的是在一阶观察的层面对刑法的发展进行的讨论，如对风险社会、风险预防政策的认识，多是将这些内容视为固定的事物进而做出不假思索的反应。刑法学界讨论的重点不在于风险社会的表达是否成立以及风险预防政策与法律系统本身的矛盾，而在于刑法面对风险社会如何反应，以及风险预防政策如何转化为风险预防路径作用于刑法范式之中。

通过前面风险社会理论与风险社会学的比较可知，不同系统之间的作用要通过强化沟通能力来实现，这样的实现不是法律系统对于政治系统所做决定的简单复制，法律系统同样需要判断风险的内容，毕竟法律系统的决策自身也在产生风险。因此，如果只从一阶观察的视角来分析，刑法中争议的绝大多数问题是关于“做什么”的问题；而从二阶观察的视角来分析，刑法中争议的问题将会变为“为何做”的问题。刑法中现在的整体思考模式被“做什么”所主导，在预防性路径的辐射下，刑法这一法律的子系统对其他系统产生的风险积极回应，回应本身不是问题，问题在于回应的内容超出了刑法所承载的功能，也无视了其他系统的作用尤其是其他法律子系统的作用发挥。因此，“真正需要研究的不是被定义的对象，而是定义者——他们为什么、根据什么去塑造犯罪，以及为什么希望他们所希望的”[②]。在此意义上，强调二阶观察的立场，正是从观察犯罪现实转向对刑事立法者的观察，进而分析刑事立法者制造罪名的过程是否妥当。

这里需要厘清的是，刑法对社会现实进行回应带有必然性，这也是刑法本身的价值所在，“为何做”的问题不是回答必然性的问题，而是解决刑法回应中的偶然性问题，即刑法可以这样回应也可以那样回应，甚至不回应本身也是一种回应，因为这都是决策本身。但是，不同的回应内容产生的后果是有差异的，当然也包括新的风险的产生。如果对于不同风险的后果都在刑法的承受力内，不会对刑法本身坚守的价值产生侵蚀和减损，那么在一阶观察的层面处理

① 【德】尼克拉斯·卢曼：《风险社会学》，孙一洲译，广西人民出版社2020年版，第41页。

② 白建军：《刑法规律与量刑实践——刑法现象的大样本考察》，北京大学出版社2011年版，81页。

即可。其问题在于，当下以预防性路径为指引对刑法所引发的挑战，已经足以使人警惕刑法目前的应对方式对其他系统的风险以及刑法内部风险的治理效果，因此只有从二阶观察的层面才能阐述阐释清楚刑法是否应当以预防性的路径作为应对风险的策略。在一阶观察的层面，即使我们去做应当与否的判断，都是在刑法范畴内自我论证的游戏，例如，从刑法预防犯罪的效果得出刑法预防犯罪的目的，进而肯定预防性刑法范式的生成。但即使从一阶观察的层面也已经呈现出刑法泛化的现状以及严重的刑法依赖症的现象。如果要克服和解决这些问题，至少要在刑法子系统外、在法律系统内来审查刑法应对方式的妥当与否。显然预防性的刑法范式压缩了其他部门法的作用空间，在刑法万能化的场景下，一方面是对刑法预防犯罪效果的不当肯定，另一方面也是对其他部门法功能的减损。

现在刑法作用的不正常提升从外观上看是刑法子系统对其他部门法子系统作用空间的压缩，实则是政治系统风险对法律系统的不当移转，又因为刑法在具体的部门法中具有最强烈的政治性，因此自然法律系统对政治系统风险的应对以刑法最为典型。这些以风险规制之名进入法律系统内部的风险，需要决策者对关涉的风险进行价值权衡，进而做出“有罪/无罪”的区分，但权衡这些价值的标准显然不是来自刑法内部。① 从刑法现在的发展表征来分析，安全成为刑法从政治系统借用的最重要的价值。安全这一价值再通过科学知识的包装，进而使刑法进一步确认安全价值在刑法价值中的优先性。因此，系统之间经过沟通，刑法对外部风险的应对就转化为刑法中的法律结构以及可能的刑法系统内部的风险。“从二阶观察的位置来看，政治系统所扮演的角色，要么是转移社会问题，要么是对社会问题进行再分配。”② 与此相对，从二阶观察的立场来看，刑法系统当下所扮演的积极预防犯罪发生的角色，最大的问题在于刑法应对其他系统风险时有意忽略了自身系统的功能限制，进而不断突破自身功能范围去为政治系统服务。如果我们去支持和肯定这样的越界，那么不仅其

① 宾凯：《政治系统与法律系统对于技术风险的决策观察》，载《交大法学》2020年第1期，第150页。

② 宾凯：《政治系统与法律系统对于技术风险的决策观察》，载《交大法学》2020年第1期，第145页。

他系统功能的发挥会受到影响，同时这样的决策也显然超过了刑法承受之重。因为其涉及对刑法惩罚犯罪、保障人权目的的实现，涉及对刑法边界的模糊、更重要的是涉及对刑法中公正价值的实现，所以从二阶观察的立场来看，刑法要在坚守自身系统功能的前提下，针对不同系统的风险的回应要理性、冷静、谨慎，要尊重功能分化的社会现实，要充分发挥不同系统的沟通能力，只有不同功能各司其职、充分发挥本职作用，才能尽可能避免系统内、外风险的产生。

二、恐惧文化理论

“当代风险社会的风险逻辑逐渐摆脱贝克原所设定的理论原型，进而导向于社会集体心理性的追求安定”[①]，这样追求安定的过程就是对风险恐惧的消除过程，因此本部分接着风险社会的理论继续论证刑法变迁过程中的重要理论内容。早在马基雅维里的《君主论》中就曾论述过通过恐惧治理民众的重要性，“人们爱戴君主，是基于它们自己的意志，而感到恐惧则是基于君主的意志，因此一位明智的君主应当立足在自己的意志之上，而不是立足在他人的意志之上”[②]。而恐惧文化的表达“可以追溯至20世纪90年代，用以表达一种先前就有并普遍存在的焦虑和不确定感”[③]。恐惧文化理论的主要贡献者有菲雷迪和格拉斯纳，在两位学者同名的《恐惧文化》一书中对恐惧文化理论进行了详尽的描述。将恐惧与文化结合在一起论述，是基于关于恐惧的形成有不同的原因解释，有归因于个体的、媒体的抑或是社会的，但这样的归因方式不足以解释为何当下社会看起来存在更多的恐惧，更不足以解释恐惧缘何成为政府治理社会、治理民众的手段与工具。换言之，我们需要寻找新的角度去思考为何恐惧在当下社会中出现的新的意义，去论证恐惧是如何被用来促动当下社

① 古承宗：《风险社会与现代刑法的象征性》，载《科技法学评论》2013年10卷1期，第122页。

② 【意】尼科洛·马基雅维里：《君主论》，潘汉典译，商务印书馆1985年版，第82页。

③ 【英】弗兰克·菲雷迪：《恐惧：推动全球运转的隐藏力量》，吴万伟译，北京联合出版公司2019年版，第2页。

会的各种调整。因此恐惧文化包括两层意义：一是指恐惧的文化，即恐惧作为一种强有力的工具去形塑政府的治理模式及个体的行为模式；二是指以文化为研究脚本，分析“共同体和个人是如何在这一脚本中被滋养、塑造，并最终体验恐惧的滋味”[①]。基于此，本部分将以恐惧文化作为研究路径，探讨在恐惧文化理论的范畴中预防性刑法范式的形成原因。

（一）恐惧文化与预防文化的关系

1. 恐惧的恐惧：对“未知的未知”的恐惧。

恐惧是主体对危险的反应：“包含焦虑、恐慌等一系列情感体验。”[②] 这里的危险并不一定是客观上负面的事物，就此意义而言，恐惧是不同主体对当下社会风险的情感反应。但是这里的风险不仅包括已知的未知风险，还包括未知的未知风险。如富兰克林·罗斯福所言：“我们不得不恐惧的唯一的事情就是恐惧本身”[③]，因此对“未知的未知”的恐惧正是对恐惧本身恐惧的直接反应。“未知的未知”这一表达最早源于美国时任国防部长拉姆斯菲尔德在美国袭击伊拉克之前的公开讲话，在其中拉姆斯菲尔德表达了对“未知的未知”的担忧和兴趣，亦即人类社会要警惕那些“未知的未知”可能的极端性风险和灾难。[④] 虽然有很多学者反对政府官员基于不确定性去袭击其他的国家，但却不影响这一术语之后在不同场景中的大规模使用。“未知的未知”这一术语被频繁用来强调所谓的生存威胁，从国家发射导弹到个体生活起居都被描绘成充斥着大量的生命攸关的风险。这些可怕的“未知的未知”扩大了恐惧的范围，鼓励了最坏情况思维方式全民化。[⑤] 我们不否认“未知的未知”的客观存在，

---

① 【英】弗兰克·菲雷迪：《恐惧：推动全球运转的隐藏力量》，吴万伟译，北京联合出版公司2019年版，第29页。

② 袁光锋、赵扬：《“恐惧文化”的社会建构及其政治社会后果》，载《南京大学学报（哲学·人文·社会科学）》2020年第3期，第83页。

③ Benjamin R. Barber. (2004) *Fear's empire: war, terrorism, and democracy*, W. W. Norton & Company, p. 50.

④ Donald Rumsfield. (2002) '*Unknown unknowns*', https://dailyreckoning.com/unknown-unknowns/, last visited at 21-03-2020.

⑤ Sandra Walklate & Gabe Mythen. (2015) *Contradictions of terrorism: security, risk and resilience*, Routledge, p. 36.

但政府不应该鼓励和营造关于对抗“未知的未知”的氛围和环境。因为其不仅使极端风险的存在无边无界，同时改变了未来的性质。

关于未来和未知的判断尽管在传统意义上有负面和危险的可能，但其中包含着对未来和未知充满的希望和期待。但是当下的思维方式四处充斥着最坏情况可能和末日悲观的描述，未来不值得期待，未知充满了失败的可能。这是一种极其可怕的思维方式，如果未来并不值得努力去实现，我们就会抗拒未来的到来而蜷缩在现在。而推动人类社会进步的各种冒险行为也会被贴上不负责任的标签慢慢消失，换言之，在此路径作用下人类的发展将慢慢失去发展的动力。可是，目前对“未知的未知”的恐惧并未停止，当恐惧的生物性被恐惧的政治性所利用时，最大的恐惧即为恐惧本身。个体的恐惧内容受社会文化和环境影响很大，普遍的不确定和焦虑情绪的弥漫使每个个体在无知中变得小心翼翼。对“未知的未知”的恐惧即是恐惧的另一种表达，当关于将来发生的一切无法知悉时，未来的开放性在恐惧文化的语境中消失了，未来已经被固化为邪恶的化身。鲍曼也说：“当我们对某事的发生解释不清时，我们就诉诸‘邪恶’这一概念。”[①] 如果说人类社会早期对恐惧的事物多少携带着神秘的色彩，现在恐惧的神秘色彩不亚于通过宗教、神灵、巫术等修饰的恐惧，因为其是通过科学进行证明，但“未知的未知”毕竟是科学也无法说明的事物，因为科学可以尽力去说明的是已知的未知，“未知的未知”是一种完全虚拟的存在，这已经超出了科学的解释能力范畴，而当一个事物都超出了科学的解释能力时，那演变为最大的恐惧也就不足为奇。

2. 预防文化的形成。

预防文化并非恐惧文化直接作用的产物，但恐惧文化为预防文化的最终形成以及持续发展发挥了重要的作用。与恐惧文化形成的模式一样，预防文化在形成过程中很重要的内容是预防性路径的主导，但预防文化和预防性路径不同之处在于预防文化是一种整体预防氛围的形成，就这一点而言，预防文化是预防性路径更深层次的内容。预防文化的形成与人类社会对“未知的未知”的关注升温是有关系的，就时间进程而言，在“9·11”事件发生至今，我们从

① 【英】弗兰克·菲雷迪：《恐惧：推动全球运转的隐藏力量》，吴万伟译，北京联合出版公司 2019 年版，第 95 页。

反恐、打击犯罪至对失范行为的处理一步步地将进攻性的先发制人转变为中性的预防直至预防性路径、预防文化的形成。预防文化并非在贝克提出风险社会理论之后就形成，其比风险社会的理论发育要晚一些，主要是因为20世纪80～90年代初媒体、资讯传输技术远不及现在发达，更重要的一点是世界关注的焦点并非如贝克所描述的已经完成了从“我恐惧”对“我饥饿”的替换。以我国为例，这个时间段对应的是改革开放初期，国家的重点在于经济的发展、温饱问题的解决，包括至2020年的今天脱贫攻坚仍然是我国的战略任务之一。这样的描述并不影响我们去论证预防文化的形成，换言之，在20世纪80～90年代，预防的路径已经随着风险社会理论在世界范围内的畅销而慢慢具备雏形，直至“9·11”事件的发生将预防性的路径在世界上主要国家的法律规范中得到确认，而预防文化就是在后“9·11”时代中逐步形成的。我们无法确定预防文化形成的确切时间，但可以肯定的是当下社会对预防的认识尤其是国家对预防的理解和运用已经不限于将其作为一种操作的手段和策略，而是被作为一种整体的文化要求深入人心。

基于第二章关于预防性路径的描述，我们在论证预防文化的同时，并不否定预防本身的作用，关键在于在漫长的时空背景中，预防的对象是已知的未知风险，而非未知的未知风险。因此，预防在语境流转中内核已经改变，但是政府仍旧使用预防去表达对风险的对抗，原因在于预防在公众心目中长久以来的正向力量。预防和恐惧之所以能够演变为一种文化，离不开个体对于恐惧和预防最本能的认知，这样的认知观念可以唤起个体主动认同国家利用恐惧与预防实施的战略。因此，利用焦虑和软弱蓬勃发展起来的预防文化在社会中赢得支配性的权威地位，焦虑、恐惧、愤怒和怀疑成为其主要因素，负面性的论证成为支撑预防性文化不断成熟的关键。① 预防文化的形成不仅破坏了预防的本初含义，让预防与进攻的界限逐渐淡化，更重要的是使个体丧失了可以信仰和依赖的事物，在质疑一切中发生了奇妙的变化。个体在预防文化和恐惧文化的氛围中被教育要警惕那些“未知的未知”，那些无法解释清楚的事物被认为是风险最高的事物，个体一方面需要知识和科学，另一方面又在反对知识和科学。

---

① 【英】弗兰克·菲雷迪：《恐惧：推动全球运转的隐藏力量》，吴万伟译，北京联合出版公司2019年版，第260－261页。

“一切皆可被推翻”的结论就是世界上值得珍视的事物变得日益稀少，换言之，即道德恐慌的形成。道德恐慌的肆虐证明了预防文化并未引导我们走向更加安全的未来，恰是使我们不想面对更不敢走向被描述为充满恐惧的未来。

“当恐惧不受道德约束时，社会共同体回应威胁的方式通常是求助于简单化的非黑即白的答案。”[①] 因此，在多元化的社会表面下暗藏着越来越低的容忍度，从英、美等国家纷纷采取的保守主义立场以及对其他文化的坚决打压，即可看出预防文化所带来的还有仇视一切的情绪和精神。价值观和信仰体系的破裂使个体在面对恐惧和风险时并没有统一的指引和方向，无序和焦虑的回应导致预防文化一方面在扩张，另一方面却也暗含着浓厚的危机。如果说恐惧曾在相当长的时间内发挥过凝聚人心的作用，那么与道德脱轨的恐惧带来的只有对立和敌视。基于此，预防文化的目标是否能够实现值得深思，毕竟人类社会始终是面向未来前进，我们无法守住现在，更回不到过去，但是未来并没有因为预防文化的不断深入而更加值得期待和希冀。因此，我们反对预防文化的最大原因在于它打碎了人类对人生、对世界、对未来无限设想的可能，这一切都从不确定变成了确定的无法言说的恐惧。

（二）恐惧文化作用下的预防性刑法范式

刑法通过对犯罪的惩罚，在一定程度上使民众实现了安全或获取了安全感，进而消除了部分个体对犯罪分子和犯罪行为的恐惧。故恐惧在刑法范畴中一般被认为是刑法启动附带的效果，但本书认为恐惧在刑法中的作用不限于此。根据前面对恐惧与风险、预防之间关系的阐述可知，预防性刑法范式的一个面相是对风险的回应，另一个比较隐秘的面相则是对恐惧的回应。尽管风险也无法用程度来精确估算和测定，但较之恐惧，至少风险被认为可以测量，而恐惧和舆论经常被捆绑在一起表达，因此在刑法研究中很少有观点直接分析恐惧是促动刑法发展的重要原因。刑法中对个体权利的保障和重视大部分是基于个体对死亡和其他权益受到侵害的恐惧所逐渐形成的，这是刑法发展中非常重

① 【英】弗兰克·菲雷迪：《恐惧：推动全球运转的隐藏力量》，吴万伟译，北京联合出版公司2019年版，第113页。

要的驱动力。但是，当恐惧上升为恐惧文化，体现为恐惧脚本、恐惧路径、恐惧价值观时，刑法中出现的恐惧就不仅仅是个体情感的反应，其是一种环境、一种治理策略、一种方向和导引。因此，在恐惧文化的语境下探讨预防性刑法范式与仅仅分析恐惧在刑法范式中的单一作用是存在巨大差异的。

“对风险日益严重的痴迷是恐惧文化最显著的特征之一。”[①] 风险在刑法中的不断体现既是风险社会理论的贡献，同时也是恐惧文化和预防文化的重要实践。在这五种理论中都强调的是调控时点的提前，无论是“未知的未知”还是“恐惧的恐惧”，都被视为威胁，一种拟制的威胁。这样的威胁叙述方式与刑法中的超个人法益的提出和发展近乎同步进行，作为惩罚法的刑法从未被放弃挖掘其预防效应，尤其是在预防文化的氛围下，刑法作为最严厉的合法的治理手段顺其自然地要最大限度地、最有效地发挥预防作用。而预防在法律中发挥作用基本通过两种手段实现：一是在法律中规定尽可能多的风险规制措施；二是通过及时有效的判决来向国民展示法律的威严。但是从当下刑法的发展趋势来看，显然政府更看重的是扩大刑法的犯罪圈来达致预防功效的实现。因为及时有效的惩罚已经不足以实现对“未知的未知”的遏制，必须积极行动、扩大犯罪圈来证明刑法的确为对抗风险在做出努力。就目前而言，刑法的发展已经呈现出明显的象征性倾向，有学者认为这是对超个人法益的保障，但超个人法益并非如字面而言是脱离开个体法益的新型法益类型，刑法中要保护的超个人法益必须是最终能够还原为对个人法益保障的法益内容，而不是纯粹的国家法益、社会法益等。“如国民健康、公共秩序、经济市场的公平与信赖、资讯取得平等与市场公平、性道德情感，以及社会安宁、国民身心健全等，这些法益概念背后多涉及社会功能与系统”[②]，在我国刑法中则集中体现为破坏社会主义市场经济秩序罪、妨害社会管理秩序罪等章节中的罪名。超个人法益抽象化的表达形式以及与日常生活相对遥远的距离，导致了法益不仅未能起到限制刑罚权启动的作用，反而容易在预防文化与恐惧文化的双重作用下作为扩张

---

① 【英】弗兰克·菲雷迪：《恐惧：推动全球运转的隐藏力量》，吴万伟译，北京联合出版公司2019年版，第155－156页。

② 古承宗：《风险社会与现代刑法的象征性》，载《科技法学评论》2013年10卷1期，第141页。

刑罚权的积极证明。

“在恐惧文化这一语境下，安全因稀缺而成为引人关注的话题。”① 但问题在于，安全的稀缺与民众的道德恐慌是存在直接关联的。民众愈加恐慌，安全就愈加稀缺。民众恐慌的原因如果不根本遏制，那么刑法在现有的恐惧文化中只能继续扩张。而扩张的刑法究竟可以解决多少恐惧与“未知的未知”，从官方数据上自然无从得知，但是当刑法不断强调预防性时，就意味着刑法惩罚的犯罪类型与刑罚程度要与消除与遏制“恐惧的恐惧”“未知的未知”有所关联。在恐惧文化的场景中，刑法需要的不是主动去作为，去主动为恐惧的消除设计罪名，而是需要坚守刑法自身的功能和价值，不同的治理手段有不同的功用，即使刑法能够达到消除一定恐惧的效果，那也应该是通过正常的犯罪惩罚机制来实现的，而非将恐惧的消除设定为刑法的目的之一。就更深层次而言，如果从国家层面不断肯定刑法扩张的正确性，那么对于公众而言刑法就必须实现预定的目标，而恐惧的无法根除、周而复始注定了刑法始终会面临信任危机的问题，而一旦刑法都失去了威严和信赖，那对于国家和民众而言刑法的失势是否是更大的恐惧？因此预防性刑法范式的形成反映出后“9·11”时代世界范围内的普遍问题，对安全的扭曲理解、对恐惧的政治性利用。在此意义上，“‘令人畏缩的恐惧’尚未被克服，改变的只不过是21世纪社会看待未知及应对不确定性的方式罢了”②。因此，刑法在消除恐惧的过程中，恐惧并未被消除，只要有恐惧文化存在，恐惧事实上都不可能通过刑法降低，那如此发展下去，刑法要如何应对，这恐怕将是预防性刑法范式本身所孕育的新的危机。

三、科学泛化的理论

在风险社会理论部分，我们提出科学在当下社会扮演了新的宗教的角色。

---

① 【英】弗兰克·菲雷迪：《恐惧：推动全球运转的隐藏力量》，吴万伟译，北京联合出版公司2019年版，第216页。

② 【英】弗兰克·菲雷迪：《恐惧：推动全球运转的隐藏力量》，吴万伟译，北京联合出版公司2019年版，第73页。

事实上，“用‘The Science’做旗号为不同种类的威胁命题背书。诸如‘The Science says’这种说法就是21世纪的诫命，与‘God said’并无二致。与‘科学’不同，加上定冠词的‘科学’成为道德和政治的双重工程。”[①] 尤其是在当下社会，科学已经发展成为一种新型世界观，“讲述了一个经由运用理性和精心设计的程序，如何操控并且能够操控那些‘对象’的故事”。[②] 在科学成为新的信仰以及科学与政治融合日益紧密的背景下，我们如何认识科学与刑法的关系，刑法面对科学又应持何种立场，这些是本部分要解决的问题。较之风险社会的理论被不经质疑地拿来使用，刑法对科学的反映更热情、更主动。毕竟科学是正确、先进的代名词，科学的刑事立法与刑事司法至今都是评判刑法是否优良的重要表征。而在智能社会建设的今天，这一问题的论证具有深刻的现实意义，因为我国明确提出要占领人工智能技术建设的高地，这一战略在国务院《新一代人工智能发展规划》中得到了进一步的细化：“要建设集审判、人员、数据应用、司法公开和动态监控于一体的智慧法院法庭数据平台，促进人工智能在证据收集、案例分析、法庭文件阅读与分析中的应用，实现法院审判体系和审判能力智能化。”[③] 关于这一践行对刑事司法可能带来的影响学界既抱期待，又持忧虑的态度。在信息化时代，以云计算、大数据、人工智能技术为表征的科学结晶已经对生产、生活产生了巨大的革新。便捷、迅速是这个时代所带来的最直接的观感和体验，但同时也产生了新的问题，信息的收集带来的是信息的滥用，自由与安全的冲突成为新的焦点。信息社会同时亦是风险社会和后现代社会，风险的制造和传播以及由风险所营造和促生的恐怖同样是棘手的问题。新的分工形式、新的失范类型、价值观的多元与异化、个体性的扭曲、权利意识的畸形、自由主义的肆虐是当下社会的另一组写真。因此，智慧法院的提法一方面是这个时代的必然产物，另一方面也是这个时代矛盾的一个缩影和写实。当然，这样的倡议和改革思路的侧面是科学的效应在法律领域，尤其是司法领域的新影响，但我们也要同时重视新事物可能在另外

① 【英】弗兰克·菲雷迪：《恐惧：推动全球运转的隐藏力量》，吴万伟译，北京联合出版公司2019年版，第145－146页。

② 许章润：《政体和文明》，法律出版社2016年版，第124页。

③ 《国务院关于印发新一代人工智能发展规划的通知》，http：//www. gov. cn/zhengce/content/2017－07/20/content_5211996. htm，访问于2020年11月21日。

方面的风险。

我们所指的另外方面就来自科学泛化及其可能产生的不当效果。长期以来，科学对于普通公众具有一种不证自明的“正确性”，在大量难以取舍的场合，科学往往被作为终极背书为某种方案提供确信。但科学的巨大成功同时导致了大量伪科学及非科学的内容进入科学范畴之中，进而形成了反科学的势力。因此，在肯定科学对刑法积极作用的同时，须阐明科学与刑法的区别以及基于此种区别所形成的科学对刑法的作用边界，另须明确科学的泛化对刑事立法与刑事司法的风险以及基于此种风险所促生的刑法的坚守与变革等内容。因此本部分关注的主题，就是在此种语境下进行的，我们论证和阐释的问题围绕刑法与科学这两大关键词展开，就当下我国刑法包括刑事立法、刑事司法存在的挑战，尤其是对科学泛化可能促生和孕育的问题进行剖析和论证，阐明刑法作为国家治理的工具和手段，应如何更好地在新的时代发挥其惩罚犯罪、凝结集体共识的作用。

科学与刑法间的关联，源于科学与刑法之间的互动。伴随着科学对刑法的持续作用，泛科学的内容也一并渗入刑事立法与刑事司法之中。本部分处理的问题集中为两个方面：一方面，科学与刑法的关联，其中包括科学对刑法的积极作用以及科学与刑法相对独立的界阈；另一方面，科学的泛化与刑法的关联，主要阐述了科学泛化的内涵、表征以及预防性刑法范式的生成背景。

（一）科学与刑法的关联

科学与刑法的互动，表现为两个层面：一是科学的理念对刑法的作用，二是科学的产物对刑法的作用。前者主要指严谨的逻辑推理与绝对正确的科学理念对刑法的影响，后者则主要指具体的科学产品如数据模型、设备工具对刑法的作用。在漫长的农耕社会，因为社会关系的简单、分工形式的单一，刑法集中于对自然犯罪类型的规制。刑法与科学的互动增加，基本上是在工业革命之后的事情，虽然在古希腊时期以数学、逻辑为代表的科学知识已经散发着知识的光芒，但因科学转化力在当时远远不够，普通民众并未能直接享受科学带来的益处，其影响力相当局限。随着蒸汽机的推广、工业文明的到来，科学展现了巨大的魅力。随之，科学对其他知识范畴的影响逐步深入，传统刑法领域中的主体、行为、因果关系、惩罚机制等理论因科学的介入变得更加丰富。加之，工业革命至今，社会关系变得愈加复杂、分工日益精细，因此，刑法中的法定犯也随着社会的不断嬗变慢慢增加。虽然学界曾热议法学是否是科学的问题，但这并未影响刑法学对科学的拥抱和靠近，刑事立法与刑事司法的科学程度成为检测刑法是否进步、优良的重要标尺。立法技术的精细化、严密化，司法中对正当程序的强调和人权的保障，其中科学扮演了重要角色。科学为刑法应对不断更新的社会现实提供了大量的技术与手段，如当下正在全力推进的智能社会、法庭的建设需要使用大量的科学技术、设备与模型。但刑法应对的社会现实中亦包括科学发展中所产生的危机与风险，如生化危机、核危机、胚胎克隆、计算机犯罪甚至包括未来可能产生的机器人犯罪等问题。因此，科学与刑法的互动可集中为两个问题的论证：一是科学与刑法的密切联系；二是刑法与科学的独立界阈。

1. 科学与刑法的密切关系。

如前所述，自工业革命以来，科学以其对社会巨大的改变获得了广泛的认同，科学在一定程度上充当了新的信仰。政府和民众对科学的信任，推动了科学对刑法的深度变革。首先，在立法与司法技术方面，科学的作用使刑事立法与司法愈加强调准确与逻辑。在刑事立法方面，从行为的入罪条件、罪状的表达至罪名的设置与排列等方面都不断以科学的正确性进行检测。在刑事司法方面，严格的程序要求逐步得到践行，无罪推定的原则随着证据收集技术的提升具备了真正实现的可能。而对犯罪嫌疑人的确定与搜捕及犯罪人人身危险性的评估借助了大量的科学模型与工具，科学技术的运用助推了司法效率的提升，提升了司法的质量与效果。其次，科学技术为犯罪的预防提供了支撑，技术的发展使犯罪的预防机制愈加成熟，有更完备的技术与设备如监视监控、安全设施、通讯网络等为犯罪的预防提供支撑，消灭了部分犯罪行为的生成土壤和环境。最后，科学技术使惩罚的手段和内容更尊重人权保障的精神。当下世界范围内刑罚中残酷的内容慢慢消退，部分原因在于科学的发展促进了惩罚技术的革新，传统的同态报复的操作理念在科学的影响之下开始偏转，矫正与教育活动的开展也因为科学尤其是新的科学产物变得更加多元。

2. 刑法与科学相对独立的界阈。

毋庸置疑，科学对刑法的发展发挥了重要价值，但科学与刑法调整对象与追求价值的不同决定了科学对刑法的作用应存在限度。有学者曾言："科学是描述事实的知识，目标是真理；人文是参与命运的知识，目标是幸福。人文知识不能以科学描述事物的方式来生产，而必须与被研究者进行'商量'，就是必须考虑他人的价值观。他人不是物体而是一个创造者，所以对他者的知识永远不能像研究石头，能够仅仅通过细节描写去决定，更重要的是由他人对我们对待他的方式做出的反应来决定。"①这段内容虽是在阐释科学知识与人文知识的区分，但用来说明科学与刑法的区别也并不矛盾。

首先，关于调整对象，刑法以人为原点，关注的是由人所产生的犯罪关系的问题，而科学大多数场合聚焦于物，通过对物的处理进而对人发挥作用。因为刑法直接作用于人，因此刑法的启动与刑罚的适用必须极其谨慎，毕竟自由、生命的剥夺对于个体的影响是无法真正补救的。而科学大多将物作为媒介，因此有试错的机会与补救的措施，而刑法是不可试错的，试错将对个体的权益带来巨大的侵害、对法治的精神带来严重的侵蚀。除此之外，刑法中存在大量关涉人性的内容，而目前科学仍无法测定人性，如果以科学的标准去衡量和决定刑法中的犯罪关系，那恰有可能无法实现刑法的正义要求。

其次，关于价值追求，刑法侧重的是实质正义的强调，因此追求的内容可能正当但不精确；而科学侧重的是形式正义，实现的内容可能精确但不人道。例如，在刑法中对于错案错判的实质认定并非可以直接生成的答案，其中需要立法者、司法者基于正义的标准，基于法律的规定及当事人的具体情况对于案件进行全面的斟酌与判断。而科学最重要的特征是其正确性，这种正确性是可以证伪的。在人与人组成的复杂的社会关系中，大量的内容不存在确定、唯一的结论，更谈不上绝对正确的解释。借助科学，无非希望得出如同"1 + 1 = 2"这样在不同语境中均一致的结论，但人这个最大的变量从一开始就注定了这样的结论在复杂的社会关系中是不可能成立的。在法学领域更甚，如刑法中之所

---

① 赵汀阳：《坏世界研究：作为第一哲学的政治哲学》，中国人民大学出版社 2009 年版，第 350 - 351 页。

以设计相对确定的法定刑，旨在更好地惩罚犯罪、保障人权。但科学关于正确的评断有明确的公式或模型，通过具体的指标核对即可得出正确与否的结果。“矛盾的调和、对立命题的吸收、相反意见的综合，这些都是法律中的重大问题”[①]，这些问题的解决需要严谨的妥协，而非绝对的正确。“完全价值中立的社会科学学术理念既是不可能做到的、也是错误的理念。那样的设定本身便是一种试图模仿自然科学的科学主义选择。”[②] 故直接借用科学的标准进行刑法的运行，可能促生正确但不人道的结论。

（二）科学泛化与刑法的关联

事实上，科学是指使用禁言方法为工具的研究及其结果。科学有其长处，同样也存在不足，而科学泛化的部分内容正是由于对科学本身局限的忽视所促生的。就整体意义而言，科学泛化包括两个层面的内涵：一是指不属于科学的内容进入科学范畴之中，如舆论、专家意见进入科学进而带来的科学的表面扩张；二是指科学进入科学不适合作用的其他领域所带来的科学的实质扩张，即对科学局限的忽视所导致的泛化。这两种类型的科学泛化均会对科学造成冲击。前者是其他事物对科学的冲击，而后者则是指科学的作用不当对其自身带来的冲击，即自反性科学化。贝克曾在《风险社会》中探讨了简单科学化与自反性科学化，同时指出“科学为自身打开了新的科学化市场”[③]。当下社会中科学的泛化之所以形成，原因基本上可概括为三个方面：一是科学的巨大成功导致其不足被忽视同时也使其他事物混入科学之中借科学之名提供背书；二是科学的事实与价值的混淆，导致科学与非科学事物难以厘清；三是科学语词的滥用，导致科学内涵的不统一、不一致。

1. 科学泛化的原因。

科学泛化的形成，首要的原因在于科学的巨大成功。科学被标签化、神圣

---

① 【美】本杰明·N. 卡多佐：《法律科学的悖论》，劳东燕译，北京大学出版社2016年版，第5页。

② 黄宗智：《中国的新型正义体系：实践与理论》，广西师范大学出版社2020年版，第171页。

③ 【德】乌尔里希·贝克：《风险社会》，张文杰、何博闻译，译林出版社2018年版，第192页。

化，与科学对人类社会的更迭尤其是公众生活的改变所发挥的作用展现出一种相伴的关系。尤其是在除昧的过程中，科学脱离了数学、逻辑学，推动了哲学的发展。但同时科学也被逐渐演变成一个跨学科、体系化的概念，在几乎所有领域频频出现，用科学的名义来对事物的合理性和正当性提供基石。对科学优势的放大以及对科学不足的忽视，导致了过度矮化非属科学范围的领域，而这一操作已偏离了科学的原意，这恰是一种不恰当的泛化。逐渐增长的对不可直接感知、进展缓慢的人文社会科学知识的漠视，甚至人文学科领域只有借助科学的标签才能获得某种先进性的科学泛化的负面影响必须引起重视。一个重要的问题是，不能验证、不能证伪的学科价值何在？科学方法和非科学方法的各自的局限性在哪里？以人为主体的知识体系如何重新构建？这些问题的厘清关涉本书核心主题的论证，即刑法与科学究竟应当如何互动。故在一定程度上，“把科学挤下宝座的不是科学的失败，而是科学的成功”。[①]

其次，科学泛化的形成源于科学事实与价值的混淆。工业革命发展至今，科学以其直观的便利对人类社会展示了独特的魅力，其可能存在的弊端与缺陷却被有意、无意地忽视了。对于现状的茫然与对未来的恐惧，刺激了人类对科学的追求。迄今为止，科学仍旧代表着先进、客观、中立与未来，公众信赖科学，不是信赖某一学科，而是携带这些特性的知识体系。但这一论断背后有两个问题值得思考：第一，科学的正确性问题，即科学是否真的想对了一切事情？这与经验知识局限性的分析有关；第二，科学的正当性问题，即科学是否真的做对了一切事情？这与事实无法推论价值的分析有关。[②] 就本质而言，这两个问题都关涉事实与价值之间的关系，所谓科学代表着先进与客观，这是价值判断，而非事实陈述，换言之，不能从经验的角度说人类社会的发展中科学在绝大多数场景中扮演着积极、正面的作用，所以就得出结论说，科学意味着先进与客观。进一步言之，科学的确在创造未来是事实陈述，却不能从这一事实推导出科学创造的未来是人类所希冀的未来。科学的泛化在此层面而言，正是把科学的事实存在与科学的价值判断混杂在一起所产生的结果。因此当科学的事实与价值判断混淆在一起被统一称为科学时，科学本身就已经掺杂了大量

① 【德】乌尔里希·贝克：《风险社会》，张文杰、何博闻译，译林出版社 2018 年版，第 204 页。

② 赵汀阳：《第一哲学的支点》，三联书店 2017 年版，第 20 页。

的非科学甚至伪科学的内容。

最后，科学泛化的形成源于科学语词的滥用。如福柯所言："在其他任何情形下谈论'人的科学'，这完全是话语的滥用。"[①]语词是知识和思想的载体，其被创造出来解释现象，但语词本身也可以掩盖问题，甚至制造新的问题。换言之，如果人们习以为常的科学概念本身已经存在误导因素，那么无论多么正确地使用，都已经偏离了真正的科学。科学的泛化属于话语滥用的典型，当下社会，科学表征着正确的属性，凡是需要背书和注脚的场景，"科学"即被不假思索地使用。但问题在于：第一，科学并非可以作为一切事物的背书；第二，当下探讨的科学实则并不统一，包括专家意见、舆论、媒体解读甚至伪科学等大量内容。因此，在科学这一语词的使用中，我们并不确知科学对于沟通的主体而言是否指涉同一内容。如果各方均是为了使自己的动议被采纳而借用"科学"，那么最后真正决定这一动议是否通过的标准可能就是"科学"与权力的紧密度。因此，这也导致了一种新的景观的形成：即社会的科学化和科学的政治化携手并进。[②]

2. 科学的泛化促生了刑法的泛化。

科学泛化的过程与风险的认知与解决关系极其微妙，"科学是风险的原因之一，是风险界定的媒介，也是解决方案的来源。一方面，科学协助制造并界定了风险；另一方面，这些风险又受到公众和社会的批判"[③]。风险社会中风险的不断涌现包括科学自身的风险使科学自反化的进程逐步加快，科学知识垄断者的地位遭受质疑与攻击。基此处境，科学正在把自身的"失败"归因于对风险的规制不利，对风险的零容忍成为科学自身摆脱困局的当然举措。更重要的是，零容忍的风险应对理念，同时也满足了当下社会关于极端恐惧的回避心理。因此，当风险社会的不确定性与科学泛化所衍生的零容忍的风险应对理念结合在一起时，"预防优于治疗"的古谚在当下社会获得了前所未有的表现力，从日常犯罪的发生、恐怖主义的扩张至此次新冠肺炎疫情的蔓延，整个社

---

① 【法】米歇尔·福柯：《词与物——人文科学的考古学》，莫伟民译，上海三联书店 2016 年版，第 369 页。

② 【英】伊恩·路德，理查德·斯帕克斯：《公共犯罪学》，时延安、李兰英、陈磊译，法律出版社 2013 年版，第 93 - 94 页。

③ 【德】乌尔里希·贝克：《风险社会》，张文杰、何博闻译，译林出版社 2018 年版，第 204 页。

会营造出一种强烈的消灭风险的氛围。从个体至政府对风险的坚定立场，使对抗、消灭风险成为当下社会正确的科学理念。对风险的零容忍转化为各种预防性的法案与动议，对风险的不能接受加大了对刑法的需求和依赖，刺激刑法必须有所行动来对抗风险。作为传统的事后法、惩罚法，刑法在此科学理念中开始逐渐偏转，预防作用的变化成为此次变迁中最为直接的表征。预防地位的提升契合了科学自证价值的需要、风险社会的需要以及刑法发展的需要，因此，在风险社会的语境中，在科学泛化的情境下，刑法中的预防一跃成为主导刑法发展的路径。通过预防性逻辑的主导，刑事立法、刑事司法中出现了大量的处理时点前置的景象。刑法在作为国家治理手段不断提前化对抗风险之时，无边界的刑法理念也正孕育着瓦解刑法自身的极大风险。[①] 本质上而言，这是一种科学的泛化引发的刑法泛化的图景。

因此，科学与刑法在当下社会的互动内容无不在显示评价刑法的重要标准目前也在经历危机，由于科学对风险的应对“总是抛弃其实验逻辑的基础，而与经济、政治及伦理共同生活在‘没有证书的事实婚姻’里”[②]。在这样的“多配偶的婚姻”关系中科学已经失去了其可证伪性，科学必须正确，因为科学不仅是科学，同时还是需要为政治、经济、文化进行服务的科学。我们再一次肯定科学对刑法的合理介入，但两者的处理对象及追求价值的差异，以及科学泛化的风险，都有必要使我们对于当下以科学之名对刑法做出的调整保持必要的谨慎。至少我们认同的科学是有可能犯错的科学，而非取消犯错的假设类似宗教教条的科学，因为对于后者，“就连那些畏惧上帝的教徒也都会认真对待它的警示”[③]。在这样的科学指引下，刑法的发展将会失去独立思考的可能，刑法是否要调整、如何调整将会慢慢变成刑法范畴之外的事情。我们当然不希望刑法的发展变成这样的情景，但预防性刑法范式的生成，足以使我们需要适当冷静地考虑刑法在最近十几年来过于快速的发展所可能暗含的风险与危机。

---

① 刘艳红：《刑法理论因应时代发展需处理好五种关系》，载《东方法学》2020 年第 2 期，第 11 页。

② 【德】乌尔里希·贝克：《风险社会》，张文杰、何博闻译，译林出版社 2018 年版，第 18 页。

③ 【英】弗兰克·菲雷迪：《恐惧：推动全球运转的隐藏力量》，吴万伟译，北京联合出版公司 2019 年版，第 136 页。

四、较轻恶害理论

中国古语云：两害相权取其轻、两利相权取其重。类似的内容在古罗马法谚中也有表达："人民的安全是最高准则，较之自由，安全应该更少施加限制。"[①] 朴素表达的背后代表着趋利避害的心理。只不过，趋利避害中的"利"并不总是利益，现实生活中经常需要作出的选择不是在好与坏之间，而是需要在坏与更坏之间。[②] 此种"两害相权取其轻"的理论即为较轻恶害理论。之所以从古语上升为理论，是因为日常生活中的"两害"相对容易区分，但进入国家整体层面来探讨"两害"时，两害并不容易确定，而且关于两害并非仅仅是事实判断，其更多的是基于不同的场景作出的价值判断。因此，两害如何确定、哪些因素影响轻重的判断、取其轻是否会带来其他的负面效应，对于这些问题的回答构成了较轻恶害的理论体系。以反恐来论，恐怖主义是一害，侵害公民基本权利的反恐手段为另一害，当下普遍的观点认为较之侵害公民基本权利的反恐手段，恐怖主义带来的危害更为严重，因此尽管反恐怖主义过程中会使用极端的措施和手段，如虐囚、窃听、监控等，但为了反恐怖主义的胜利这些手段对人权的减损被认为可以牺牲。反恐的场景也是较轻恶害理论适用最频繁的场景，但在后"9·11"时代，民众不仅对恐怖主义恐惧，而且对环境污染、5G技术的推广、人工智能技术的发展、疫情的传播等近乎一切事物都极端恐惧。在前面关于恐惧文化的论证中，本书曾指出严重的末世悲观论调笼罩在世界上空，我们不仅恐惧未知，还恐惧"未知的未知"。因此，我们关于恶害的比较，已经不是确定性与确定性的比较，而是确定性与不确定性的比较，凡是不确定的事物极容易被扣上危险的帽子，进而将其等同为需要尽全力去避免的更大恶害。

---

① Michael Ignatieff. (2005) *The lesser evil: political ethics in an age of terror*, Princeton University Press, p. 1.

② Michael Ignatieff. (2005) *The lesser evil: political ethics in an age of terror*, Princeton University Press, p. vii.

在较轻恶害的理论范畴中，传统意义上的恶害标准逐渐“失灵”，尽管我们试图通过科学去更清晰地展示恶害的程度，但如涉及人性以及对风险的精确评估科学也无法胜任，因此现在关于更大的恶害往往是和更难以评估的事物相联系。我们对于世界的极端恐惧转换为零容忍的治理思路，进而使我们对未知的一切充满了更多的警惕和排斥。世界范围内近几年以来日渐高涨的仇外情绪，借助一次次运动疯狂让外输出，美国爆发的“Black lives matter”运动席卷全球，背后是种族歧视的死灰复燃。除此之外，关塔那摩、贝尔马什的建立，“棱镜门”事件，美国在美、墨边境修建的“隔离墙”等，这些做法的背后都是较轻恶害理论为其提供证明。古罗马的那句格言“为了安全，罗马共和国可以牺牲一切法案”[①]，在当下社会获得了新的认同，安全的优先性不仅转化为各种预防性的法律规范，还转化为各种预防性的法律实践。表面上看关涉安全的内容被赋予了更高的权重，但正如第一章我们关于安全的论证，安全不仅包括个体安全，还包括国家安全，真正赋予更高权重的并不是普遍意义上的个体安全，而是国家安全与社会秩序被赋予了更重要的价值。因此，自由与安全的平衡就转变为个体权利与国家安全的取舍抑或是一部分群体的自由与另一部分群体的安全的博弈。“安全的我们—危险的他们”二元对立的治理思维表征出安全的价值观并未引领人们走向团结，反而走向了更深的敌视与分裂。此次新冠肺炎疫情的发生暴露出更多的问题，从“武汉肺炎疫情”的表达至后来纠正的“COVID－19 疫情”，从对武汉人的恐惧至对河北人的排斥，从世界对中国的仇视至国内对疫情重灾区的歧视，他人的存在被描摹成个体发展的最大危险，我国的发展被他国裁剪为或一蹶不振或洪水猛兽。在安全价值观的作用下，怀疑、对立、排斥的情绪深深地镌刻在社会治理的模式上，如果说两害相权取其轻代表了人类本能的思维路径，那么这样的思维模式与安全的结合使其更像是在本能思考的外衣下经过精心制作的治理模型。一方面，因为其的确反映出人类趋利避害的心理特征，使这一理论在外观上自然和纯粹；另一方面，政府正是利用这一格言的心理效应不断地包装、加工，使个体更容易接受那些可能有损自己权益的内容。

① Michael Ignatieff.（2005）*The lesser evil: political ethics in an age of terror*, Princeton University Press, p. 1.

因此，我们在本章借用的是较轻恶害理论，而非简单的“两害相权取其轻”的古谚。这一理论丰富的政治学内涵对于我们剖析预防性刑事司法范式中行政权对司法权的干预、刑事司法对刑事政策的过度反映具有很强的说服力。刑法本身即是一种恶，因此刑法的启动受到严格的限制而且要符合宪法中的比例原则。但较轻恶害理论并非比例原则的另一种版本的表达，尽管比例原则也进行目的与手段的权衡，实现目的的手段之间也进行各种比较，但比例原则要求目的与手段首先都具备正当性，其次要求手段的必要性与经济性。而且对于比例原则而言，其本质核心即是对公民基本权利的保障，因此，运用比例原则的限度是不能侵害公民的基本权利。相较而言，较轻恶害理论并未有固定的最高价值作为指引，当安全价值观作为主导时，实现安全的手段即使侵犯人权也被认定为较轻恶害，而当自由价值观主导时，侵蚀自由的行为即为较重恶害。除此之外，宪法中的比例原则尽管受到政治的影响，但其属于法学范畴的重要价值，而较轻恶害理论则受政策影响很大，其属于政治学范畴的重要内容。因此，运用较轻恶害理论去为预防性刑事司法的实践提供证明，无疑是默认了当下行政权优于司法权的强势地位。尽管这两种理论都需要做权衡与比较，但这两者无论是所属领域、追求的价值、受到的限制等都存在不同。故不能以刑事司法的具体实践满足较轻恶害理论的构成，就直接得出结论认为这一实践同时符合宪法中的比例原则。

以美国设立的关塔那摩监狱为例，为了获取“恐怖分子”的情报美国政府公布了《虐囚法案》，其中甚至包括中世纪最残酷的水刑。假使怀疑恐怖分子 A 掌握了实施恐怖袭击的情报，在水刑的折磨下 A 最后供述，无论这样的供述是否真实，我们都无法从比例原则为这样的行为背书，因为禁止酷刑是比例原则的重要核心。为这样的虐囚行为提供背书的学者，大多公开或默认较轻恶害理论的正当性，因为即使通过水刑获取不了情报或最后查明行为人根本不知道这样的情报，支持较轻恶害理论的学者仍然会认为反恐怖主义这一目的就具备足够的正当性，进而可以抵消反恐手段的所有不正当性。换言之，对于较轻恶害理论的支持者而言，最重要的任务就是确定当下社会中最受重视和强调的事项，一旦确定后，其他所有的内容都必须服务于这一目的的实现，对于这一目标的伤害即是大的恶害，实现这一目的的手段即使带来伤害也属于较小的恶害。以安全为例，在风险社会与恐惧文化的联合作用下，已经被演绎为世界范围内最重要的事项。我们承认安全的重要性，但对安全重要性的强调并不排除对自由重要性的承认。较轻恶害理论作用下的刑事司法范式同样回应着社会对安全至高地位的强调，忽视了刑事司法会涉及公民自由与生命的剥夺，会对个体带来严重的社会排斥效果以及几乎伴随终身的污名效应。换言之，较轻恶害理论在强调避免较重恶害的发生时，对避免较重恶害发生的手段遴选过于粗糙和简单，对避免的手段所产生的风险并未进行充分的论证与研判。当然，这样的风险却变成较轻恶害理论的优势，因为其暗含的正是不需要严格的限制与审查，这恰好可以为预防性刑事司法范式中的“黑色”和“灰色”空间提供背书。

五、例外理论

在当下学界探讨例外理论时，一般指的是卡尔·施密特的理论内容，因为在此之前，马基雅维利对例外理论也有讨论。只不过施密特教授提出的例外理论因为在第二次世界大战期间被纳粹集团利用，所以其在学界引起的争议一直没有停止，施密特教授通过把例外与主权紧紧地捆绑在一起，强调主权者对例外状态的解决。根据施密特的观点，“例外是一种极端的危险之事，一种对国家存在构成的危险状态。使其成为例外的特征，主要的是没有约束的权威，这意味着搁置现有的全部的法律秩序。而主权就是在例外情形下有权做出决策的某个权威者”[①]。作为一个反自由主义者，施密特教授认为遵循程序正义的要求去解决紧急状态，将带来低效与无力，因此必须将这种紧急状态的解决权交由“某个权威者”，而这样的权威者一般被限定为国家的领袖或政治领导人。施密特教授的方案已经通过巨大的人类悲剧做出了说明，但关于例外状态的处理却始终在争议中没有形成最优版本的解决方案。例外的名字具有一定的迷惑，造成了一种例外很少出现的假象，如果从人类发展的整体进程来看，例外

① 何包钢：《保卫程序：一个自由主义者对卡尔·施密特例外理论的批评》，载《浙江学刊》2002 年第 2 期，第 74 页。

的出现同样是常态，真正例外的是具体的不同的例外事实，而非整体的例外状态。针对相同的例外事实慢慢演变为一般，脱离出例外进入日常的管理模式，而无法类型化的例外就成为权力与权利最为集中的博弈场。因此，关于例外状态的处理究竟应该在法内进行还是法外进行，是决策优先还是规则优先，是遵守元规则的例外还是突破元规则的例外，不仅是当下我国刑法不断扩张需要思考的问题，同时也是整个社会治理过程中的关键问题。

本章之所以在刑法范畴中引介例外理论，源自世界范围内反恐的策略与手段引发了很多学者的质疑与担忧，学者们认为当下的反恐形势正是施密特所提出的例外状态，权利与法治受到了极大的减损。例如，阿甘本教授就曾指出例外状态是一种“法律的悬空”，意即“在例外状态中，法律实际上是不在场的，但被却建构出在场的虚假证明”①。而且在后“9·11”时代刑法的疯狂扩张，存在将对于刑法而言例外情形的处理，因此借用例外理论来说明两个问题：第一，刑法在例外状态中如何发挥作用？第二，刑法对例外状态的反应是否过度？

针对第一个问题，我们知道当下学界对例外理论进行了改进，针对施密特教授依赖“明君”处理例外状态的方案表达了不同意见，其中更能被接受的理论大多是强调对例外状态应回归至通过民主程序设定规则进行处理，只不过有的学者认为应该预先设定完备的紧急状态的处理方案。② 本书认为规则论较之明君论，对于自由倾向的社会会更合理一些，毕竟在规则论中尽管存在不同价值的博弈，但至少部分个体的权利不至于全部丧失。而根据施密特教授的方案，例外状态的成功依赖的因素过于不确定，也即施密特教授在反民主、反程序正义的过程中走得太远以至于我们会重新回归到专制倾向的社会中。但在规则论内部，仍然存在分歧，主要是关于如何设定例外观点并不统一。例外状态的例外就是因为没有现成的规则可以有效规制这些会危及国家安全、国家政权的行为，因此，如果严格恪守程序正义，将有可能会耽误治理例外状态的最佳时机，这是施密特教授对程序正义的不满之处，而且民主蕴含的思想将导致遵循程序正义基本不可能达成一致的结论。因此，

---

① 张一兵：《遭遇阿甘本：赤裸生命的例外悬临》，南京大学出版社 2019 年版，第 233 页。

② 谢晖：《论紧急状态中的国家治理》，载《法律科学》2020 年第 5 期，第 43－47 页。

对于支持规则论的学者，必须解决的问题是民主和程序正义可能带来的低效与错误。现在的解决方案基本是通过发现元规则，在元规则的框架内适当限制程序正义进行决策，这样可以在一定程度上实现决策与规则的平衡。例如此次的新冠肺炎疫情，我国的解决模式大体遵循着确立了“保障人民生命安全”这一元规则，在这一元规则之下政府并未通过民主程序收集民众意见来决定是否封城，而是快速作出反应针对武汉等城市采取了程度不同的防疫措施。之后又迅速启动立法程序，针对防疫过程中的相关事项进行增删修改工作，而且立法程序基本上与特殊的政策决定保持了相对同步的节奏。针对疫情平缓、稳定的城市及时地取消了紧急状态与紧急措施。因此，较之于美国为了恐怖主义这一例外状态将关塔那摩变为合法的“黑洞”，实施虐囚等残暴的践踏人权的行动，我国对于例外状态的处理在整体意义上是值得称赞的。循着这一思路我们认为刑法作为治理手段，是政府通过规则应对例外状态的重要工具。事实上，针对例外状态我国刑法表现历来积极、主动，刑法中增加的大量罪名正是对例外状态的回应。但这样的回应并非完全妥适，存在虚假回应以及回应过限的情况。

因此针对第二个问题，我们将从虚假回应及回应过限的角度就刑法对例外状态的回应进行阐释。虚假回应指的是刑法面对例外状态时回应的并非例外状态或者不完全是例外状态。而回应过限是指刑法面对例外状态时滥用刑法和加重法定刑。就目前而言，学界探讨的主要是回应过限的问题，本书认为事实上虚假回应的情况也比较严峻，故在此一并释明。刑法针对例外状态的虚假回应很容易被学者们认为不是问题，因为刑法始终要面对社会现实作出反应，所以是不是针对例外状态的相关内容作出反应被认为并无太大的利害关系，重点应该放在检测刑法的反应是否正当及合理方面。本书认为例外状态的特殊性，决定了刑法反应的特殊性，虽然最终可能都是通过犯罪的形式进行规制，但政府对例外状态的确定本身就充满了浓厚的政治意蕴以及行政色彩，例如恐怖主义犯罪，政府的这一价值偏好直接导致刑法中关于这些行为的惩罚力度偏重，以及在司法中的运动式执法。如果这些事实属于例外状态中的事实，那就意味着程序正义的可能妥协以及个体权利的可能减损，以及在政策驱动下的仓促立法。而如果这些事实并不属于例外状态中的事实，那政府就必须严格地按照程序正义完成立法过程，通过立法的科学性确保法律规范的安定性。就此角度而言，厘清立法事实是否属于例外状态涵括的事实，对于刑事立法工作极为重要。而且在例外状态下，本就容易极端化思考，进而将大量原本不属于紧急状态的事实也作为紧急状态进行处理，例如中央公开批评某些地方在防疫过程中滥用“战时状态”。[①] 因此，作为当下社会治理中的“急先锋”，刑法自然也免不了对例外状态的事项进行“扩张解释”，进而使不属于例外状态的事项纳入刑法范畴之中。回应过度是指针对例外状态本不应启动刑法或法定刑本不应升格，但却对相关行为进行犯罪化处理或法定刑加重的情形。这样的情形违背了刑法的谦抑性以及宪法中的比例原则而受到争议，主要表现为刑事政策的司法化。在例外状态下，行政权的主导地位导致社会政策迅速地体现在刑事司法活动中，如在此次疫情期间以危险方法危害公共安全罪的滥用以及从严、从重处理妨碍卫生管理的犯罪行为。

众所周知，风险的常态化处断使刑法中传统的理论体系、价值观念发生了严重的改变。在自由常态化的当下社会我们视专制为例外，可是自由的常态化与风险的常态化却暗含冲突，因为对风险的升级、蔓延尤其是极端风险的存在，需要适当限制自由的行使，例如此次新冠肺炎疫情期间，强制性的隔离、乘坐公共交通工具必须佩戴口罩等的确是对公民自由权利的限制，但这一限制是因为极端风险的出现。事实上，在人类社会发展的漫长时期，绝对的自由与绝对的专制都比较少见，更多情况是以专制为倾向，自由为例外，只是在近世以来，自由逐渐成为主导，专制成为例外。[②] 但无论在专制倾向的社会中，还是在自由倾向的社会中，权利与权力关系的处理都是棘手的问题。尤其是在自由倾向的社会类型中，当面对“例外状态”时对个体权利的不同处理方案，在历史上有过惨痛的教训。卡尔·施密特教授针对“例外状态”的处理直接被纳粹政府用来为屠杀犹太人进行背书。阿伦特教授对施密特的方案进行了批

① 新华社：一些地方滥用“战时状态”吓唬群众，载光明网 https://m.gmw.cn/baijia/2021-01/16/1302043275.html，最后访问于2021年1月20日。

② 谢晖：《COVID-19、信任与国家治理——基于“福山命题”的探讨》，载《学术界》2020年第12期，第63页。

评，提出在施密特的方案中法律被搁置起来，法与法治进行了分离，而人也沦为了“牺人”。

在例外状态中，自由与专制的平衡转变为个体权利与国家安全的平衡，更准确而言，是在国家安全面临紧急威胁时个体权利限缩的程度。刑法作为惩罚最为严厉的法律手段，其对个体权利的限缩对个体带来的影响也最为深远，其不仅是禁止性规范，关键还在于其严重污名效应和社会排斥效应。政府对例外状态的反应当然应当在规则内进行，但是刑法在例外状态中尤其是例外状态的初始期不应过于积极和主动，因为尽管强调规则优先来处理例外状态，但为了弥补规则的延时凭借行政权做出的各种临时性决策始终与规则共同发挥作用。在这样的背景下，刑事政策势必会趋严趋重，如果此时刑法表现过于积极，就有可能从扩张解释走向类推解释危及刑法中的罪刑法定原则，甚至使刑法本身保障人权的元规则也有可能被突破。因此，刑法在临时状态中保持相对克制和谨慎，并不否认刑法惩罚犯罪的使命，恰恰是避免刑事政策过度干预刑事司法的妥善策略。

本章结语

本部分集中讨论了预防性刑法范式生成中的五种重要理论，旨在从更广阔的视角探讨刑法转变的现实性与正当性问题。这五种理论对解读当下刑法的转变而言具有一定程度的共同性，尽管不同理论产生的时空背景及理论内容存在差异，但它们都不约而同地得出了预防性路径甚至预防文化这一内容。风险社会理论中对极端风险与一般风险的刻意混淆，营造了全风险的氛围，为预防性路径的生成提供了肥沃的土壤。恐惧文化理论则从恐惧视角分析了当下社会中末日悲观论以及知识怀疑论对个体、对政府的强大影响，其导致了预防文化的疯狂蔓延。科学泛化理论的论证则得出了泛科学促生了泛刑法产生的结论。较轻恶害理论则提供了权力对权利限制的背书。至于例外理论通过“悬法”的状态了营造了法律出现的虚假场景。从表面上看，这五种理论似乎均证明了预防性刑法范式生成的必要性和一定程度的正当性，但从实质上看，对这五种理论的解读或质疑反而在证明预防性刑法范式的生成暗含着危机。其中的危机与风险在预防性的刑事立法范式与司法范式中将逐步展开，此部分只是起到导引和铺垫的作用。除此，对这五种理论的剖析同时是在提醒我们需要注意刑法范畴中那些频繁引用的理论可能存在的局限。因为当一种理论被普遍使用时，其存在的局限性很容易被忽视，即所谓认知的盲区。而这些被忽视的内容有可能成为影响刑法发展的重要节点。

第四章

预防性刑事立法范式

本章以预防性刑事立法范式为研究内容，分为三部分进行论证，即安全价值观作用下的预防性刑事立法范式、预防性刑事法律规范的典型领域以及预防性刑事立法范式的主要表征，此三部分的论证旨在证成国家安全视阈下预防性刑事立法范式的内容、表征以及存在的风险与问题。第一部分论证了国家安全视阈下安全价值观的形成，其中安全问题的无限性与安全主题的共鸣性是安全从法的价值转变为安全价值观的重要原因。在安全价值观的指引下，本部分对我国刑事立法范式进行检视，论证了我国刑事立法近年来在“安全感”的强调与零容忍的策略下发生的调整。第二部分就预防性刑事法律规范的典型领域进行了论证，此部分以强调安全保障的反恐怖主义刑事法律规范与重视秩序维护的经济刑事法律规范为剖析对象，结合具体罪名论证了我国刑事立法过程中安全价值观是如何影响入罪化的条件进而影响了刑法边界的划定。第三部分是对预防性刑事立法范式存在的表征进行集中论证，其中包括调控时点的提前、李斯特鸿沟的贯通以及道德规范的刑法化三部分内容。调控时点的提前又涉及从犯罪行为至失范行为、从行为至行为人两个主题的剖析；李斯特鸿沟的贯通涉及超个人法益的强调与比例原则的悖逆两个主题的剖析；道德规范的刑法化则涉及道德刑法的陷阱以及作为安慰剂的“轻罪”两个主题的剖析。整体而言，本章对预防性刑事立法范式的论证，采取的是在说明问题的同时一并说明其中存在的风险，因为对预防性刑事立法范式的剖析需要自动引出其内在的风险，问题与风险的一体性使这两者无法脱离开分别论证，第五章的预防性刑事司法范式也是一样的论证模式，故在此一并释明。

一、安全价值观作用下的预防性刑事立法范式

在前几章中描述了安全及安全化的具体的内容，就安全作为法的重要价值以及与其他价值之间的关联进行了阐述，此部分将探讨当安全成为价值观后对刑法范式的作用和影响。另外，本部分以我国《刑法修正案（一）》（为了论述方便，以下以修正案加具体数字进行简称）至《刑法修正案（十一）》中规定的具体内容为例，就我国刑法数次修订中呈现出的对安全感的强调以及无处不在的“零容忍”入罪思路进行论证，阐明在安全价值观的指引下我国刑事立法发展为预防性的刑事立法范式的过程及影响。

安全作为法的价值，作为人类社会珍视的最重要价值之一是得到公认的，但安全作为法的价值与安全成为价值观却是两个层面的问题，安全在当下中国社会的发展已经超越了作为法的价值的存在，而转化成为价值观深刻而广泛地影响了个体的行为模式以及国家的治理模式。安全的修辞、安全的理念、安全的产业化运营、安全的文化统筹交融形成了庞大的安全价值观系统。安全与其他价值相比的绝对优势地位以及以安全话语为主导建立的新型的沟通—反应机制，无不在说明安全作为一种价值观从宏观上影响着国家制定政策、公布法案、采取动议，从微观上渗透进个体的生活、学习、工作的各个细节。再反观我国刑法多年的增删修改，其中体现的不仅是对安全价值的落实，更是对安全价值观的践行。安全之所以在当下社会成为新的价值观指引，与安全在第二次世界大战后尤其是“9·11”事件后的愈加强调存在直接关联。在前几章中本书关于安全的概念、内涵及发展趋势进行了阐述，在此基础上我们可获知作为价值观的安全，其最核心的内容不是由安全构成，而是由安全感构成的。尤其是在第三章关于科学泛化、恐惧文化和风险社会理论的探讨中其实已经勾勒出安全作为一种价值观的形成轮廓。安全成为一种价值观是在风险意识的作用下，对民众安全感的强调和实现过程中所形成的制度体系。安全价值观是恐惧价值观的另一种表达方式，其背后是安全问题的无限性与安全主题的共鸣性。长期以来，在刑法范畴中探讨安全时，更多指的是对客观存在的威胁的消除进

而实现的安全状态，但现在越来越多的学者和专家用安全感直接表达刑法在每一次增删修改中所要实现的目标与功效。安全感与安全在刑法中的混淆使用，安全作为刑法的价值与安全作为价值观对刑法的作用的混同表达，这其中反映出社会治理过程中的急功近利与焦虑心态。最值得关注的是，大量本属道德规范的内容因为遵守效果被认定为不佳启动刑法进行规制，因此，在安全作为价值观的表层之下是对安全问题的容忍度一再降低，进而形成绝对的“零容忍”思维，更深层其实是国家治理能力仍需大幅提高的现实。因为道德共识的破损以及信仰体系的缺失，恐怕不是靠入罪化进程就可以从根本上解决的。

（一）安全价值观的形成原因

1. 安全问题的无限性。

“人们通过购买玩具可能带来的威胁与气候变化和有毒化学物质等备受瞩目的全球性威胁联系起来，使安全问题具有了无限性。”① 安全问题的无限性表现为所有问题皆可被纳入安全范畴进行探讨，大量的问题被简化归纳为安全问题，尤其是当探讨的问题要吸引关注时，叙述者更是会将问题升级为生死攸关的极端问题。安全俨然成为一个可收纳一切的“魔法口袋”。安全问题的去边界化，使安全的议题不断增多，个体在充满安全话题的社会氛围中，自觉地被安全的话语体系引导着前行。因此，安全的价值观在充满安全的语词、安全的主题、安全的市场、安全的理念、安全的文化、安全的强调与安全问题的不断严峻中形成了。但吊诡的是，关于安全的氛围似乎并未随着安全价值观的形成有所改善，安全的形势在不同的话语表达中看起来仍非常棘手。而安全价值观的功用就在于让民众去主动相信风险的无所不在、安全需要不间断地升级，进而在这样的价值观下塑造一个个驯服的个体去实现维护安全的使命。

安全问题的无限性，是混淆了人类社会中风险与危险的界限，将风险等同为危险的缘故，具体到刑法领域中，则是将刑法中的风险、危险等同于社会中的风险，进而要求刑法不断升级去规制社会中普遍存在的风险。人类社会的发

① 【美】弗兰克·菲雷迪：《恐惧：推动全球运转的隐藏力量》，吴万伟译，北京联合出版公司2019年版，第211页。

展过程就是与风险相伴的过程，但是在当下社会关于风险的扭曲认识，风险一经出现就被误认为极端灾难的高概率发生，至于究竟有多大的可能性其实谁都无法准确证明。因此，在这样的思路下，风险是否被有效遏制，遏制风险的手段是否会产生新的风险似乎并未获得足够的关注。在关注的话题中，秩序的维持、国家安全及公共安全的实现是绝对的核心，个体的权益在关于安全的话题讨论中并不是真正的重点和关键。在话语的流转中形成了一套对受害者的新的归责和污名的理论，个体需要在新的语境中为自身安全承担责任，针对个体受到侵害后可能的解释理由已经预先备齐，社会中出现越来越多的指责受害者的声音。个体必须对自身的安全负责已经成为新的道德般的存在嵌入进个体的思想之中。与此同时，在安全的边界消失之后安全在落实中却分阶层、分主体地实现。换言之，正如同风险虽然跨阶层流动，但却并未真正改变固有的阶层结构，安全的实现同样存在严重的阶层差等。安全问题的无限性，表面上看使个体的安全得到了更多的关注和强调，但在实际操作中，得到重视和体现的仍然主要是国家的安全诉求。

安全问题的无限性与安全的传统正向价值存在紧密关联，在科学泛化与恐惧文化的作用下，安全是在正面的公开场合频繁表达不会引起民众厌恶的近乎唯一的术语。通过利用民众对死亡的恐惧，所有希望关注的问题都尽可能将“包括死亡的最坏可能性”通过高频、显著的方式提醒民众注意。从各种打着科普旗号的文章到宣传警示类的告示，无不用骇人听闻的标题、极端恐怖的描述来阐述其观点，而且在同一时间可以看到两种完全对立的观点在暗示民众似乎无论怎么做都无法避开风险。末日悲观论的思维在“千禧年”后的今天愈发严重，民众在恐惧文化的洗礼下将安全作为新的信仰顶礼膜拜，仿佛你只要信仰安全，安全就会自动实现一般。但真相是所有问题皆可被用安全话语表达的同时，原问题的性质被掩盖起来换成了近乎统一的安全操作，我们无视了不同问题的差异，因此在刑法中才会出现通过刑事立法去强迫民众完成原本道德中该完成的规范。难怪卢曼会说，我们并没有消解风险，风险只是被转移了。转移的风险被放置在不同的系统中，当然法律系统更多被用来接纳政治系统和经济系统的风险，这些风险在法律系统中通过立法和司法的活动进行消除，但消除的效果究竟如何，或许“只有将来那个时刻到来以后，或许说将来变成现在之后，结果才会浮出水面，真相才会大白天下”[①]。因此，安全问题的无限性从事实层面为安全价值观的形成提供了支撑，使安全价值观有可以回应和观照的社会现实，这也可以解释为什么这样一种永远无法安全的价值观可以慢慢在个体中生根，因为正是其永远在实现的途中带来了个体永远的“希望”。

2. 安全主题的共鸣性。

安全主题的共鸣性是指安全对于个体甚至国家而言代表着稳定的秩序状态，通过安全的主题可以唤起个体行为模式的调整、国家治理模式的更新以及集体行动的形成。安全主题的共鸣性是安全成为价值观的核心和关键，因为仅靠安全问题的无限性尚无法聚合个体认同安全问题的叙述方式，更无法要求个体去按照安全制度体系中的内容规范自己的言行，安全主题的共鸣使个体主动为安全去做权利的妥协与减损。这也是前面提及的安全在当下社会中的绝对优势地位。但这种优势地位的形成有传统的安全正向价值的深入人心，安全长久以来对应的是稳定的秩序状态，关于强调和实现安全可能带来的风险对于普通民众而言并未曾关注和思考过。在价值认同撕裂和破碎的当下社会，“安全修辞已经在世界许多地方成为支配性叙述，其支配性达到准宗教性质的程度”[②]。安全问题的共鸣性使关涉安全的议题很容易获得通过和后续的支持、落实，因此这就促生了那些不属于安全的问题为了得到关注而通过安全的语词进行修饰，进而掩盖其真实内容进行的操作。安全之所以可以持续升温，在很大程度上正是基于安全的共鸣性在大量的情境中被广泛使用。安全唤起了个体求生的本能，因此安全的共鸣不仅易形成，而且凝聚力远远超出了其他内容和价值对民众的影响。

安全的共鸣性一方面使安全在应对风险的过程中转变为价值观进行作用，另一方面也面临使安全的表达最终丧失共鸣的风险。从科学泛化的论证中可获知，泛化带来的必然是淡化，无论是科学还是安全都无法逃避这一结论的形成。安全的共识是基于对最狭义的安全内涵的共识，这样的共识形成源于人类

---

① 宾凯：《政治系统与法律系统对于技术风险的决策观察》，载《交大法学》2020 年第 1 期，第 150 页。

② 【美】弗兰克·菲雷迪：《恐惧：推动全球运转的隐藏力量》，吴万伟译，北京联合出版公司 2019 年版，第 208 页。

发展过程中长久的历史积淀，但安全问题的无限性一再突破安全的内涵，尤其是安全感与安全的杂糅使安全的共识中埋下了一颗危险的火种。因为以安全为名随着安全问题的持续膨胀对于个体而言将会变得越发难以理解和认同，因此，无边界的安全带来的势必是难以形成共识的安全，虽然不同个体的安全关注甚或安全感在安全关涉的议题中被提及，但个体的差异性导致了彼此的安全认知以及安全诉求存在相当大的差异。“恐惧已经变得越来越私人化：人们越来越作为孤立和孤独的个体来体验威胁。因此，感到恐惧这个行为不再帮助建立团结协作意识，反而鼓励分裂。”[①] 不妨梳理一下，在其他共识分崩离析的场景中，安全的无边界成为普遍的实践操作，正是这两者的共同作用，使传统的安全共识成为新的最重要的价值引领，但其中的安全已经随着安全问题的跨越式发展被不断地扩张和延伸，因此安全成为价值观的时刻即意味着安全共识的消解开始启动，而“对安全的担忧将会变成生活的永久性特征”[②]。

安全问题的无限性与安全主题的共识性共同促生了安全的价值观化，但正是安全问题的无限性使安全主题的共识性面临解构的危险，同时使安全作为价值观也充满危机。在不同的社会背景中存在不同的指引民众前行的理念与信仰，但安全价值观与其他真正意义上的道德、伦理、宗教等价值信仰存在根本上的不同，“安全价值观的含义很少用一种与是非或善恶理想相关的道德语言来解释，相反，它是以工具性用于传播的一系列实用技巧”[③]。因此，在此部分论证安全成为价值观的主要原因时，不是预先肯定安全作为价值观的正当性和合理性，恰恰是通过这两大原因的分析解释安全成为价值观的危害与风险。安全价值观源于当下传统价值观的共识性和凝聚力降低，个体的信仰和认同存在巨大的分裂，而分裂的原因有部分恰是因为安全现实的严峻与个体对失控的安全感的追逐，因此安全成为价值观来发挥团结作用，使分离的人心重新聚合来获取共识。但安全本身的价值决定了安全并不应当被置于人类社会发展的首

---

① 【美】弗兰克·菲雷迪：《恐惧：推动全球运转的隐藏力量》，吴万伟译，北京联合出版公司2019年版，第218－219页。

② 【美】弗兰克·菲雷迪：《恐惧：推动全球运转的隐藏力量》，吴万伟译，北京联合出版公司2019年版，第220页。

③ 【美】弗兰克·菲雷迪：《恐惧：推动全球运转的隐藏力量》，吴万伟译，北京联合出版公司2019年版，第224页。

要价值，毕竟“靠牺牲自由来换取安全并不能使人感到安全，反而让人们意识到无法控制自己的生活，从而增强了不安全感”①。而且安全作为法的价值与安全成为价值观中的安全指涉并不相同，后者中的安全是指泛化后的安全，是无边界的安全，是混杂了安全感的安全，是要求“零危害”“零容忍”的安全。这样的安全价值观鼓励怀疑他人、倡导消极悲观的末日论调，在这样的价值指引下不仅是安全无法保障、恐怕连其他价值也会一并减损。因此，我们应该检视的是我们的社会环境以及治理手段是如何使传统的价值认同一步步走向衰落，而新的价值观在迎合公众的表象下是如何步步为营、侵蚀个体的权益，最终自我解构。通过对安全价值观的论证，旨在为后续我国刑事立法中出现的新特征的阐明进行铺陈，毕竟刑事立法中现在也表征出强烈的安全价值观的特性。故上述针对安全价值存在的问题与风险同样会作用至刑法范畴之中，进而通过刑法的启动影响至每个个体的现实权益的保障与实现。

（二）安全价值观视野下的我国刑事立法检视

我国刑法从1999年的《修正案（一）》至2020年的《修正案（十一）》经历了21年的时间，基本上保持两年一修正的节奏，从修正案的内容来看，主要是在刑法分则方面的修改，总则方面的修改较少（主要是死刑的修改）。对于分则而言，新增的罪名主要集中在破坏社会主义市场经济罪、妨害社会管理秩序罪、危害公共安全罪，相较而言，侵犯公民人身权利、民主权利罪、侵犯财产罪、渎职罪、贪污贿赂罪修改内容较少。21年十一次修正的背后当然是变化的中国社会现实，中国在剧烈的转型过程中存在的内、外部问题与矛盾需要解决，在此意义上，刑法的调整具有现实性和必要性。但是刑法的频繁修改以及整体而言入罪化的修改模式，的确在学界引起了大量争议，积极刑法观与消极刑法观即是关于我国刑法的现状以及未来的发展方向的两种主要的理论阵营。

对于不同阵营的学者而言，分歧点在于刑法的修改方向以及扩张限度的问

① 【美】弗兰克·菲雷迪：《恐惧：推动全球运转的隐藏力量》，吴万伟译，北京联合出版公司2019年版，第237页。

题，就更根本意义上而言是刑法发展的底线抑或是边界问题。对于积极刑法观的学者而言当下我国刑法的扩张不仅具有必要性，同时还具备正当性。消极刑法观的学者大多认为目前我国刑法的发展违背了刑法的谦抑性，同时存在严重的侵蚀公民权利的危机与风险。两种理论各有优劣，站在积极刑法观的角度，刑法作为社会治理的工具必须发挥好其惩罚犯罪、维护社会秩序的作用，因此针对风险社会中大量的极端风险类型，刑法的预防性路径、前置化思维恰是发挥刑法本身的作用。但此种理论存在的最主要问题一方面在于将刑法中的风险与社会一般意义上的风险做近乎等同处理，导致刑法中治理的风险内容增大，使刑法针对琐细之事都要进行启动；另一方面在于否认了个体自治能力的存在，将大量的公权力通过刑事立法赋权进入公民的私生活，对公民的私权利造成侵害。对于消极刑法观而言，此理论将刑法的功能以及谦抑性原则作为论证的核心，在一片对我国刑事立法的赞许声中提出质疑，有助于我们能够从不同的侧面更加深刻地思考我国刑法应往何处去的问题。但该理论同样存在问题，其最棘手也是最容易被积极刑法观的学者诟病的地方即在于如果不支持积极通过刑事立法去应对变化着的社会现实，那么当下极端的风险现实又应如何规制。

在前面对安全作为价值观进行阐述之后，我们知道刑法同样受安全价值观的作用，因此积极刑法观与消极刑法观的争论无法回避安全价值观进行论证，因为这不是虚拟的场景而是正在发生的社会现实，如果刑法在当下的扩张是为了安全的实现，那我们也必须回归至安全，结合安全的制度体系来重新审视和划定刑法的妥适边界。翻看我国刑法的十一次修正，从最初的对安全的回应至当下公开表达的对安全感的回应，以及在刑法修正过程中官方表达出的对新增罪名坚决的“零容忍”的态度和立场，安全价值观的精神被贯彻始终。“‘安全是一种价值观’这一理念建立在所有伤害可以预防和零伤害可以实现这一基本理念之上”①，而我们透过刑法的修订历程恰好印证的是刑事立法者关于刑法可以预防一切以及避免一切事物免受伤害的逻辑。

对于刑事立法者而言，一切皆可预防，不仅风险可以预防，恐惧也可以预

① 【美】弗兰克·菲雷迪：《恐惧：推动全球运转的隐藏力量》，吴万伟译，北京联合出版公司2019年版，第226页。

防，毕竟安全感这一术语在刑法中出现已不需再遮掩，因此，在刑事立法中不仅要体现对安全的保障，还要追求对安全感的实现。在这样的路径指引下，刑法修订的原因至少有相当部分被实现安全感的诉求所左右，但安全感的内容、特征以及是否适合作为刑法修订的背书在目前的刑法学界却较少看到详实的论证，尽管如此我们也知道刑法的作用发挥可能保障安全、也可能保障安全感，但安全与安全感作为刑法修正的背书并非可以不证自成。至于“零容忍”的立场出现在刑法中其实并不陌生，毕竟“零容忍”的理论是犯罪学中的重要内容，将其引入刑法理论探讨入罪化问题，似乎具有天然的亲近感。但犯罪学的“零容忍”理论要求的是对失范行为预防发生的社会综合治理体系，其中当然包括刑法的积极作用，但是除此更强调的是治理手段的相互配合。但是，犯罪学的“零容忍”理论进入刑法范畴之后，“零容忍”却被理解为零伤害，进而将各种需要打击的犯罪类型通过战争的术语进行呈现，如反恐战争、禁毒战争、反贪战争，来强调犯罪治理的思路必须提前至犯罪前之前的时点。但其问题在于，刑法是否应该将“零容忍”、零伤害作为刑法在当下社会新的基调，而“零容忍”、零伤害的犯罪治理思路对于刑法的发展而言又会存在哪些值得警惕的风险？要知刑法的每一次启动直接的作用对象都是具体的个体，立法的优、劣终究是由个体拿生命和自由去承担的，因此我们对我国刑事立法的现状提出质疑的背后是对个体权益可能受到侵害的风险小心翼翼地论证，故后续将以安全感与“零容忍”作为关键词对安全价值观作用下的刑事立法进行充分的检视。

1. “安全感”的强调。

我国刑法在最近的修改中越来越强调对民众不安全感的回应，例如，在《修正案（十一）》中关于高空抛物以及抢夺方向盘行为的入罪，立法者就明确指出此次刑法修正的重要任务之一就是要保障民众安全感的实现。这样的立法初衷不仅在我国存在，事实上在第二次世界大战后这样的立法思潮就开始逐步出现，一直到20世纪90年代初刑事立法中对安全感的回应成为以德国为代表的欧洲国家的刑事立法趋向，之后随着风险社会理论的提出以及“9·11”事件的发生，对恐惧的消除成为世界上主要国家刑事法律规范增删修改的重要使命。有学者对德国近50年的刑事立法进行评述时指出，“在恐怖主义犯罪、危害公共安全、扰乱金融秩序、毒品犯罪、性犯罪等众多领域，与制定具有实效的刑法规范相比，德国立法者往往更侧重于满足公众的诉求、安抚其情绪"[1]。我国刑法自20世纪90年代至今受德日刑法影响甚深，有大量的学者认为德国、日本等大陆法系国家在刑法中做出了如此调整，那么我国刑法也应该主动借鉴、学习，而且转型期的中国社会面临着大量的内、外矛盾需要解决和处理，因此必须树立积极的刑事立法观念去对抗风险。从我国刑法的十一次修正中可以看出，积极刑法观的理念的确在指引刑法的发展，我国刑法中也借鉴了德日刑法中的部分罪名规范。尤其是自《修正案（八）》开始，我国将刑法修正案（草案）通过向社会公开征求意见的方式来尽可能吸收最广泛的民众意见，来获取最大的民意认同与不安全感消除。对民众意见的收集对于刑事立法活动而言当然是有价值的，但问题就在于民众的意见在刑事立法过程中究竟如何体现，是否民众的反馈一定要变成刑法中的罪名才算是对民意的尊重呢？换言之，是否民众对某类现象的不安抑或是恐惧刑法一定要回应，才算是刑法在保障民众利益的实现呢？恐怕这两个问题都不能做绝对意义上的回答，刑法可以拉近与民众的距离，使民众了解刑法规范进而预测和指导自己的行为，但距离的拉近并不代表刑事立法需要直接对民众的不安全感进行回应。

我国刑事立法中之所以会公开表达对民众安全感的保障，原因即在于立法者和部分学者认为民众的安全感如果保障不利会引发社会的不安和动荡，刑法作为重要的维稳手段，必须将人民的需求在立法之中充分体现。但这其中涉及几个问题需要厘清：第一，安全感究竟是什么？第二，刑法回应的究竟是民众的安全感还是舆论操作下民众的安全感？

我们在第一章探讨客观安全与主观安全时，曾就安全感进行了细致的论述，与客观安全相对的就是安全感，其是主体关于安全的主观感受与判断。安全感并非完全基于安全现实的主观反映，因为人具有丰富的思维能力与情感表达，故而安全感有可能在现实生活中并没有客观的安全对应物，而只是主体精神层面虚拟出来的场景。更重要的是，在当下社会安全感的表达并非个体单独的安全诉求就会成为立法者所关注的民意，其需要经过媒体的扩散与传播，因

---

① Vgl. Heinrich, Zum Heutigen Zustand der Kriminapolitik in Deutschland, KriPoZ 2017, S. 4 ff. 转引自王钢：《德国近五十年刑事立法评述》，载《政治与法律》2020年第3期，第110页。

此无论是个体安全感的形塑还是安全感的表达以及向政府的反馈都需要经过媒体的传输。传媒技术的发达以及社交平台的大规模使用，形成了新的信息使用习惯，更多的个体停留在浏览信息而非花时间去思考信息背后相关的内容，“以消费性为主的公众替代了以理智说话的公众”[①]。换言之，在媒体影响如此深刻的社会环境中，个体关于危险的判断、关于安全的感知、关于恐惧的表达都被刻上了媒体的标签。显然，媒体也深知“人们更易于被给他们带来威胁的邪恶而非对美好未来的希冀所触动”[②]，因此，早在信息的遴选阶段无论是媒体还是个人就会被那些恐怖的、邪恶的事物所吸引，进而营造出一种处于高度风险状态的身份认同。以《修正案（七）》《修正案（九）》中增加的恐怖主义相关罪名、《修正案（八）》中的醉驾入刑以及《修正案（十一）》中的高空抛物、抢夺方向盘行为入刑为例，我们看到的是媒体对典型案例报道后引发的民意沸腾，可是事实上，绝大多数民众关于这些事件的恐惧并非来自一手经验，不安全感是通过媒体的报道个体自我代入后形成的。在恐惧文化的氛围中，个体不仅会设想这样的情况会发生在自己身上，还会把后果想象得更加恐怖和极端，继而将这种不安的情绪再通过媒体反馈给立法者，当然媒体在转述不安的过程中会对各种信息再次加工。因此，我们看到的是立法者对汹涌民意的迎合，但忘记了立法者无法直接获取民意，换言之，在“基于公共意见不断受到刻意筛选、简化，以及单向性思维的循环构建程序，社会大众的批判性思考能力受到前所未有的钝化”[③] 的语境中，立法者回应的事实上是“二手民意”抑或是“媒体认为的民意”，而刑事立法中所体现的安全感也掺杂了一定的臆想成分。

从安全价值观的角度入手，我们可以理解刑法对安全感进行回应的原因，因为“风险不论是具体或抽象描述的事实状态，或者只是纯粹心理的恐惧感受等，皆不断被简化为安全概念”[④]。刑法中大量的法益类型关涉安全，十一

---

① Funcke – Auffermann, aaO.（Fn. 36）, S. 32. 转引自古承宗：《风险社会与现代刑法的象征性》，载《科技法学评论》2013 年 10 卷 1 期，第 126 页。

② 【美】弗兰克·菲雷迪：《恐惧：推动全球运转的隐藏力量》，吴万伟译，北京联合出版公司 2019 年版，第 166 页。

③ 古承宗：《风险社会与现代刑法的象征性》，载《科技法学评论》2013 年 10 卷 1 期，第 126 页。

④ 古承宗：《风险社会与现代刑法的象征性》，载《科技法学评论》2013 年 10 卷 1 期，第 131 页。

次的刑法修正历程就是不断强调和体现安全的过程。从反恐罪名的增加中对国家安全的保护至经济类、毒品类犯罪对秩序的维护等，当下刑法治理犯罪的思路显然以安全价值为优先。但是法定犯的大幅增加带来的后果之一就是使民众与刑法之间的沟通效果减弱，因此立法机关通过向民众征求刑法修改的意见在一定程度上就是对式微的沟通效果的改变。不过如果立法机关向民众展示的仍然主要是侵犯国家利益、公共利益的行为的规制，那么预期的沟通效果将会因为修改内容距离民众甚远而不能正常实现。故从《修正案（七）》开始增加了一部分公众相对熟悉的罪名，与此同时自《修正案（七）》我国在刑事立法过程中开始公开征求意见。因此，在刑法修正中出现了大量的象征性罪名，来表达政府对个体权益及安全感的关注。头顶上的安全、食品安全、驾驶安全、出行安全等原本在伦理道德范畴抑或是其他部门法处理的行为被作为犯罪行为或提高法定刑进行处理。对于普通个体而言，或许会从最朴素的视角认为自己在刑法中不会以犯罪人的形象出现，因此刑法的制定哪怕对个体的自由有所干涉，毕竟可以获取安全。但从我国 20 世纪 80 年代至 90 年代的几次严打效果来看，“高成本的代价换来的并不是人们所热望的路不拾遗、夜不闭户的太平盛世，而是犯罪量与刑罚量螺旋式的交替上升、刑罚投入几近极限而刑罚功能却急剧下降的罪刑结构性矛盾和刑法的基础性危机”①。从另一个层面而言，刑法的规制只是表层化的处理，因为对民众安全感回应的新增罪名基本上是由于传统的道德规范与信任体系的乏力所导致，因此不从源头上去探索解决问题的思路而只是掩盖式的转移问题，无疑在培养民众不断依赖刑法、依赖重刑的思维习惯，“以致误导公众以为对犯罪施以严刑峻罚即等于正义得到实现，从而陷入恶恶相报万劫不复的恶性循环”②。我们可以理解甚至支持刑法对民众真正关切利益的妥适应对，但在目前为了满足被媒体渲染和表达的民众的“安全感”进而产生的象征性刑法规范，是在没有证据证明入罪或重刑对预防和减少犯罪的发生之间是否存在正相关关联的结论下匆忙得出的，而“仅凭

---

① 肖世杰：《法律的公正认同、功能期许与道德承载——对刑法修正案（八）的复眼式解读》，载《法学研究》2011 年第 4 期，第 143 页。

② 肖世杰：《法律的公正认同、功能期许与道德承载——对刑法修正案（八）的复眼式解读》，载《法学研究》2011 年第 4 期，第 140 页。

主观的过度期待当然难以收到‘重典治世’之效，作为‘最后手段’的刑法也会难堪重任，此即正所谓‘希望之于虚妄，正与失望相同’”①。

2. “零容忍”的应对策略。

就当下我国刑法的发展而言，零容忍的策略不仅在严重侵犯法益的重罪上体现出来，如贪腐类犯罪、毒品类犯罪以及反恐怖主义的相关罪名，而且对一般意义上的失范行为都要启动刑法进行规制。简言之，刑法中的“零容忍”包括两个层面：一是失范行为入罪化、轻罪行为重罪化；二是刑事立法的政策化。如前面所言，刑法范畴中借用犯罪学中的零容忍时，对零容忍的理论进行了加工，我们所使用的零容忍指涉的是近乎是零风险、零伤害的要求。根据恐惧文化的理论描述，“正是对潜在危险的绝不容忍支撑着将安全转化为价值观这一工程。‘安全——使其变成现实’这一使命宣言明确将‘安全转化为价值观’与‘零’目标（零危害、零事故、零容忍等）联系起来”。② 如果说零容忍的表达带有一定的修辞意味，但我国刑法的十一次修正却正在证明刑法范畴中不能容忍的风险类型逐步在增加。刑法中近年来增加的轻罪以及针对毒品犯罪、黑社会性质组织犯罪、恶势力犯罪、贪腐类犯罪、食品药品制假类犯罪、侵犯知识产权类犯罪等开展的专项行动都以“零容忍”作为立法的宣言和行动的注脚。有学者认为“由于‘日常生活的浪潮将新的犯罪现象冲刷到了立法者脚前”③，故而“各国立法的总体趋势就只能是‘做加法’”④。问题在于当下刑法范畴中所做的加法不只是针对新的社会现象，而包括大量的学者认为应增设轻罪处理的旧的社会现象，如醉酒驾驶、高空抛物、抢夺方向盘、恶意欠薪、组织未成年人乞讨等。如果说这些也是新的社会现象，恐怕是在于媒体对这些旧现象的新包装。“无危害”的梦想不仅仅针对那些新生的事物，极端的最严重的后果想象渗入我们关于各种行为的诠释之中。脱离了道德的羁绊，

① 肖世杰：《法律的公正认同、功能期许与道德承载——对刑法修正案（八）的复眼式解读》，载《法学研究》2011年第4期，第143页。

② 【美】弗兰克·菲雷迪：《恐惧：推动全球运转的隐藏力量》，吴万伟译，北京联合出版公司2019年版，第225页。

③ 【德】米夏埃尔·库比策尔：《德国刑法典修正视野下的刑事政策与刑法科学关系研究》，谭淦译，载《中国应用法学》2019年第6期，第183页。

④ 周光权：《论通过增设轻罪实现妥当的处罚——积极刑法立法观的再阐释》，载《比较法研究》2020年第6期，第40页。

恐惧在肆意发挥作用，尽管对于“不同的人而言，‘安全’意味着不同的东西，但是，它在本质上捕捉到‘无危害’的梦想。无危害世界这种理想化事物反映出如今存在这样一种文化：认为危害的后果远比从前想象的更具破坏性和灾难性，并试图依靠不断扩张的安全制度来制约它”[①]。

因此，如高空抛物、醉酒驾驶、抢夺方向盘等行为即便纳入刑法，其社会危害性也并未发生改变，当然笔者不否认具有严重社会危害性的行为入罪，质疑的只是那些原本属于道德范畴抑或是行政法规规制的行为入罪化的逻辑。一个行为之所以属于犯罪是因为其具备实质违法性，即对刑法所保护法益的侵犯。但现在的入罪思路似乎是通过刑事违法性来反推该行为实质违法性的存在，因为该行为被作为犯罪行为处理，所以其具备了刑法所保护的法益。这样倒果为因的论证思路，正在瓦解法益所具有的限制刑罚权启动的功能。尽管犯罪学中的零容忍与刑法范畴中的零容忍强调的都是预防性的路径，犯罪学的零容忍要求的是更加完善的惩罚体系，通过及时修复那扇破碎的“窗户”来防止蝴蝶效应的发生，其强调的是社会的联动，但刑法中的零容忍却只有入罪和重刑来进行体现，依赖的只是刑法的自我运作。刑法中如何运用零容忍进而达致零伤害的结论，过往的实践已经在提示这样的操作不太可能成功，正如前面所提及的“严打”所带来的效果并非犯罪率的下降，而是犯罪率的急剧上升。“因为政府的动力被用尽了，人们对严刑峻法在思想上也习惯了，正如对宽法轻刑也会习惯一样；但人们对轻刑的畏惧减少了，政府不久便不得不事事用严刑。”[②] 因此零容忍在刑法范畴中的大规模使用，包括学者建议的继续增加轻罪的设想，虽然是通过刑法的手段使个体树立更加强烈的规则意识，但同时也使个体具有了更加深刻的重刑意识。因为重刑不仅包括法定刑的加重，而且包括一般失范行为的入罪。

对于一般失范行为而言，我们修补“破碎窗户”的工具绝大多数在如共识系统、信赖体系以及其他行政、民事法律规范体系之中，刑事法律体系对于一般失范行为的规制而言违反了比例原则，对于“破碎窗户”的修补刑法不

---

① 【美】弗兰克·菲雷迪：《恐惧：推动全球运转的隐藏力量》，吴万伟译，北京联合出版公司2019年版，第225页。

② 【法】孟德斯鸠：《论法的精神》上，张雁深译，商务印书馆1961年版，第85页。

但可能无济于事，还有可能打碎新的“窗户”。我们知道当下社会营造的氛围是让个体相信不安全是由于他人而产生，因此刑法中公开宣称的零容忍在一定程度上是在助长人与人之间的敌视与仇恨。尤其是启动刑法所产生的标签效应对于被贴标签的个体以及一般公众，都将带来长久的影响，因为社会个体不会再细分犯罪人的标签下是一个高空抛物者还是故意杀人犯。因此，希冀通过零容忍进而实现零伤害的设想在刑法中注定不会成功，因为日新月异的犯罪行为总是比刑法的调整节奏要迅速，“以有限的刑罚手段对付无限的犯罪，总会有捉襟见肘之虞”①，这也就是为什么我们频繁制定新罪、加重特定罪名的法定刑却无法挽救日益淡薄的规则意识以及蠢蠢欲动的犯罪决心。

二、预防性刑事法律规范的典型领域

在前面对安全价值观及安全价值观作用下的刑事立法进行分析后，本部分将以恐怖主义犯罪、经济犯罪为典型探讨具体的预防性刑事法律规范的生成及影响。之所以择取这两个领域，原因在于我国刑法自 1999 年第一次修正至 2020 年第十一次修正过程中在这两个典型领域增加了大量的新罪名且新增罪名预防色彩浓厚，对这些罪名的解读关涉我们如何认识和理解我国刑法的发展，因此以下将分别围绕这两个领域进行阐述。

（一）强调安全保障的反恐怖主义刑事法律规范

后“9·11”时代的国际社会，对安全尤其是国家安全的重视被各国政府提升至空前的高度。安全作为国家责任中最重要的事项，成为大多数政府致力于实现的首要目标。关涉安全的一系列政策法案相继颁布，反恐亦成为政府构建安全社会的关键环节。“9·11”事件后，政府、媒体通过各种形式向公众解释恐怖主义行为的危害性、恐怖主义者的危险性。公众关于恐怖主义的认知

① 肖世杰：《法律的公正认同、功能期许与道德承载——对刑法修正案（八）的复眼式解读》，载《法学研究》2011 年第 4 期，第 143 页。

在政府和媒体的主导下逐渐形成，而反恐斗争更是被描绘成末日情境。在此语境下我国刑法通过《修正案（三）》《修正案（八）》《修正案（九）》增加了关于反恐怖主义的相关罪名以及在总则中将恐怖活动犯罪与危害国家安全犯罪、黑社会性质的组织犯罪并列为特殊累犯的适用条件。从现有的刑事法律规范来看，帮助犯、预备犯的正犯化、持有犯，以及关于恐怖主义活动的上下游犯罪的规定，使我国在司法实践中治理恐怖主义活动、处罚恐怖分子有了具体的、明确的规范指引。但毕竟这样全面的反恐法律规范使大量的传统意义上的中性行为被作为犯罪处理，犯罪调控时点的提前使学者们担忧预防性的反恐法律规范有可能会造成更大的风险。基于此，以下将从先发制人的刑事法律规范与反恐中的“灰洞”两个方面对刑法范畴中的反恐法律规范进行论证。

1. 先发制人的反恐刑事法律规范。

先发制人战略在后现代社会被公众所熟知源于“9·11”事件后美国在《国家安全战略报告》中对这一战略的详尽阐释。时任美国总统布什就此曾言：“最好的防御就是进攻，必须在即将出现的危险完全形成之前采取行动制止。”[①] 继美国确立先发制人战略之后，世界范围内的反恐斗争不断以战争的形式呈现，即使以英国为代表的欧洲国家并不认同反恐以战争的术语进行表达，但在整个欧洲境内大量的反恐法案被普遍制定。反恐法案出台的同时关于恐怖主义在法律层面的界定也同步进行，但无论通过何种形式抑或是借助何种手段，恐怖主义本身即是政治术语，而恐怖分子的概念更是充满了先发制人的意味。[②] 尽管在政府、媒体以及公众看来，恐怖分子和犯罪人近乎等同，但犯罪人属于法学术语，决定一个人是否有罪的权力在于法院，而恐怖分子和恐怖组织则是由权力机关做出界定的。尽管根据我国《反恐怖主义法》第十六条规定：“有管辖权的中级以上人民法院在审判刑事案件的过程中，可以依法认定恐怖活动组织和人员。”但人民法院在认定恐怖组织和人员时仍然离不开权

---

① The National Security Strategy of the United States of America, accessed at http: //georgewbush - whitehouse. archives. gov/nsc/nss/2002/nss3. html, last visited at 14/08/2020。

② McCulloch, J. & Pickering S. (2009) “Pre - crime and counter - terrorism, Imaging future crime in the ‘war on terror’”, *British Journal of Criminology*, 49: 629 - 645, p. 630.

力机关的界定。正如赫曼所言："将敌人贴上恐怖分子的标签是我们与敌人对抗的关键步骤——这如同在法庭中将嫌疑人最后认定为罪犯一样。"① 因此，对恐怖主义、恐怖组织诠释的过程是政治过程而非司法过程。

恐怖主义的政治性意蕴，决定了即使其被作为刑法中的犯罪进行规制，其也不同于一般犯罪的治理模式。如果说在预防性路径的主导下刑法中的罪名设定以预防为特征，那么关于恐怖主义的犯罪不仅是预防，更是充满进攻性的预防。各种关于恐怖主义的零容忍表述以反恐战争进行表达，一方面是在凸显治理恐怖主义的重要性，另一方面也在强调治理恐怖活动的特殊性。关于恐怖活动的过往灾难性后果以及以"人体炸弹"为代表的新恐怖主义活动的频繁发生，需要在行为发生之前予以遏制，这成为反恐视域中预防性规范生成的合理路径。时任美国国务卿赖斯曾言："我们之前从未像现在一般面对这样一场战争……在羁押他们之前，你不能容忍他们实施犯罪行为。因为如果他们一旦实施犯罪，成千上万的无辜民众会丧生。"② 在这样的话语表达下，刑法中关于恐怖主义规制的重要使命成为不允许"一旦"的情况发生。由于"一旦"的后果被描述为人类不能承受之重，因此我国刑法中将处理恐怖主义犯罪的时点提前至犯罪前之前来规制可能诱发恐怖主义的一切活动。"犯罪前之前"的罪名主要包括非法持有宣扬恐怖主义、极端主义物品罪，强制穿戴宣扬恐怖主义、极端主义服饰、标志罪。这两个罪名的增加已经超越了一般的预防范畴，因为我们在预防的是"未知的未知"。简单而言，这样的立法思路暗含着刑法不仅需要对抗恐怖主义带来的风险，还要消除距离恐怖主义活动甚远但有可能造成恐怖活动的行为的风险。更进一步言之，这两个罪名的设置已经在肯定不管持有宣扬恐怖主义、极端主义的物品是否会被洗脑，洗脑之后又是否会实施恐怖活动，不管强制穿戴宣扬恐怖主义、极端主义服饰、标志出于什么的动机、原因以及即使强制穿戴这样的服饰、标志对于恐怖活动有多大助益等。这样的问题对于立法者而言已经变得无关紧要，因为立法者默认持有这些物品、

① Herman, E. (1993) 'Terrorism: Misrepresentation of Power', in D. Brown and D. Merrill, eds, *The Politics and Imagery of Terrorism*, 47 – 65. Seattle: Bay Press, p. 47.

② McCulloch, J. & Pickering S. (2009) 'Pre – crime and counter – terrorism, Imaging future crime in the 'war on terror', *British Journal of Criminology*, 49: 629 – 645, p. 632, the primary source: Hudson, S. (2005) 'Rice to Ease Europe's Fears', *The Age*, 30 November: 12.

强制他人穿戴这些服饰、标志的行为主体就是恐怖分子，所以即使这些行为距离真正的恐怖活动甚远，但由于主体的特殊身份因此将行为导致恐怖活动的可能性直接用确定性来替代。这样的预防逻辑已经超出了刑法中对法益造成实害或对法益造成紧迫性危险的评价范畴，[①] 对刑法的调整范围构成了严峻的挑战。正如马克思所言：法律中规制的只是我的行为，我的思想一刻都不曾进入法律范畴之中。对于刑法而言，“刑罚要预防什么行为？预防的是法益侵害行为，并不预防内心邪恶”[②]。但是对于因为行为主体实施的行为与恐怖活动有些许关联，就推定行为主体是恐怖分子，进而将这样的一般违法行为做犯罪化处理，实则是以身份、以思想作为入罪的标准。

除此之外，准备实施恐怖活动与煽动实施恐怖活动的正犯化是对恐怖主义行为惩罚的提前化，在刑法中诸如此类的罪名在危害国家安全罪中也存在，是立法者针对涉及罪名所关涉法益的重点保护。但这两个罪名的设置就刑法理论中而言为实施准备实施恐怖活动罪所进行的准备以及为实施煽动实施恐怖活动罪进行的煽动，根据共同犯罪的理论都将会构成犯罪。尽管这两罪较之非法持有宣扬恐怖主义、极端主义物品罪以及强制穿戴宣扬恐怖主义、极端主义服饰、标志罪距离恐怖主义的实行行为要近一些，但如果刑法中不单独成罪，这样的情况借助共同犯罪与故意犯罪的停止形态同样可以做入罪结果。之所以独立成罪，一方面是为了将准备行为、煽动行为适用刑法总则的理论法定刑有可能减轻的情形取消；另一方面则是要扩大恐怖主义活动的打击范围。这两种行为独立成罪从外观上看只是立法者对该种行为的重视和强调，但实质上却将距离法益甚远的行为也作为犯罪处理。我们认同在反恐怖主义过程中对准备行为和煽动行为的打击，因为其会对公共安全的法益、对国家安全造成紧迫性的威胁状态，但这两种行为的独立成罪，就意味着将这两种行为转变为实行行为，而对这些实行行为的帮助、教唆、煽动等对法益形成不了紧迫性的威胁状态的行为内容在理论层面有可能构成犯罪。这样得出的结论与上述持有行为与强制穿戴行为的论证结果一致，即立法者通过独立成罪的立法技术实现了对犯罪前之前的行为的调整和控制。

---

① 何荣功：《预防刑法的扩张及其限度》，载《法学研究》2017 年第 4 期，第 140 页。

② 张明楷：《犯罪论的基本问题》，法律出版社 2017 年版，第 19 页。

我们完全理解立法者以组织、领导、参加恐怖组织罪为核心在刑法范畴中全面构建反恐法律体系的良好初衷，但这样带有侵略性的、进攻性的入罪思路，否定了上述个体不实施真正意义上的恐怖行为的可能，这是对个体自治能力和自我选择能力的否认。当下我国针对恐怖主义的预防性刑事立法，在一定意义上是对《反恐怖主义法》第五条的实践，因为在该条款中规定“反恐怖主义工作坚持防范为主、惩防结合和先发制敌、保持主动的原则”。在《反恐怖主义法》中做此规定具有正当性和合理性，但是《反恐怖主义法》与《刑法》的区别决定了这样的原则并不能直接适用至刑法，否则即使惩罚了犯罪，也会影响刑法人权保障功能的发挥。刑法的本质是司法法，与作为社会管理法的《反恐怖主义法》关于恐怖主义打击的手段本就存在差异，更何况《反恐怖主义法》中关于先发制敌的表达是针对反恐全领域的宏观原则，《刑法》中需要结合反恐怖主义法的内容进行适当的调整与转变。我们不能因为刑法的实现会有预防的功效，就将刑法中的预防等同于反恐怖主义法中的先发制敌，因为至少在刑法中恐怖分子不是敌人，是犯罪嫌疑人，这也就决定了针对敌人而采取的“通过目的正当来反推手段正当”的策略在刑法中不应被适用。在反恐的范畴中我们不能因为终极的目的是消灭恐怖主义，就认为可以采取一切手段对抗恐怖主义。此种路径的选择可能会离希冀的结果渐行渐远，因为其本身亦在散布恐怖，破坏安全。基于此，剖析先发制人的战略，以及由此而产生的预防性刑事法律规范，旨在揭开反恐外衣下所暗藏的隐患。这些隐患如同病毒一样会侵蚀正常的社会肌体，它们因为具备法律的形式而使我们忽视了这些法律规范中可能存在的对个体法益造成侵害的风险。因此，真正的“先发制人的战略方针不只是通过追查肇事者应对恐怖袭击，也不应当只是简单强调扩张刑法的范围和强化刑事措施，而应该是着力解决和打击恐怖主义滋事的根源”[①]。故而刑法当然要承担起对抗恐怖主义的使命，但同时也要尽可能避免在惩罚恐怖主义犯罪中滋生新的风险。

2. 反恐刑事法律规范中的“灰洞”风险。

沃尔德伦曾言，让恐怖主义通过（刑事）法律的手段得以被追诉、惩罚，

① 何荣功：《刑法与现代社会社会治理》，法律出版社2020年版，第70页。

是现代社会的进步。但是，反恐法律规范的存在是一回事，如何通过法律反恐又是另一回事。法制的存在仅是法治的基础和前提，借助法制反恐与基于法治反恐并不相同。因此在反恐实践中，如何避免反恐法律规范的内容违反法治精神，是需要解决的首要前提和问题。我国当下刑事法律规范中关于恐怖主义的罪名设置基本上已经实现了对恐怖主义活动所涉及的所有领域和范围的打击，因此通过法制反恐已见明显成效，但是否已经实现了基于法治反恐恐怕还需要证成。故而本部分将从“黑洞”与“灰洞”的视角对我国刑事法律规范中可能存在的“灰洞”问题进行阐述。法律范畴中的“黑洞”，是指法律控制缺失的空间。如关塔那摩、贝尔马什即属于合法的“黑洞”，它们是反恐背景下美、英两国设置的合法的羁押涉嫌实施恐怖活动人员的场所，在这些场所内允许虐囚和酷刑的使用。较之“黑洞”，“灰洞”是指虽然存在法律的控制，但针对受影响的个体缺乏真正意义上保护的法律规范。① 在我国刑法中不存在所谓的反恐“黑洞”，正如前所述我们并不允许针对反恐设置合法的法外空间，更未通过刑法的授权去对嫌疑人实施虐待和使用酷刑。在反恐过程中，我国刑法可能存在的风险是“灰洞”的产生。

我国刑法在修正过程中增加了拒绝提供间谍犯罪、恐怖主义犯罪、极端主义犯罪证据罪，在这一条中明确公民针对这三类犯罪如果明知却在司法机关向其调查情况、收集证据时，拒绝提供，情节严重的要作为犯罪行为进行处理。该罪中的恐怖主义犯罪与极端主义犯罪是《修正案（九）》中新增的，是国内反恐怖主义进入新一轮高潮后通过的，在 2015 年不仅通过了《刑法修正案（九）》还制定通过了《反恐怖主义法》。该罪的设立虽然符合法制的内容，但却欠缺法治的精神。其原因在于，该罪的设立使反恐过程中暴力取证罪的“适用空间”下降，其中的逻辑是：在《修正案（九）》之前，司法工作人员如果确知行为主体明知恐怖主义犯罪、极端主义犯罪证据的情况下，如果要获取这些特殊信息不免会发生暴力逼取证人证言的情形，而一旦实施这样的行为司法工作人员将涉嫌构成暴力取证罪甚至故意伤害罪或故意杀人罪。但拒绝提供间谍犯罪、恐怖主义犯罪、极端主义犯罪证据罪的设立改变了司法工作人员

① David Dyzenhaus.（2013）‘Preventive justice and the rule - of - law project’, in Andrew Ashworth, Lucia Zedner and Patrick Tomlin, *Prevention and the limits of the criminal law*, Oxford University Press, p. 99.

有可能通过暴力方式获取证言的过程，因为如果行为主体不提供这些犯罪的证言，自己将成为犯罪嫌疑人。换言之，同样是获取这些犯罪中的证人证言，立法的设计将获取此类证言的义务从司法机关转移给知悉这些证据的个体来承担，而如果承担不利，个体将面临刑责苛处。但如密尔所言："一个人做了祸害他人的事，要责成他为此负责，这是规则；至于他不去防止祸害，要责令他为此负责，那比较说来就是例外了。"① 该条款的设计从1997年刑法中的间谍犯罪，扩张至现在的恐怖主义犯罪、极端主义犯罪，按照这样的发展思路，是否黑社会性质的组织犯罪、恶势力犯罪等罪名都会成为该条款中的新的内容？因为在特殊累犯的情形中将危害国家安全、恐怖活动犯罪与黑社会性质的组织犯罪作为适用的前提，肯定了这三类犯罪对国家安全、公共安全的侵害，而在拒绝提供间谍犯罪、恐怖主义犯罪、极端主义犯罪证据中已经包括这两类罪名，而且按照现在扫黑除恶常态化的治理模式，我们有理由担心该罪名会继续扩张。换言之，我们承认"凡有原则，必有例外"的拉丁法谚，但如果对例外状况不施加限制，将导致例外的一般化，直至形成新的例外。

因此，对于该罪而言，存在的问题在于将公民消极的不作证的行为上升为刑法中的犯罪进行处理，进而使公民的正当权益在刑法中通过合法的形式被限制和减损。我们知道刑法中该罪的设置是为了与《反恐怖主义法》第八十二条进行衔接，因为第八十二条规定的行为是不构成犯罪的拒绝提供恐怖主义犯罪、极端主义犯罪证据罪的情形，所以刑法第三百一十一条中将该情节严重的行为动用刑法来进行规制。但问题在于这些事项本该由国家承担查清的责任，是国家通过法律的形式给个体拟制了这样的义务需要履行，重要的是这样的行为本身并未真正侵害法益或对法益有何紧迫性的危险，尤其是对于像人体炸弹这样的恐怖活动，即使获取证据也阻止不了这样行为的发生。该罪的义务来源不仅超出了刑法中关于保证人的四种义务类型，更重要的是通过这样的条款所规定的刑罚内容严重违反了宪法中的比例原则以及刑法中的谦抑精神。因为仅仅是消极不提供信息的行为带来的刑罚后果法定最高刑可达3年，这样的刑罚配置与前面所描述的强制穿戴宣扬恐怖主义、极

---

① 【英】约翰·密尔：《论自由》，许宝骙译，商务印书馆2017年版，第13页。

端主义服饰、标志罪以及非法持有宣扬恐怖主义、极端主义物品罪的刑罚内容基本相同，这样畸重的法定刑设置来倒逼个体必须对国家的安全承担责任，从短期来看或许具有一定的效果，但从长远来看通过国家对公民个体权益的漠视来换取安全的实现，恐怕得不偿失。

我们同样认同和支持反恐需要全社会配合，对于知情的个体的确有义务向国家提供真实的信息和情报，但不履行这样的义务不应当上升至刑法层面，更不应当有3年有期徒刑的法定最高刑设置，因为这样的合法形式正在制造反恐过程中的“灰洞”。让我们再回到“黑洞”与“灰洞”的视角来检视我们的反恐规范，就整体意义上而言我国的反恐刑事法律规范具有明显的正当性和合理性，对于依法反恐具有强烈的指导意义。但如刑法第三百一十一条的规定所反映出的问题使我们更需要注意和深思，因为透过该条的规定所渗出的危机是国家可以通过立法将附带了严重后果的责任转移给个人，在权利与权力的博弈中双方力量严重失衡。法制视域中的反恐手段会产生合法的“黑洞”[①]以及大量的“灰洞”[②]，而这些“灰洞”就本质上而言与“黑洞”无异，区别在于“黑洞”并未对犯罪嫌疑人提供真正的保护[③]，而“灰洞”则给犯罪嫌疑人施加了真正的实害。对于“黑洞”，其违法性不难证明，但“灰洞”却为政府提供了合法的外衣以便反恐行动的实施。进一步言之，在反恐的语境中，我们需要避免“黑洞”，但应警惕“灰洞”。因为，“部分法制较之于法律的缺失，对于法治更为致命”。[④]

德沃金曾言：“这不是正常的时代，当面临恐惧时，人们对人权的尊重经常很脆弱。”[⑤] 在后“9·11”时代的今天，反恐的斗争仍在继续，反恐的任务仍相当严峻。一开始着眼于反恐的临时政策、法案不仅被固化，而且渗透于正常的刑事法律规范之中被公众所接受。在反恐的场景中，先发制人的对抗策略

---

① 如美国在古巴的关塔那摩基地。

② 如英国的TPIMs（Terrorism Prevention and Investigation Measures）即《恐怖主义预防及调查措施法案》，以及各种控制令。

③④ David Dyzenhaus.（2013）‘Preventive justice and the rule - of - law project’，in Andrew Ashworth，Lucia Zedner and Patrick Tomlin，*Prevention and the Limits of the Criminal Law*，Oxford：Oxford University Press，p. 99.

⑤ Dworkin，R.（2002）‘The Threat to Patriotism’ *New York Review of Books*，49（3），accessed at http：//www.nybooks.com/articles/archives/2002/feb/28/the - threat - to - patriotism/，4/06/ 2020.

已将刑法的预防性扭曲为预防性的刑法范式。刑法对犯罪的研究，从行为转向对行为人所携带风险的关注。刑法将犯罪圈延伸至恐怖活动发生的每一个可能的环节，其并非在制止、惩罚具体的恐怖活动所造成的后果，而是在尽最大努力减少具体的恐怖行为发生的风险。如前所述，我们如何来估算恐怖行为发生的概率，是根据情报机构收集到的数据、监控系统采集到的信息抑或是个体的种族、民族来判断？进一步而言，即使被估算的行为人有实施恐怖行为的可能性，行为人就一定会实施恐怖行为吗？根据正当程序原则，在事先处罚的那个时点，即使行为人宣称其有绝对的意图去实施犯罪行为并且还准备了实施犯罪行为的工具，行为人也应是无罪的。但现在新的论断是，如果我们有充足的理由相信一个人将要实施某一行为，而这一行为在实施之后将会受到法律的处罚，那么这个行为人就值得事前惩罚。① "我们拥有更多的刑法规范，就能获得更大程度的安全"这种长久以来的对刑法的误读，在反恐的场域中被奉为圭臬。无论是定性抑或是定量研究都很难去断定：更为严厉的刑法较之宽缓的刑法能更有效地威慑和阻止未来犯罪行为的发生，更难以用传统的法治原则和正当程序证明当下刑法扩张的合规范性。②

（二）重视秩序维护的经济刑事法律规范

我国刑法自 1997 年至今增加了大量的经济犯罪的罪名，在过往数次刑法修正中经济犯罪均属于重点关注和频繁修改的领域。经济犯罪的增加与调整，源于我国经济迅猛发展中产生的大量的新的经济违法、违规行为的类型，因此刑法随着变化了的社会现实进行调整具有鲜明的时代意义。但是经济犯罪的增加同样呈现出强烈的预防性特征，这些预防性的特征主要是基于传统意义上对于经济犯罪法益从集体法益方面做出的界定，亦即将经济犯罪的法益理解为经济秩序，例如，有观点认为："经济犯罪是指在市场经济运行环节中，违反国

---

① Lucia Zedner.（2005）'Securing liberty in the face of terror：Reflections from criminal justice'，*Journal of Law and Society*，32（4）：507 –33，p. 517.

② Manuel Cancio Meliá.（2011）Terrorism and criminal law：the dream of prevention，the nightmare of the rule of law，*New Criminal Law Review* 14（1）：108 –122，p. 114.

家经济法律（法规），破坏市场经济秩序，依照经济刑法规定应当受到刑罚处罚的行为”[①]。在不断强调经济安全的当下社会，新增加的罪名更加凸显对经济秩序的保护。因为经济犯罪的大量增加使司法实践中本来通过民事、行政手段处理的行为被划入刑法之中进行规制，同时产生的附随效果是对市场主体参与经济活动的主动性的一定程度的遏制。故此我国刑法之中是否应该增加如此庞杂的经济犯罪条文，通过刑法又是否能够实现维护经济秩序同时不产生过多负面效应的作用？这些问题将是本部分论证的重点内容。

关于我国刑法中是否应该频繁针对经济犯罪进行修正，持积极刑法观的学者认为经济犯罪的增加对于我国经济秩序的稳定以及经济活动的顺利开展将能提供全面的保障，持消极刑法观的学者认为经济领域过多的犯罪化不仅会影响个体权益的实现，同时对经济自由以及国家经济的长期发展将会带来限制和阻碍。两派学者虽然都从法益以及刑法的功能角度对经济犯罪是否应该扩张进行了分析，但关于经济犯罪的法益以及刑法的功能理解不同将会直接影响经济犯罪是否应该扩张的结论，因此，在此部分将从法益和刑法功能的角度结合刑法修正过程中经济犯罪领域的典型罪名对我国经济犯罪的发展进行阐释。

1. 秩序与自由的博弈。

秩序与自由的博弈，是对经济犯罪法益在学界争论的概括与总结。经济犯罪是否应该扩张的问题是当下我国刑法是否应该继续犯罪化的集中表征，这一问题是刑法领域的核心问题，因为对该问题的处理关涉刑罚权发动的条件以及刑法的边界和限度的问题。经济违法行为要作为刑法中的犯罪予以调整，需要满足哪些条件才能达到入罪的门槛，从学界的传统观点来看，大多从社会危害性的程度予以解释经济犯罪的门槛条件，认为经济犯罪较之一般的经济违法行为是对社会具有严重危害性的行为，从对社会危害的程度来认定何谓经济犯罪。但经济犯罪中增加的大量的危险犯尤其是抽象危险犯的规定使这一标准颇受质疑，如生产、销售假药罪，骗取贷款罪、非法吸收公众存款罪等罪名的设置使社会危害性的判断标准在解释这些罪名的规定上捉襟见肘。

① 孙国祥、魏昌东：《经济刑法研究》，法律出版社 2005 年版，第 33 页。

针对此情况，学者从法益的角度尤其是集体法益的角度来解释为何刑法中需要增加大量的经济犯罪以及其他的预防性罪名。但关于何谓集体法益以及集体法益与个人法益之间的关系，学者之间的理解存在差异，一种观点认为集体法益是独立于个人法益的法益内容，是风险社会中国家为了对抗风险在刑法中生成的新的法益类型。按此观点，集体法益与个人法益调整的内容不存在交叉与包含关系，集体法益处理的内容是秩序与国家安全等超个人法益的事项。另一种观点认为集体法益与个人法益之间存在千丝万缕的关系，在以个人法益为核心和主导的刑法体系中，集体法益的设定必须与个人法益关联起来，在刑法中值得保护的集体法益必须是能够还原为个体法益的内容。易言之，如果仅仅是国家的秩序、制度、安全等内容则不能启动刑法来进行规制。从这两种观点来看，第一，学界基本肯定我国刑法中应存在保护集体法益的罪名，保护集体法益是基于风险的脆弱性、测不准性得出的结论；第二，大多数学者还是认同集体法益与个人法益的关联，强调集体法益对个人法益的可还原性。换言之，刑法中之所以保护集体法益，是通过集体法益的保护来间接地保护个人法益的实现，集体法益是手段，个人法益才是刑法保护的目的与依归。这是因为将集体法益彻底地脱离个人法益进行保护，很容易使国家借保护制度、秩序之名大肆扩张刑法，进而使刑法彻底沦为“象征性刑法”失去保障公民权益的重要职能。

针对集体法益与个人法益的探讨深刻地体现在对当下我国经济犯罪罪名的相关解读中。我国刑法中的经济犯罪主要规定在刑法分则第三章“破坏社会主义市场经济秩序罪”之中，关于经济犯罪的具体罪名基本规定在这一章之中。从“破坏社会主义市场经济秩序罪”的语词表达，以及该章第三节“妨害对公司、企业的管理秩序罪”、第四节“破坏金融管理秩序罪”、第八节“扰乱市场秩序罪”的二级标题中都可以看到“秩序”这一术语。因此即使认为经济刑法所保护的法益是集体法益，但这一集体法益究竟是经济秩序还是经济自由，仍然存在争议。认为经济刑法对应的法益内容是经济秩序的学者，多从我国经济体制的类型结合刑法典的表达以及数次修正案中列明的修法目的来理解和适用经济犯罪中的具体罪名。持此观点的学者现在也注重从集体法益可还原为个人法益的角度，来解释我国刑法中关于经济刑事法律规范可能存在的风险与问题。而认为经济刑法对应的法益内容是经济自由的学者，认为刑法与行政法具有不同的功能与使命，刑法中的经济刑事法律规范不仅是对社会危害程度更高的经济违法行为的规制，更重要的还是要从刑法保障人权的角度来阐述经济犯罪罪名规定的本质。持此观点的学者还认为，对经济秩序的法益强调会使经济刑法继续膨胀和扩张，这不仅会影响刑法功能的发挥，同时也会阻碍经济主体的参与活力进而影响经济的持续、稳健发展。[①]因此，经济秩序与经济自由的博弈，是经济刑法探讨的首要问题，毕竟关于法益的不同解释会影响具体罪名入罪的正当性以及司法实践中罪名适用的具体范围。

在回答经济犯罪对应的法益是经济秩序抑或是经济自由之前，首先需要厘清的是经济秩序的保护与经济自由的强调是否存在根本的冲突。在集体法益的话语背景下，两派学者都认同经济犯罪是对集体法益的侵犯，学者进而根据是否可以还原为个人法益将我国刑法中关于经济犯罪的罪名分为两大类：第一类是纯粹秩序保障型的规范。这里的秩序大多属于特定领域的垄断秩序，如银行、外汇、公共产品等领域，而这些罪名关涉的法益无法最后回归至个体法益的保护，如非法吸收公众存款罪、骗取贷款罪以及非法经营罪的口袋罪化的趋势。针对这一类型的集体法益，我们同时要避免“假冒个人法益的集体法益”[②]，如非法吸收公众存款罪实质上就仅是为了维护国家的金融管理制度，是典型的“制度依存型经济犯罪”[③]。对于这样的罪名规定，现在已经有越来越多的学者认为其犯罪化的正当性存疑，包括支持经济秩序法益说的学者都认为这样脱离个人法益的犯罪类型应当谨慎入罪。第二类是非纯粹秩序保障型的规范，即这些规范的设置在秩序保障外，还附加个体法益的保障。此类型的规范就是否应当犯罪化的争议较少，问题主要在于如何协调刑法中不同法条间以及刑法与其他法律规范的惩罚幅度的问题。例如，《刑法修正案（十一）》第6

① 何荣功：《经济自由与经济刑法正当性的体系思考》，载《法学评论》2014年第6期，第64页。

② 刘炯：《经济犯罪视域下的刑法保护前置化及其限度》，载《厦门大学学报（哲学社会科学版）》2020年第4期，第137页。

③ 张小宁：《论制度依存型经济刑法及其保护法益的位阶设定》，载《法学》2018年第12期，第148页。

条中关于生产、销售劣药对人体健康造成严重危害的，处三年以上十年以下有期徒刑，而第七条中却规定，违反药品管理法规，有下列情形之一，对人体健康造成严重危害或者有其他特别严重情节的，处三年以上七年以下有期徒刑，并处罚金。但根据《药品管理法》第九十八条的规定，劣药的类型包括药品成分含量不符合国家药品标准，与此种类型的劣药相比，《刑法修正案（十一）》第七条第（1）款中规定的“生产、销售国务院药品监督管理部门禁止使用的药品”，带来的社会危害性可能更大。但刑法的修正带来的结果是危害性轻的行为对应的法定刑明显要重于危害性重的行为。[①]

从此角度来看，似乎支持经济自由与经济秩序法益说的学者所持立场相同。但对支持经济自由说的学者而言，对经济自由的保护是发展市场经济的根本目的，而且刑法对个体自治能力的尊重与个人自由的保障，也暗含着“经济犯罪本质上是平等主体滥用经济自由而导致的对其他平等主体或社会、公共利益伤害的行为”[②]。从经济自由法益说的学者看来，尽管刑法的实践会保障经济秩序，但经济秩序的保障仅仅是实现经济自由的手段，因此将阶段性、易变性的经济秩序作为经济犯罪的法益，不利于刑法的安定性的实现。其实现阶段非常极端的经济秩序法益说已经很少有人去认同，大多数学者对当下以经济犯罪为典型的犯罪化过程还是表达了谨慎的担心与忧虑，因此，学者们就不断增加的经济犯罪尽管站在经济秩序的角度去评判罪名的出现正当与否、刑罚的提升妥适与否，但得出的结论与经济自由法益说的学者得出的结论基本一致，即经济刑法要避免罹患“肥大化”疾病。

本书认为，尽管收缩后的经济秩序法益观关于经济刑法的认识逐步与经济自由法益观靠拢，但从本质上这两种法益观的根基并不相同，虽然现行增加的经济犯罪的罪名中无不在凸显对经济秩序的维护，似乎在经济秩序与经济自由的博弈中经济秩序占据了上风，但这样的上风恐怕对于强调创新、不断突破自身发展的中国经济而言所带来的益处并不会长久。对于刑法而言，甚至对于法

① 张明楷：《增设新罪的原则——对〈刑法修正案（十一）草案〉的修改意见》，载《政法论丛》2020年第6期，第13页。

② 何荣功：《经济自由与经济刑法正当性的体系思考》，载《法学评论》2014年第6期，第62页。

律本身而言，秩序的保护并不是法律的终极任务，因为“任何权威和秩序只是维护人类眼前的现实利益，自由则是要维护人类永恒的精神利益”①。“既然经济秩序并不具有终极性价值，只是维护和保证市场主体从事经济自由的手段和工具，那么，将经济犯罪的法益理解为经济自由，是更彻底的结论。”② 除此秩序以及秩序所附随的制度本身的抽象性，导致对于秩序的解释会随着主体的不同而有不同的内容，对于刑法而言，如果所保护的法益不能清晰界定，那么就会导致罪刑规范适用的边界无法框定，而被秩序主导和作用下的法律难逃被泛化的命运。更值得思考的是，人类社会的进化，正是靠“无定向的、凸性的自由探索或试错来推进的，因为他能从连续的、重复的、细小的错误中获得潜在的随机收益”③，因此对经济自由法益的侧重有利于企业增强反脆弱性，进而在不确定的竞争中获益。

关于经济犯罪的规制，问题的根本不在于刑法的严厉程度，而在于经济制度本身的漏洞。当下在刑法中大谈对秩序的保障、对安全强调的背后是对真正漏洞的视而不见，例如，对于生产和销售有毒、有害食品、假药、劣药的行为不可谓不严厉，包括经常性的以打假为主题的专项整治活动，但司法实践中这样的问题仍然屡禁不绝，我们需要反思的是如何改变制假、售假的环境，而非在刑法中不断升级惩罚方式以及规制的行为类型。毕竟“漏洞一日不补，这些‘禁止恶’也断无禁止的可能”④，甚至会养成严重的刑法“依赖症”。因此，在经济刑法继续高歌猛进的语境下，我们去探讨经济秩序与经济自由的博弈，一方面旨在继续呼吁相对克制的立法态度，另一方面亦在提醒“风险刑法的科学性欠缺，它会高估立法的实证效果，而过低估计立法的现实危险”⑤。所以在转型期的中国社会，在刑法层面给予经济失范行为一定的宽容，不仅是

---

① 【英】约翰·埃默里克·爱德华·达尔伯格－阿克顿：《自由与权力》，侯建、范亚峰译，译林出版社2014年版，第269页。

② 何荣功：《经济自由与经济刑法正当性的体系思考》，载《法学评论》2014年第6期，第63页。

③ 【美】纳西姆·尼古拉斯·塔勒布：《反脆弱：从不确定性中获益》，中信出版社2014年版，第299页。

④ 刘炯：《经济犯罪视域下的刑法保护前置化及其限度》，载《厦门大学学报（哲学社会科学版）》2020年第4期，第132页。

⑤ 姜涛：《社会风险的模式调控及其模式改造》，载《中国社会科学》2019年第7期，第123页。

对经济发展规律的尊重，对经济创新的容错，同时也有可能避免过早及频繁启动刑法所带来的严重的污名化效应。

2. 活跃与安定的平衡。

在安全价值观的作用下，零容忍的风险应对思路继续从自然犯蔓延至法定犯，在2020年年底通过的《刑法修正案（十一）》48个条文中又增加了25条关涉经济犯罪的条文，学者在近10年来所提出的相对克制的经济刑法立法建议没有被明显采纳，经济刑法严重的政策性导向仍然比较突出。安定性，被认为是刑法存在的最高价值，经济刑法活跃的立法状态是否违背了刑法的安定性要求？甚言之，刑法的安定性在积极的刑事立法观念面前是否也应该被妥协和减损？对这两个问题的解答有助于思考和厘定经济失范行为入罪的具体标准及当下刑法参与社会治理的边界与限度。

如前所述，在过去的21年中经济犯罪的调整属于刑法修正的重要内容，但整体的修正模式实则是不断的入罪化过程，预防性罪名、抽象危险犯的构造表征出经济刑法范畴亦深受安全价值观的作用。刑法的频繁修改，当然不能直接得出刑法安定性丧失的结论，但无疑刑法的安定性在过于频繁的修正中受到了波及。刑法的安定性是指刑法本身的相对稳定性，在刑事立法中对安定性的要求并不意味着刑法不能做出调整。那如何做出调整才能在满足社会需要的同时不损及安定性的价值，对于刑事立法者而言并不容易达成。从《刑法修正案（十一）》公布之后在学界引发的争议即可看出，虽然学者认同刑法进入活性化时代，但仍有相当学者认为刑法不应该进入这样的立法状态。尤其是对于经济领域，“刑法过剩”的现象已经引起了大量学者讨论，因此，在经济刑法范畴探讨活跃与安定的平衡恰是我国刑事立法的缩影之一。本书认为，尽管有学者疾呼“我国应该停止犯罪化的刑事立法”①，但合理、妥适的犯罪化进程绝大多数学者并不反对，学者们反对的是不加限制的犯罪化以及一味的犯罪化进程，因此，在安定与活跃的话题论争之下实则是在探讨经济刑法中入罪的具体条件，进而阐明刑法关于经济越轨行为的调整限度。

从前面对自由与秩序的博弈探讨中我们可知，一个行为是否应被作为犯罪

---

① 刘燕红：《我国应该停止犯罪化的刑事立法》，载《法学》2011年第11期，第108页。

行为处理，取决于其是否侵犯了刑法所保护的法益。尽管经济刑法所保护的法益是集体法益，但这里的法益必须可还原为个人法益的内容，才具备了入罪的门槛条件。本书认为满足法益标准，只是行为进入刑法范畴的必要条件，并非入罪的全部条件，“当刑法立法把本属于行政法调整的对象转入刑法调整的对象时，必须强化‘法益保护 + 刑法的谦抑性 + 后果考察’的正当性根据原则”①。只有经过重重过滤机制，才能在最大限度上保证刑法的安定性不被活性化的立法进程所侵蚀。② 经济刑法规制的犯罪类型与传统意义上的自然犯存在明显差异，其带有浓厚的价值判断与政策意味，换言之，这些行为在构成犯罪之前原本就违反了行政法抑或是民事法律规范，因此，是否被认定为犯罪取决于立法者的价值选择。如前所述，立法者选择了经济秩序的保障，因此大量的经济刑事法律规范不断增加。正是因为其较之自然犯，更易受政策的影响和作用，具有强烈的不稳定性，所以即使已经有法益的强调，但法益又很容易为迎合政策沦为空壳进而失去对刑罚权的限制机能。因此，在法益的基础上结合刑法的谦抑性辅之对行为结果的考察，有助于弥补法益在解释中的抽象和空洞，避免冲动的立法活动。除此之外，另有学者建议从惩罚体系改革的角度，来反推犯罪化的条件和要求。该学者从我国的“二元惩罚体系”出发，认为“犯罪化与惩罚体系的调整是‘一体两面’的关系”③，进而又指出我国刑法应当将所有涉及对公民人身自由构成剥夺的内容纳入其中，取消行政处罚中对人身自由的剥夺，进而协调刑罚与行政处罚之间的不平衡关系。④ 该观点较之于传统意义上从正面划定犯罪圈的大小，具有路径上的新颖性。依照该观点，进入刑法调整的行为必须是确实需要适用剥夺自由的方式来进行规制，因为刑罚的高度谴责性以及严重的负面效应，所以通过改变刑罚与行政处罚的内容使刑罚与行政处罚的边界真正得以厘清。

在此意义上，无论是在正面阐释犯罪化的条件还是在背面改革刑罚体系，其中都离不开对刑法与行政法等其他法律规范关系的阐明。尤其是在经济犯罪

① 姜涛：《社会风险的模式调控及其模式改造》，载《中国社会科学》2019 年第 7 期，第 128 页。

② 吴亚可：《当下中国刑事立法活性化的问题、根源与理性回归》，载《法制与社会发展》2020 年第 5 期，第 116 – 120 页。

③④ 时延安：《犯罪化与惩罚体系的完善》，载《中国社会科学》2018 年第 10 期，第 102 页。

中，刑法规制的前提一定要建立在行为对其他法律规范违反的基础上，但作为后置法，刑法的补充性并不是指行为违背行政法律规范、而且有明确的行政处罚方式，在此基础上增加更严苛的刑罚内容即是合理的立法方式。刑法的谦抑性，在经济犯罪中，对应的是刑法对其他法律规范的从属性，这里的从属不仅是指其他法律规范对失范行为规制在先，同时也代表着只能在其他法律规制不能或无力时，才能考虑刑法的启动。但是行政处罚的效果与刑罚的效果并非层级分明，事实上，行政处罚中的行政拘留甚至比刑罚中的管制对行为人而言还要严苛，而且行政权的实施比司法权的限制要宽松一些，因此，我们在划定经济刑法的犯罪圈时，如果不改革现行的惩罚体系，那么被认定为犯罪行为的经济犯罪与一般的经济违法行为仍有可能造成惩罚失衡的场景。

反观当下我国经济刑法以经济秩序为保护法益，以罪名的增加、罪状的改变、法定刑的提升为规制经济违法行为的手段，一方面在回应修改或新制定的其他部门法律规范，另一方面却在越俎代庖、大包大揽，企图通过不断前置的犯罪圈、更为严苛的法定刑来控制经济失范行为的产生。其他法律的作用在经济犯罪不断增加的情境下逐渐被稀释和淡化，辅之以政策的加持，行政法律规范与民事法律规范的存在价值越来越成为仅仅是为刑法的启动提供解释和说明，尤其是行政处罚措施的范围被限缩在狭窄的空间内反而成为刑法的补充法。换言之，在安全价值观和功能主义刑法观的影响下，刑法对其他法律规范的补充性转变为其他法律对刑法的补充，亦即现在的操作思路近乎演变为首先在刑法中寻找罪名对经济违法行为进行惩罚，只有在找不到合适罪名时，才考虑适用行政法或者民事法律进行处罚，非法经营罪严重的“口袋罪化”即是典型的例证。包括合同诈骗罪之前的滥用也存在一样的问题，只不过合同诈骗罪因为中央关于保护民营经济的政策以及“两高”在该政策之后公布的司法解释，逐渐使合同诈骗罪与一般的合同纠纷行为的界限回归本位。进一步探究，合同诈骗罪调整的背后是需要民营经济、民营企业家为低迷的经济发展提供资本、注入新的活力。因此由合同诈骗罪推及其他相关罪名，我们是否需要为限制经济创新、企业发展的罪名做出罪化设置，如虚假出资罪、非法吸收公众存款罪、骗取贷款罪等，值得进一步思考。

所以我们在肯定经济刑法立法活性化的同时，也需要论证长期以来只入罪不出罪的活性化并不具备足够的正当性。让刑法在经济犯罪的规制中扮演"急先锋"的角色，是对刑法功效的无限放大，同时也在一定程度上证明了国家的治理技术仍需要继续改进。在后疫情时代，如何刺激经济发展将会成为各国面对的共同课题，对于企业而言需要的是更加稳定、更加具有容错力的制度内容，我国经济的发展正是在不断试错中才找到了合适的道路，因此相对宽容的治理思路对于当下我国走出经济发展的颓势甚至长足的经济发展都会有积极功用。在此意义上，以刑法的安定性为基础，建立出罪、入罪并存的双轨机制，在增加新罪名的同时及时将那些阻碍经济创新的罪名剔除出刑法重新安置才是更为妥当的思路。"作为一种犯罪控制工具，刑法系统需要保持相对恒定。虽然社会安全形势面临危机时刑法应有所调整，但仍需以原初的设定为基础，这才能确保刑法体系的安全性。"[①] 故此，我们再检视 24 年以来的经济刑法发展历程，即可发现立法的重点在不断回应政策强调经济安全的同时，是所谓的活性化对安定性的减损，政策的法律化固然可以解燃眉之急，但刑法并不是救火队员，经济领域发生的"火情"既不是因刑法而起，也断不会因刑法而灭。"刑法固然是社会应对违法犯罪活动的主要手段，但其毕竟只是社会治理体系中的一环，无法独自根本性地改变孕育犯罪的社会环境，也就难以单独解决相关的犯罪问题。"[②] 大量被扑灭的"大火"，事实上是找到了火灾的源头，再结合法律规范的制度体系控制了险情。退一步言之，"即使某一行为的入罪化果真在某种程度上解决了某些重大社会问题，难道这就不值得我们反思了吗"[③]？

至此，我们在经济秩序与经济自由的博弈中肯定经济自由的价值，因为经济自由同样保证了经济秩序的实现，但经济秩序未必会保证经济自由的实现，在活性化与安定性的平衡中，我们认为应在尊重安定性的基础上妥适地追求立法的活性。这两组的论证在经济安全、经济秩序与经济自由的主题下，我们实则都是探讨如何通过对经济犯罪的规制促进经济的发展，单独强调经济安全抑

---

① 姜涛：《社会风险的风险调控及其模式改造》，载《中国社会科学》2019 年第 7 期，第 122 页。

② 王钢：《德国刑法近五十年刑事立法评述》，载《政治与法律》2020 年第 3 期，第 111 页。

③ 刘宪权：《刑事立法应力戒情绪——以〈刑法修正案（九）〉为视角》，载《法学评论》2016 年第 1 期，第 88 页。

或是放任的经济自由都不足以实现经济发展，当下我国经济犯罪呈现的状态即是对经济安全强调过多形成的刑法过剩的局面。预防性的刑事法律规范当然会保障经济安全的实现，但预防性的刑事法律规范也必定会限制经济自由进而影响经济的发展，因此在刑法中处理的经济犯罪类型就需要更加审慎，设置多种入罪过滤机制保证刑法启动的必须性及后续规制的有效性。

三、预防性刑事立法范式的主要表征

当下中国刑法身处的语境，是国际化与城市化的杂糅，是自由主义与民族主义的交杂，是权利意识的高涨与国家权力的扩张的不时冲突共同形塑而成的。在如此复杂的情势中，刑法如何发挥其惩罚犯罪、预防犯罪，甚至凝结社会共识的作用，是严谨的学术问题和社会问题。刑法作为最重要的社会治理和国家治理的手段之一，其理论构设及操作模式深受社会现实的影响，同时也反作用于社会的发展。预防性刑事立法范式即是在安全价值观的作用下通过对刑法主导性路径的改变逐步生成的，当然预防性刑事立法范式的作用也深刻地改变了社会生活的各个方面，从国家安全的维护、经济活动的开展、个人行为模式的形塑等都可以窥见预防性刑事立法范式的因子。因此本部分将在前面对我国刑法具体罪名论证的基础上总结我国预防性刑事立法范式呈现的具体表征，进而为后续探讨刑法的坚守与变革进行铺陈。整体而言，预防性刑事立法范式的内容呈现出调控时点的提前、李斯特鸿沟的贯通、道德的刑法化三个方面的特征。

（一）调控时点的提前

从事后至事前的规制思路，是一种思考模式的转向，[①] 是刑法对安全价值观主导下的风险社会做出的回应。刑法调控时点的提前是世界范围内刑法整体

① See Lucia Zedner.（2004）*Criminal justice*，Oxford University Press，p. 297.

的一种发展趋势，无论是大陆法系国家还是英美法系国家的刑事立法、刑事司法中均呈现出对一般行为的干预以及对行为人所携带特性的关注。刑法调控时点的提前，科学以及科学的产物发挥了巨大的作用，从事前的预防机制至事后的惩罚机制，科学的成果将更深度地介入。判断行为的危险系数需要借助各种科学知识、智能系统，从诊断危险到阻止危险的发生，从理论到实践的过程大量借助了其他学科的知识，甚至刑法中关于法益的理解以及实质违法性的判断也愈来愈需要借助其他领域的理论内容才能做出全面的评定。从此角度言之，刑法调控时点的提前源于整体社会治理思路的提前化逻辑，我们认识社会的方式影响了刑法对我们的作用内容进而又反作用于社会以致形成循环效应。刑法调控时点的提前是预防性刑事立法范式的首要和最直接的表征[①]，提前本身就是预防的代名词，因此通过分析刑法调控时点提前的程度可以得出我国刑事立法范式在预防性路径主导下的发展程度。

从前面关于我国刑法分则中具体罪名的论证可知，我国刑法最近几十年的发展呈现出强烈的犯罪化趋势，入罪门槛的降低、法定刑的升高成为我国刑事立法对抗风险的两大手段。在此语境下，学者还积极呼吁我国刑法应当完善轻罪体系，鼓励刑事政策与刑法的积极融合。刑法调控时点的提前，的确是刑法对社会事实的正常反应，但这一正常反应的正当性面临疑问。换言之，刑法干预时点的提前，正是对国家干预角色的延伸。[②] 刑法以惩罚犯罪、保障人权为使命，虽然惩罚犯罪的目的是保障人权，但目前存在惩罚犯罪与保障人权脱钩的情形。整个刑事立法的氛围在安全价值观的主导下愈发强调对犯罪的惩罚，哪怕这样的惩罚机制有可能侵害人权，在预防性的刑事立法范式中都认为这是对抗风险社会的风险必须付出的代价。但这样“抓早抓小”的立法思路会导致刑法社会保障有余，而限制刑罚权不足，使刑法在解决风险问题时自身也在孕育风险。[③] 而这样的风险对于刑法而言将会带来系统性危机，因为其在颠覆和超越罪刑法定原则的规定以及在不断挑战宪法的精神。因此，以下将以

① 高铭瑄、孙道萃：《预防性刑法观及其教义学思考》，载《中国法学》2018 年第 1 期，第 168 页。

② 姜涛：《社会风险的刑法调控及其模式改造》，载《中国社会科学》2019 年第 7 期，第 122 页。

③ 姜涛：《社会风险的刑法调控及其模式改造》，载《中国社会科学》2019 年第 7 期，第 123 页。

“从犯罪行为至一般失范行为”“从行为至行为人的转向”为主题对刑法调控时点的提前所反映的现象进行论证。

1. 从犯罪行为至失范行为。

从犯罪行为至失范行为是刑法调控时点提前的首要表现。所谓失范行为，大多指的是社会危害程度轻微的违法行为或一般的违反伦理道德规范的行为，如骚扰、蓄意占据街道、破坏公物、涂鸦、随地便溺等。[①] 众所周知，法律与道德、不同部门法之间所规制的行为存在差异，对于刑法而言，进入刑法范畴的行为应当是侵犯刑法法益的行为，一般的失范行为无论从刑法的谦抑性抑或是宪法中的比例原则都不应由刑法来调整。但在预防性路径的主导下刑事立法范式发生了转向，一般的失范行为也被认为存在严重的风险，这样的风险已经靠刑法之外的部门法无法有效规制，因此刑法被要求承担起社会治理的重任。故从犯罪行为至失范行为的扩张，反证出刑法从司法法至社会治理法转变的重要趋向。安全价值观对刑法范式的主导，解构并重构了我们对刑法中的行为与结果的认识。简单来说，不确定性已经渗入对行为与结果的解读之中转化为刑法对思想的干预。换言之，对失范行为的评价不仅包括这一行为本身，还包括其有可能再次发生抑或是程度加重的风险。其问题在于，这些行为本身就不该由刑法评价，更遑论让刑法规制这些行为的风险。但吊诡的是，我们现在因为惧怕这些行为的风险进而将行为与风险一并纳入刑法进行考量。易言之，曾经在刑法范畴中不惩罚这些行为是因为这些行为未达到入罪的条件与门槛，现在惩罚这些行为却是出于对这些行为的风险的恐惧，可是行为本身并未发生改变，改变的是对行为及行为附随风险的价值判断。尤其是在恐惧文化的作用下，零容忍的应对思路要求我们必须对失范行为进行严厉地规制，进而形塑公民的规范意识，减少犯罪行为的发生。

刑法对失范行为的规制，反映了政府治理风险的手段仍停留在“快速见效”的层面上，毕竟部门法中可以达到“立竿见影”效果的也只有刑法。为了安抚民心、为了显示政府的作为效果，只有稳定秩序才能让这一效果显现，因此动用刑法惩罚失范行为，虽有“杀鸡用牛刀”之嫌，但因其可以在短时

---

① 【美】乔治·凯林、凯瑟琳·科尔斯：《破窗效应：失序世界的关键影响力》，陈智文译，生活·读书·新知 三联书店 2014 年版，第 19 页。

间内恢复秩序、解决混乱而备受推崇。推崇的背后需要正视的是在合法的手段中我们已没有比刑法更严厉的措施可以采用，一旦刑法在短时期内无法稳定秩序，我们似乎并没有更好的解决办法。换言之，刑法在当下社会被当作其他法律治理无力的退路，可是刑法本身在现代社会的法律制度构建中已是终局方案。当下对刑法的万能使用，本身就在透支刑法的价值，因为这样的治理模式正在培养民众对刑法的极度依赖，在此意义上与其说政府此举有部分原因是为了培养国民的规范意识，不如说此举恰好形塑了公民的重刑意识。尽管学者们从法益的角度为失范行为的入罪化寻找背书，进而去证明刑法并非对所有失范行为都进行了调整，刑法仍然是遵循了谦抑性的原则。本书同样认为我国当下刑法关于失范行为的入罪化的确设置了门槛，虽然这样的门槛在一定程度上正当性不足，但肯定不是所有的失范行为都已经入罪，否则我国当下就只有刑法而不存在其他部门法了。可是失范行为的频繁入罪本身就足以说明刑法的发展出现了问题，尤其是在失范行为入罪条件值得推敲的情况下，更需要仔细论证刑法入罪的门槛。

从系统论的立场来看，法律体系内部的不同子系统所承担的功能存在差异，每个子系统对同一个问题的反应并不相同，刑法因为严厉的法律后果因此其不调整失范行为，而是由其他部门法进行规制。① 正是因为不同部门法之间的明确分工，才能保证各个部门法充分发挥预定作用。当然，会有学者认为不同部门法的功能可以随着社会现实的变化进行调整，所以当功能调整后，不同部门法处理的对象自然较之调整前会出现不同。事实上，关于系统功能调整的必要性和现实性在学界基本上没有争议，争议的焦点在于调整什么以及如何调整。在一定程度上，要求刑法对失范行为进行规制多是从刑法系统出发得出的结论，是一阶观察的表现。而如第二章风险社会学中的内容所述，一阶观察会产生认知的盲点，进而导致刑法的反应往往只沉浸在自身所能观察的侧面上，形成失真的反应。事实上，在“每一个系统中，每一个操作只是许多操作中的一部分，所以每一个操作都可以被系统中的其他操作所观察”②。因此，在刑法范畴中坚持二阶观察就是对观察的观察，不仅观察刑法当下的反应，还观

①② 秦明瑞：《系统的逻辑——卢曼思想研究》，商务印书馆 2019 年版，第 288 页。

察其他系统尤其是法律子系统对政治系统、经济系统、文化系统、科技系统等的反应，以及观察不同系统之间的沟通方式与效果，进而得出刑法应“如何做”的方案。所以从二阶观察的立场来看，当下刑法的反应忽视了自身功能的局限，忽视了其他系统功能的发挥，忽视了系统之间的沟通以及功能分化的社会现实。因此，刑法需要为自身的发展做出正确的决策，当下刑法关于失范行为的过度规制显然是刑法系统对政治系统的过度附庸，进而使刑法将政治系统对抗风险的策略奉为圭臬，淡化了自身所追求的独立价值。

2. 从行为至行为人的转向。

刑事立法的核心是要确定犯罪与刑罚的内容，但作为主体的“人”在科学的视野中内涵逐渐多元，对人本身的挖掘关涉身体举动的认识、犯罪原因的解释、规制措施的有效以及刑法本身的作用认定。因此，对人的解释是一个初始命题。刑法中探讨的人除了自然人，还包括拟制的人（单位），此处只涉及对自然人的解释。人是否具有自由意志、是否所有人均可被矫正，这两个问题的回答是深入论证哪些因素可以成为充足刑法中行为主体的核心，而人本身是否在任何情况下均是目的，则关涉刑法中惩治模式的内容构成。首先是关于自由意志的问题，刑法中假定人具有相对的自由意志，而关于人是否真的具备绝对的自由意志、人的自由意志发展到什么程度、不同个体之间存在何种差异，需要大量的数据和可证伪的实验进行证明。尽管目前仍没有确定的结论，但关于人本身的研究却在不断前进，尤其是基因工程和生物技术对人类行为模式的认识不断深化。发人深省的是，医学的发展不仅定义了健康与疾病，也形塑了刑法范畴中正常人与危险分子的分类。这一点不仅在犯罪圈的划定上体现出来，在惩治模式上亦有表征。当下的惩治模式一部分是对肉体的惩罚和治疗，另一部分是则针对精神抑或是灵魂。

趋利避害是人的本性，这也是刑法中围绕人所设定的犯罪和刑罚内容不能脱离的原点，更直白而言，刑法中的人一直以来都是“理性人”，而刑法中的制度构设亦是以此为基，尤其是惩治内容的适时调整均是出于行为人避害的本能，进而实现对犯罪行为的遏制。我们承认，科学对人本身的不断挖掘，不仅包括对头颅骨的上千例研究所促生的天生犯罪人理论的产生，也不仅仅是基因工程所证明的染色体异常可能促生的反社会人格的犯罪原因，更包括通过大量的实证研究证明的家庭环境对一个人行为模式及之后的犯罪类型的反复验证等。谈及上述理论，并非全盘接受其全部内容，只是为了说明在工业革命之后科学对刑法的影响一直在加深。“传统的、正宗的、原初的行为人刑法思想，是将行为人的人格因素限制在刑罚论的部分，而在犯罪论的部分，则始终坚持行为刑法。”[①] 但令人忧虑的是，在刑法科学化的过程中，人所携带的自然属性与社会身份被贴上了各种标签，成为影响定罪量刑的关键要素。

如福柯所言：“侵权行为受到惩罚，但侵略性格也同时受到惩罚”。[②] 对侵略性格的惩罚实则是对风险的规制。一方面由于对人的认识不断深入；另一方面由于时空背景的转变导致的新的社会关系、分工形式、纷争类型，所以进入刑法视野中的内容和时点也在不断调整。当然行为仍属于刑法调整的重要内容，但对行为是否严重侵害社会关系或法益的评判标准愈来愈依赖科学的因子，一方面使行为的评定具有了相对客观的标准；另一方面也导致了曾经被视为中性的身体举动亦被纳入现行刑法之中，而在此类中性的身体举动被惩罚的背后是对思想的干预。不法与有责、客观与主观的结合似乎可以诠释犯罪的构成与核心，但事实是行为人本身所携带的属性，如民族、种族、性别、职业、宗教信仰、身体状况、疾病类型、成长环境、教育背景、过往经历等履历表中通常出现的元素也是评判行为人所实施的行为是否为犯罪行为的重要指标。上述因素的考量是因为在科学的视阈中它们或单独或杂糅呈现在危险的刻度表上，显示出具体的等级系数。借助科学，做什么和是什么在刑法中都具有了重要的评价意义，尤其是行为主体的特质与属性，促生了大量治疗手段在刑法中的适用。惩罚机构也从最传统的监狱扩展至包括社区、医院以及其他矫正机构等。矫正、治疗的表达较之惩罚不仅易被民众所接受，更有助于正当化安全与危险的二元群体划分。

从行为到风险的重心偏转，学者用恐怖主义、核危机、极端事件等的灾难性后果进行合理性的证成，但这也无不在显示“无论是个人还是机构，在面

① 车浩：《刑法教义的本土形塑》，法律出版社 2017 年版，322 页。

② 【法】米歇尔·福柯：《规训与惩罚》，刘北成、杨远婴译，三联书店 2012 年版，第 18 页。

临极少出现的巨大危险（死亡危险）时，都倾向于采取不理智的回应”①。的确，小概率事件会引发灾难性的后果，故上述犯罪行为的确有必要使用特殊措施和动议来避免发生。但这并不意味着应对极端事件的“先发制人”策略可以直接应用来指导刑法的制定。“预防优于治疗”的格言当被深信不疑地适用于刑法领域，演变成预防性逻辑进而突破危害性原则左右犯罪圈的划定时，刑法已经被大大扩张了，扩张的背后是被扩大的刑法效用。涂尔干曾言：“刑法的真正作用在于，通过一种充满活力的共同意识来极力维持社会的凝聚力。它是一种标志，说明集体感情仍然是完整无缺的，触犯社会的犯罪行为必须以此作为抵偿”。② 不可否认，尽管刑法中增加了大量的法定犯，但从司法实践中“情理与法理”的典型案例绝大多数为刑事案例，即可知在当下社会刑法仍然具有凝聚人心的作用。“法律不只是解决纠纷的手段，它也是传达意义的符号”③，故刑法中应规定哪些内容，面对科学应持何种立场，就不是无关痛痒的事项。换言之，刑法可以凝聚人心实现积极功能便于国家治理民众，亦可制造混乱与障碍。至此，刑法调控时点的提前从短期来看有利于社会秩序的快速稳定，但刑法的发展不只是追求眼前的效果，还有长远的效果需要考虑。尽管刑法借助科学使刑事立法技术不断提升，使犯罪和惩罚的内容有了可以依凭的具体标准，完善了保障人权的措施，保障了社会秩序的实现，但科学的泛化导致的刑法科学化在当前语境中使刑事立法中弥漫着预防性的逻辑，在此逻辑指引下的刑事立法通过增删修改刑法践行着从行为到风险的重心偏转，刑法在实现惩罚功效的同时也在暗中实现阶层区隔的功能。

（二）李斯特鸿沟的贯通

在预防性路径的深刻作用下，刑事政策对刑法的融入与影响达到新的高度，学界现在关注的焦点不是刑事政策是否应该进入刑法，而是刑事政策势必

① 【德】乌尔里希·齐白：《全球风险社会与信息社会中的刑法——二十一世纪刑法模式的转换》，周遵友、江溯等译，中国法制出版社 2012 年版，第 198 页。

② 【法】埃米尔·涂尔干：《社会分工论》，渠东译，三联书店 2013 年版，第 70 页。

③ 梁治平：《寻求自然秩序中的和谐：中国传统法律文化研究》，商务印书馆 2013 年版，第 3 页。

要进入刑法范畴之后我们如何防止刑事政策对刑法的不当影响。事实上，关于刑事政策与刑法之间的关系从费尔巴哈、李斯特至罗克辛，学者关于这两者的关系从绝对不允许刑事政策对刑法进行干预至允许刑事政策在合理的限度内对刑事立法进行作用，再至要跨越刑事政策与刑法之间的鸿沟。观点的转变首先是由于社会背景的转变导致学者关于犯罪论体系有新的认识与见解，如罗克辛所提倡的目的理性犯罪论体系对李斯特所坚持的目的犯罪论体系的改进，因此要求刑事政策不仅在刑罚论中体现，而且在犯罪论体系各个层面均要体现，除此还因为学者间关于刑事政策的理解并不一致，如罗克辛误读了李斯特鸿沟的内容，进而误解李斯特认为刑事政策完全不可以进入刑法教义学的内容，进而提出要跨越李斯特鸿沟，实现刑事政策与刑法之间的互动。以此为基础，本部分以李斯特鸿沟的贯通来阐述预防性刑事立法范式所呈现的刑事政策刑法化的表征。“‘李斯特鸿沟’是对刑事政策与刑法教义学区隔状态的描述。”①

经历了启蒙运动的洗礼以及罪刑法定原则的确立，刑事政策与刑法之间的关系原本已经很清晰地体现，刑事政策不能直接作用于刑法，以免破坏罪刑法定原则。但当下社会关于刑事政策与刑法之间的界限以及可能的互动在对抗风险社会的大背景下重新进行了诠释，刑事政策对刑法的影响从立法、司法至刑法解释各个环节都进行了体现。从刑法功能主义看来，所谓“刑法是刑事政策不可予越的屏障”② 的内容必须进行变通，因为“‘李斯特鸿沟’的存在，使法的安定性与正义处在一种紧张关系之中”③，但如何变通以及变通后的法律效果究竟如何是不得不考虑的问题。尽管罗克辛提出要跨越李斯特鸿沟，但罗克辛所坚持的仍然是以形式理性为主的刑法观、以自由为导向的刑事政策，与之不同的是，当下刑法学界持积极预防观的学者不断强调实质理性的重要性，强调个案正义，更重要的是其所坚持的刑事政策是以安全为导向的刑事政策。

当国内刑法学界在积极肯定刑事政策的作用，构建各种跨越李斯特鸿沟的

---

① 张翔：《刑法体系的合宪性调控——以“李斯特鸿沟”为视角》，载《法学研究》2016 年第 4 期，第 42 页。

② 【德】克劳斯·罗克辛：《刑事政策与刑法体系》，蔡桂生译，中国人民大学出版社 2011 年版，第 3 页。

③ 车浩：《刑法教义的本土形塑》，法律出版社 2017 年版，190 页。

方案时，暗示着这样的鸿沟阻碍了当下刑法的发展、不利于刑罚预防犯罪功能的有效实现，进而才需要跨越和贯通。但问题在于，李斯特所表达的“刑法是刑事政策不可逾越的屏障”并不代表刑法与刑事政策的绝对隔离，当下学界关于李斯特鸿沟的理解首先并不统一，另外，在很多情形中存在对李斯特鸿沟的误解，进而在误解的基础上去设计贯通的方案。因此，对于李斯特鸿沟是坚持还是跨越，首先应该阐述清楚李斯特所提出的李斯特鸿沟与罗克辛以及国内很多学者所解读的李斯特鸿沟存在何种差异，进而阐明我们跨越的是李斯特认为的李斯特鸿沟还是经过改编后的李斯特鸿沟，否则我们不仅误解了李斯特，还误解了罗克辛。其次，即使认同李斯特鸿沟的跨越，但认同的基础在于刑法应以保障人权为最重要的使命，毕竟个体可以实现救济的法律手段仍然有限，如果刑事政策的刑法化以秩序与安全的实现为第一职责，那么个体寻求救济的手段将有可能成为合法侵害个体权益的工具。

对于第一个问题，李斯特所表达的李斯特鸿沟，是指“在刑法规范和刑法体系被确立之后，在适用刑法规范和刑法体系的过程中，将刑事政策的目的性思考严格控制在刑罚规范和刑法体系所许可的范围内，坚决反对逾越刑法规范与刑法体系而作刑事政策的考量”①。李斯特之所以强调刑事政策与刑法之间的“鸿沟”，是基于李斯特对刑法保障人权的严格强调，因为刑事政策的政治属性，势必将政治意见与观点代入刑法之中，进而影响刑法的自主性限度。因此，本着对形式理性的恪守与对罪刑法定原则的坚持，李斯特认为不能跨越的鸿沟是刑事政策对刑法的渗入不应以预防犯罪之名去侵害人权，刑法的终极价值是对自由与人权的保障。罗克辛批判了李斯特的观点，提出要在刑事政策的基础上构建犯罪论体系，随后其在目的理性犯罪论体系的构建中进一步强调从不法至有责阶层均要发挥刑事政策的功能。罗克辛对李斯特的质疑在于，其认为李斯特所表达的“刑法是刑事政策的藩篱”是在排除刑事政策对刑法的作用，但是李斯特作为目的刑论者，他同样认同刑罚预防犯罪的功能，只不过其认为预防犯罪的方式不能伤及公民的自由。罗克辛尽管通过改造犯罪论体系将刑事政策与刑法进行融合，在倡导法益论与客观归责的基础上重新解释入罪

① 邹兵建：《跨越李斯特鸿沟：一场误会》，载《环球法律评论》2014年第2期，第137页。

的过程，同时也根据风险社会的特征积极推进刑罚的一般预防作用，但在罪刑法定原则的坚守与以自由为导向的刑事政策上其与李斯特观点并无差异。[①] 因此，罗克辛所提出的跨越李斯特鸿沟不过是解释犯罪论与刑罚论的新的路径，之所以如此强调跨越乃是因为其力图使刑法摆脱封闭性而具有更强的开放性，可以较为迅速地反映社会现实的变化。但其“通过歪曲李斯特鸿沟的本意来论证跨越李斯特鸿沟的必要性，并未真正跨越李斯特鸿沟”[②]。在此意义上，我们认为预防性刑事立法范式中所要求的刑事政策对刑法的积极作用，与李斯特的观点并无实质抵牾。之所以有学者提出贯通李斯特鸿沟，无非认为李斯特关于刑事政策的适用限制过于严格，持此观点的学者认为无论在刑事立法层面还是刑事司法层面都应为刑事政策的限制进行松绑。[③] 就立法层面而言，在风险社会理论的影响下，刑事政策对刑事立法的作用限度愈加突破，尤其是在具有悠久实质理性传统的我国社会，实质理性与形式理性之间的关系在新时代如何平衡，关涉刑事政策对刑事立法作用限度的厘定。就司法层面而言，持此观点的学者还强调刑事政策应该直接作用于刑事司法，这超越了李斯特所认同的刑事政策的作用范围。因此，当下我国刑法学界以安全为导向的刑事政策与李斯特、罗克辛所坚持的以自由为导向的刑事政策存在根本差异，在此指引下所实现的贯通李斯特鸿沟自然会导向与罗克辛不同的结果。因此，以下将以超个人法益主导下的贯通理念以及违背比例原则的贯通手段阐述我国刑法学界在贯通李斯特鸿沟的过程中存在的问题。

1. 超个人法益主导下的贯通理念。

超个人法益主导下的贯通理念主要通过法益侵害说来实现刑事政策对刑事立法的影响。超个人法益较之个人法益，具有新颖性、易变性、抽象性等特征，因此，基于超个人法益与政策之间天然的亲近性，其成为政策在刑事立法中的更容易被人接受的代名词。自从法益侵害论成为入罪判断的重要标准以来，刑法中对法益的界定多是从个体法益进行描述，对于超个人法益的强调是在所谓的风险社会作用下促生的新内容。超个人法益又被称为集体法益，本书

---

①② 邹兵建：《跨越李斯特鸿沟：一场误会》，载《环球法律评论》2014年第2期，第139页。

③ 陈兴良：《刑法教义学与刑事政策的关系：从李斯特鸿沟到罗克辛贯通》，载《中外法学》2013年第5期，第994－1005页。

在阐释经济犯罪时已经分析了个人法益与超个人法益之间的关联，特别指出个人法益的优先性①，因此刑法中保护的超个人法益必须是能够还原为个人法益的法益，除此之外的超个人法益都不应纳入刑法范畴。从目前我国刑法的罪名设置以及修正情况来看，刑法中的新增罪名绝大多数规定在经济类犯罪、秩序类犯罪以及安全类犯罪，被创造的犯罪类型愈加增多。从对恐怖主义的零容忍、经济犯罪的治理、贪腐类犯罪的严惩、涉黑涉恶类犯罪的打击以及公共安全类犯罪的控制，在持续高压的刑事政策作用下，刑法的犯罪圈不断扩大，法定刑普遍提升。关于秩序与安全的口号不仅被用来教育民众要有风险意识和规范意识，同时还转化为刑法中的超个人法益的内容生成为刑法中的罪名。立法者关于风险社会的研判，近乎取消了宽严相济刑事政策中从宽的一面，恐惧文化的巨大作用以及安全价值观的形成，使在刑事立法中提及“从宽”似乎就是对犯罪的纵容。这也可以解释为什么刑事政策对刑事立法的作用过程基本上是入罪的过程，因为安全的优先性决定了当下的刑事政策只能以安全与秩序作为核心内容，包括所谓的安全感也与个体权益没有直接关联，如为了保障民众的安全感，刑法中新增的针对高空抛物以及抢夺方向盘的行为分别被规定进妨害社会管理秩序罪与危害公共安全罪之中。因此，超个人法益的类型本身就属于当下刑事政策重点强调的内容，故认同甚至鼓励刑事政策的法律化，就必然涉及如何在刑法中处理超个人法益的问题。因为对超个人法益的处理，就是在回答刑事政策对刑法作用的限度与边界，也是在回应刑法应坚守与变革的内容。

超个人法益与治理风险社会的刑事政策之间的一致性，推动了刑事立法中对预防性路径的体现，预防性的刑法范式即是以此为基础形成。如前所述，超个人法益对个人法益的可还原性是其存在于刑法的重要条件，但作为法外因素的刑事政策究竟来源于何处，却并未有明确的答案。我们知道，刑事政策是社会政策的一部分，但刑事政策对刑法的作用决定了不能从宽泛的角度来解读刑事政策的内涵。刑事政策基于社会现实，同时也是对社会现实的价值判断。但问题就在于，笼统地使用政策、刑事政策抑或是从其他学科领域进行描述似乎都无法为刑事政策对刑法的作用提供足够有说服力的背书。因为作用于刑法的

① 刘艳红：《实质出罪论》，中国人民大学出版社 2020 年版，第 193 页。

刑事政策将最终对个体的自由及生命产生影响，故此跨越这座鸿沟的桥梁必须足够坚实，能够在零容忍的思路下顾及人权的保障。即使如此，大量的案例式立法与情绪式立法正在显示刑事政策的强大威力，即可以在假想的基础上实现对行为的入罪。因此，一方面我们要求法益的认定要回归至人权的保障，另一方面却在贯通李斯特鸿沟时淡化了对人权的保障。看似矛盾的表达背后实则是要求人权的妥协与减损，换言之，当从法益的角度探讨超个人法益时，我们会认为超个人法益的重点在于法益本身，因此其应该服务于个体合法权益的实现，而从刑事政策的角度来分析超个人法益时，却发现超个人法益的重点在于超个人，因此对于超个人的某些主体、特定的领域、范围的利益保护成为重点。而当下存在问题的正是从不受限制的刑事政策角度得出的超个人法益引发的风险，换言之，本书肯定超个人法益的存在，但如果学界只是一味地强调刑事政策的刑法化，而不从宪法的层面对刑事政策进行限缩，那么超个人法益的存在将会滋生刑法内部最大的危险，即突破罪刑法定原则的精神使刑法成为合法的侵犯人权的手段。

除此之外，超个人法益在刑法中的风靡，使我国传统文化中重实质理性轻形式理性的操作路径重新获得认同。学者在诟病刑法的封闭性时，似乎忘记了刑法与其他部门法的价值设定本就不同，刑法无法如其他部门法，尤其是像民法一样鼓励意思自治，较之于其他法律规范“柔”的特征，刑法充满了刚性。刑法的刚性抑或是刑法的封闭性，在很大程度上正是罪刑法定原则的精义和要求。如果刑法的入罪化条件可以被随意规定、刑法规范的解释随时变动，这样的刑法如何保障人权、如何实现正义？因此，当司法实践中一些可能被判处死刑的案件被适用刑事和解的背后，是刑事政策对刑事司法的不当作用，当刑事立法中频繁以秩序与安全为名不断增加新罪名，尤其是保护特定行业、特定主体的罪名时，如骗取贷款罪、非法吸收公众存款罪、暴力袭警罪等背后是刑事政策对刑事立法的不当作用。

在上千年“礼法文化”的强力辐射下，我们本就习惯用政策去影响立法和司法，这样的习惯至今仍有深厚的基础。因此，在安全价值观的作用下一切以预防为先导时，与政策内涵契合的实质理性立法观念自然会重新占据上风，依据实质理性观制定的法律条文只是从短期来看会实现预防犯罪的效果，从长期来看，其不仅因为欠缺立法事实无法有效规制犯罪，而且还破坏了罪刑法定原则的精神、污名化了刑法。因此，在现阶段形式理性尚未完全形成的情况下，贸然拔高实质理性的重要性，无疑会使形式理性的恪守更加举步维艰。我们承认追求实质理性的正当性，但实质理性的追求必然要以形式理性的遵循作为基础。对形式理性的强调并非挤压实质理性的作用空间，刑法的抽象性与最后的实践性决定了实质理性大有所为。[①] 但“完全抛开形式理性一味追求实质理性必然会走向自我瓦解。在某种意义上，形式理性也是一种实质理性——一种更为长远的实质理性”[②]。因为实质理性与政策的暗合会使其法律效果具有瞬时性和一定的片面性，只有在形式理由的基础上去实现实质理性，才有可能使政策的负面作用最大限度地得以避免。

因此，超个人法益在当下语境中虽然被放置在法益类型中进行探讨，但法益本身对刑罚权的限制功能在关于超个人法益的诠释中经常得不到体现，反而总是存在通过“超个人”的正当性去证明这样类型“法益”的正当性。此种倒果为因的证明思路以贯通李斯特鸿沟为名，置刑法的价值与宪法的原则于不顾，因此以下将以宪法中的比例原则来阐述部分学者在贯通李斯特鸿沟过程中手段中存在的不当之处。

2. 违背比例原则的贯通手段。

“比例原则在西方国家不仅已经发展成为公法领域的一项‘帝王原则’，而且成为国家公民的基本权利的‘安全阀’。”[③] 刑事政策刑法化的一个重要的问题即在于其违背了宪法中的比例原则。如前所述，在贯通李斯特鸿沟的过程中，容易出现保护超个人法益不妥适的情况，通过刑法保护了不该保护的法益，不仅违反了刑法中的谦抑性，更是对宪法中的比例原则的悖逆。比例原则，强调的是保护目的的手段的适当。这一原则对于当下自由与安全的关系处理具有至高的地位。同时，本部分将从宪法的角度审视刑事政策的内容与法益的核心，更进一步确定进入刑法范畴的刑事政策的范围与类型，阐明当下刑事

---

① 张翔：《形式法治与法教义学》，载《法学研究》2012 年第 6 期，第 9 页。

② 邹兵建：《跨越李斯特鸿沟：一场误会》，载《环球法律评论》2014 年第 2 期，第 141 页。

③ 姜涛：《追寻理性的罪刑模式：把比例原则植入刑法理论》，载《法律科学》2013 年第 1 期，第 100 页。

政策与刑法的互动必须在宪法的框架与秩序下开展，脱离宪法架构泛泛地谈刑事政策与刑法的融合势必侵蚀刑法的精神与灵魂。政策的功利性与权力的干预性，决定了政策只要能够控制犯罪，该政策自然会对权力形成强大的诱惑，就存在被权力使用的机会和可能。[①] 尤其是当刑事政策主导刑事立法模式时，"政策总是希冀通过立法解决某一个时期出现的社会问题，尽管这一问题是在特定场合、特定时间下突变的，而非一种稳定的现象"[②]。因此，我们强调比例原则在刑事政策刑法化中的适用，正是因为不稳定的政策正在转化为刑法中的大量以保障秩序与安全为名的抽象危险犯，整体而言，我国当下的刑事立法对刑事政策存在反应过度的问题。

对此问题基于安全价值观以及恐惧文化的理论我们可获知，风险的出现、流动及表达与极端的恐惧与极端的安全需求之间形成了循环效应，政府将安全作为首位价值来作为制定政策的起点与核心，甚至可以说当下几乎所有的政策都与安全存在千丝万缕的联系。因此，刑事立法的反应过度是因为政策的强势地位，而政策的强势地位又源于政府在社会治理中的强势，因为民众越恐慌就越需要政府，无形中"让渡"出更多权利交予政府，进而促使了政府权力的进一步膨胀与扩张。虽然刑事立法与刑事政策的源头基本上都源于国家权力机关，但刑事立法的相对稳定性不利于解决突发事件和紧急状态，而刑事政策虽然具有灵活性但更容易被人诟病为不具有合法性，因此最佳的解决方案就是建立刑事政策对刑事立法、刑事司法的作用机制，确保刑事政策可以及时、迅速地在刑法范畴中得以体现。因此，刑事立法对刑事政策的反应过度一方面是因为刑事政策本身的特性导致的，另一方面则是因为刑事政策对刑事立法的主导作用，导致刑事立法的反应过于被动，在面对追求零危害、零容忍的刑事政策时，只能以个体的权益与自由的妥协和让步进行交换。但这样的妥协与减损是否具有正当性从刑事政策本身以及刑法内部无法得出准确答案。因为从刑事政策本身来论证刑事政策对刑事立法作用的界限，多半只会从其现实性得出其正当性的结论，而刑法中关于法益的理解以及预防的限度，始终需要从宪法中寻找更为坚实的支撑。从宪法层面来统筹刑事政策与刑事立法的一体性，将会使

①② 何荣功：《自由秩序与自由刑法理论》，北京大学出版社 2013 年版，第 142 页。

这两者具有共同的沟通体系，使刑事政策对刑事立法的作用限度有更为合理和科学的评断标准。

从宪法层面来看，刑事政策与刑法之间的冲突可以被诠释为两种宪法价值的冲突。① 刑事政策因预防犯罪的属性其更凸显的是安全与秩序，而刑法因罪刑法定原则的确立其更强调的是自由与人权，因此刑事政策与刑法之间的冲突就转变为安全与自由的冲突。我国宪法关于国家机关职责的描述以及公民权利的规定，为刑事政策的框架注入了内容，换言之，刑事政策不应指国家提出的所有政策内容，其仅指不违背宪法精神和宪法规范的政策类型。例如，非法扰乱国家机关工作秩序罪的规定就因涉嫌侵犯公民的基本权利而受到质疑，这样的罪名对应的是为了保护特定主体的利益，违背了宪法关于国家机关为人民服务的宗旨要求、侵犯了公民基本权利的发挥，因此纯粹以维护特定领域和特定主体的利益为目的而提出的刑事政策，就不属于正当的刑事政策进而丧失了合法性。因此，通过宪法对刑事政策的外延进行过滤有利于控制进入刑法范畴中的刑事政策的类型，使那些涉嫌侵犯人权与自由的刑事政策可以从宪法的层面进行排除。不仅是刑事政策，对于刑法中的法益同样需要从宪法的层面进行解释，如前所述，超个人法益作为贯通李斯特鸿沟的理念对罪刑法定原则造成了很大的冲击。如果仅从宪法层面限缩了刑事政策，而对法益放任不管，那么只是从形式上框定了刑事政策，因为法益同样会传达出刑事政策的精神，因此对刑事政策和法益的宪法解读必须双管齐下，进而依靠宪法来检测刑事政策的刑法化是否违宪。“立法者的纯粹心愿和喜好无法提供刑法的合法性，能够提供此种合法性的只能是宪法。”② 因此，在以安全为导向的刑事政策作用下，安全易被作为新的目的进行设定，但宪法与刑法的内容与价值都无法证明安全在刑法中的优先性，如前所述，罪刑法定原则的价值就注定了刑法的相对封闭性，刑法无法如其他法律一样可以在社会治理中积极活跃，“过分强调‘刑法应当回应刑事政策’具有改变刑法属性的危险，危及刑法的安定性和公平

① 张翔：《刑法体系的合宪性调控——以“李斯特鸿沟”为视角》，载《法学研究》2016 年第 4 期，第 48 页。

② 张翔：《刑法体系的合宪性调控——以“李斯特鸿沟”为视角》，载《法学研究》2016 年第 4 期，第 54 页。

性"[①]。刑法中当然可以增加以保护秩序与安全为法益的罪名，但纯粹保护秩序与安全的罪名则是刑事立法中目的设定的不妥适。而轻罪的积极设置忽视了其他法律规范的治理功效是手段择取中的不妥适。因此，在安全价值观的主导下，力图通过刑事政策的刑法化来贯通李斯特鸿沟，呈现出的是刑法目的与刑法被作为手段的部分不妥适。

无论是坚持李斯特鸿沟还是要贯通李斯特鸿沟，都必须妥善处理刑法的形式正当性与实质正当性的关系。如前所述，对罪刑法定原则的坚持即是对李斯特鸿沟的坚守，但刑法同样需要追求实质正当性，即解释刑法为何如此规定的理由，这一理由将主要依靠比例原则进行证明。当然，具备比例原则并不是正当刑法的充分条件，但是不具备比例原则的刑法将注定是不正义的。[②] 因此，我们运用比例原则中的目的正当性原则、手段必要性及限制妥当性来分析，即可发现在贯通李斯特鸿沟的过程中这三个方面均存在不同程度的问题。在目的正当性方面存在将一般法益纳入刑法处理的问题，在手段的择取中模糊了民事侵权、行政不法与犯罪之间的界限，在限制妥当性方面并没有充分的证据证明成本与收益的大小。[③] 从积极刑事立法观的提倡以及鼓励轻罪的设置，刑法作为宪法的子法要以宪法中基本权利的内容作为刑事立法的边界。既然贯通李斯特鸿沟必然涉及对公民基本权利的限制，那限制的依据也必须来自基本权利的规定才能为这样的举措提供证成。当下对以安全为导向的刑事政策的狂热信仰，使刑事立法丧失了克制与审慎，快速反应的背后是更低的容忍度，但通过刑法的干预也限制了事物向好发展的可能性。对于支持贯通李斯特鸿沟的部分学者而言，的确是打开了刑法的封闭性，将其他内容引入刑法之中，使刑法的实质理性得以发展，但这样的实质理性却因偏离了比例原则而失去了一定的正当性。

作为成本如此高昂的法律，"立法者的纯粹心愿和喜好无法提供刑法的合法性，能够提供此种合法性的只能是宪法"[④]。对于支持贯通李斯特鸿沟的学

---

① 何荣功：《自由秩序与自由刑法理论》，北京大学出版社 2013 年版，第 144 页。

② 姜涛：《追寻理性的罪刑模式——把比例原则植入刑法理论》，载《法律科学》2013 年第 1 期，第 103 页。

③ 姜涛：《追寻理性的罪刑模式——把比例原则植入刑法理论》，载《法律科学》2013 年第 1 期，第 105 - 106 页。

④ 张翔：《刑法体系的合宪性调控——以"李斯特鸿沟"为视角》，载《法学研究》2016 年第 4 期，第 54 页。

者而言，如果需要继续推进刑事政策对刑法的正向作用，那么不仅需要证明刑事政策上的当罚性，更重要的是要夯实刑事政策意义上的需罚性。[①] 当前从当罚性直接得出需罚性的结论，即是从目的正当反推手段正当的逻辑，其不仅造成了重刑主义的蔓延，使刑法的发展突破了宪法的边界，而且使宪法关于人权保障的目标落空，进而使国家权力本身也面临着合法性丧失的风险。[②]

（三）道德规范的刑法化

道德规范的刑法化，是预防性刑事立法范式的另一种主要表征，其主要表现为刑法通过增设轻罪来达到提升公民规范意识的目的。当下刑法学界的主流观点认为刑法与道德应保持界限，尽管刑法是最低义务的道德，但刑法不应直接调整道德规范。关于刑法与道德之间的关系演变，源于法律与道德的关系处理，在法律自由主义与法律道德主义的论战之中，法律道德主义因道德的抽象性、不确定性等特征逐渐被学界放弃，学者们纷纷改采法律自由主义的观点。依法律自由主义之观点，“政府和社会对个人行动进行限制的唯一正当理由是他们的行为对别人造成了权利或利益上的伤害”[③]。在呼吁人权保障的背景下，法律自由主义以对法律的明确性要求以及对个体自主权的尊重深刻地改变了立法、司法以及法律解释的标准。法律自由主义的大获全胜使刑法中入罪的标准渐趋统一，对法益的侵犯成为检测行为是否应作为犯罪处理的重要前提。但是仅将法益诠释为刑法保护的利益并不足以说明刑法中保护此利益的本质，因此，有学者从宪法的基本权利中去提取刑法中法益的内核，有学者认为法益的本质仍然脱离不了社会中的伦理道德规范，刑法中规制的内容不可能是没有侵犯伦理道德规范的行为。尽管两种观点关于法益的本质理解存在差异，但两种观点都不认为刑法应该直接去干预伦理道德规范的内容，尤其是刑法禁止进入利他型的规范内容。

---

① 姜涛：《追寻理性的罪刑模式——把比例原则植入刑法理论》，载《法律科学》2013 年第 1 期，第 107 页。

② 姜涛：《刑事立法的宪法边界》，载《国家检察官学院学报》2019 年第 6 期，第 89 页。

③ 郑玉双：《法律道德主义的立场与辩护》，载《法制与社会发展》2013 年第 1 期，118 页。

在法益保护大放异彩的同时，近年来在我国刑法学界出现了另一种声音，即要求刑法通过增设轻罪提升公民的规范意识。这样的观点不仅在学界有大量学者支持，而且也获得了立法者的肯定，进而自《刑法修正案（七）》至《刑法修正案（十一）》中逐步增加轻罪欲达到提升国民规范意识的目的。在认为增设轻罪并不违反法益保护的学者看来，在风险社会的时代刑法必须从自由主义转向功能主义，刑法只有提前保护才能遏制风险的滋长，另外，刑法中增设轻罪可以避免司法实践中在刑法规定不明确的情况下重罪的滥用。[①] 但从目前我国刑法中所增设的轻罪来看，有相当部分罪名事实上进入伦理道德规范的界阈，如新增加的高空抛物罪、妨害安全驾驶罪以及此前通过的危险驾驶罪等，从这些罪名的罪状来看，抽象危险犯的构造与1年以下有期徒刑抑或是拘役的配置构成了这些罪名的基本内容。本书认为即使是坚持刑法自由主义、刑法功能主义的学者都承认刑法与道德之间的密切关联，但刑法与道德的关联，不代表刑法应该直接评价道德失范行为。这些行为虽然已经先行被行政法律规范、民事法律规范所调整，而且刑法中就此类型行为的严重侵害也规定了相应罪名，如危险驾驶罪对应的重罪名包括交通肇事罪、以危险方法危害公共安全罪、过失以危险方法危害公共安全罪、故意杀人罪、故意伤害罪等。因此，刑法中对这些轻罪的规定是在人为设置幅度的情况下，将那些比通过其他法律规范规制的行为严重、但比刑法中重罪要危害轻微的行为独立成罪，进而将所有的“漏洞”填平从而达到全面规训个体的目的。本书认为轻罪的大量设置，是对刑法道德主义的变相认同，这样的观点实则是认为刑法应该进入公民的大脑来直接左右个体思想，这样才能达到防患于未然的目的。从此角度言之，轻罪的设置与道德的刑法化之间存在密切的关联，道德的刑法化体现为刑法中急剧增加的轻罪名，刑法的轻罪被认可的同时加剧了刑法对道德的直接干预。因此，以下将以道德刑法的陷阱以及作为安慰剂的轻罪为主题对道德刑法化这一论题展开论证。

1. 道德刑法的陷阱。

道德刑法的陷阱，是指道德的刑法化被认为是拯救当下道德撕裂、破损的

---

① 周光权：《论通过增设轻罪实现妥当的处罚——积极刑法立法观的再阐释》，载《比较法研究》2020年第6期，第43页。

最有力的工具。如前面关于安全价值观的论述，当下社会面临传统价值认同断裂，而安全作为价值观虽然可以“凝聚”民众，但并非如传统的伦理道德、宗教等可以使民众在信仰体系下获得内心的安定，恰恰相反，安全作为价值观使个体对未知充满了恐惧和悲观的想象。在安全价值观的作用下并不能修补破损的共识，更无法提升公民的规范意识。要提升规范意识，前提是个体需要内心认同规范的含义与目的，这样的规范不仅是法律规范，还包括大量的传统意义上的道德规范。有观点认为通过法律的大规模制定有助于提升公民的规范意识，但守法有被动与主动之分，较之于被动守法，主动守法的个体因更认同法律规范的内容因此也更不易违反法律的规定。但法律规范的内容究竟是什么？我们知道“规范的目的不可能仅仅是公民的顺从”①，个体之所以信守法律，信守的不是法律本身，而是法律背后的内容，这些内容或是道德，或是秩序，或是自由，或是权利。因此，在传统价值观破碎，而安全价值观在向个体源源不断传输恐慌的背景下，刑法中重视道德的修补、强调规范意识的培养与提升具有强烈的现实意义。但刑法反映的现实性并不代表刑法中对“道德”的直接介入具备了正当性，法律道德主义与法律自由主义的博弈已经明示将道德作为法律的调整对象可能存在的危机，难道风险社会的存在就可以为道德刑法化进行证成了吗？

关于道德的刑法化问题，在刑法学界存在刑法道德主义与刑法自由主义的论战，最终以刑法自由主义的获胜确立了法益对刑法的统领地位，进而确认了刑法与道德的界限。但随着刑法功能主义的风靡，道德是否可以刑法化重新成为学界的重要问题，只不过这一议题更多时候是以“规范意识的提升”进行表达。语词转化的背后是刑法功能主义为了避免引发更多的争议进行的调整，因为要求刑法对道德的介入，无疑是对个体自治能力的极大侵犯，而刑法的最终目的仍然是人权的保障。在此意义上，刑法功能主义演变为另一种版本的刑法道德主义，因为在集体法益的不断突进下规范违反说事实上比法益侵害说用来解释入罪化的根据变得更为妥适。在功能主义刑法观之下，对道德的违反会被解释为对规范的违反，对规范的违反又进一步被解释对秩序的违反，对秩序

① 【德】克劳斯·罗克信：《刑法的任务不是法益保护吗?》，樊文译，载《刑事法评论》2006 年第 19 卷第 2 期，第 163 页。

的违反等同为对安全的侵害，在安全价值观的大旗下，刑法对道德失范行为的调整具备了正当性。因此，刑法对道德干预的背后，是刑法对安全感的不断强调以及零容忍的应对策略的不断延伸。无论是行业道德失范还是一般生活中的道德失范行为，都被认为依靠一般的法律规范无法彻底达到警戒民众的目的，“出礼则入刑”的思维重新得到了复苏与活跃。

问题在于，如“勿以恶小而不为”的道理真的只能依靠刑法才能在当下社会达到让民众接受的效果吗？进一步言之，我们又有何证据证明刑法可以承担这样的使命？在无限拔高刑法的同时，殊不知却使刑法滑入道德刑法的陷阱。“这种将道德外在化、强制化的做法限制乃至取消了道德所立足的自由前提，它的一个附带的结果便是普遍之虚伪的产生。人们更多的是关心如何适应或逃避他律的约束，而将自律的领域弃置不顾。与此相应，社会既然习惯法律来执行道德，它对于道德的强调必定只注重表面的东西而流于形式。”[①] 道德从本质上是自律性的内容，而法律是他律的，用他律的法律强制民众，以他律的法律去要求自律的道德实现本身就是不得已的选择，因为通过法律去执行道德中的内容，“将道德变得如同法律一样威严，其结果是取消了道德，磨灭了人们的道德意识，把所谓德行变得徒具虚名”[②]。因此，即使不考虑道德的刑法化对刑法可能带来的负面效果，仅考虑道德是否有可能通过刑法规制，即可知道德意识以及所谓的规范意识通过法律很难达成。除非道德与法律完全一体达致“礼法完全融合”的状态，因为当礼法完全融合时法律与道德已经不必区分，法律意识即道德意识，但这样的社会将会是一个了无生趣、死气沉沉的社会，因为这是一个被自利而非他利主导的社会。

刑法尽管在当下不直接调整利他型的伦理规范，主要是在克己型的规范边缘试探。但这样的试探已经说明了预防性的刑法观对很久未干涉的道德规范重新开启了兴趣。简单来说，预防性的刑法观从“是什么”进入了“为什么”的思考空间，对犯罪行为的追问已经不能实现刑法学者关于风险社会的各种迷

---

① 梁治平：《寻求自然秩序中的和谐——中国传统法律文化研究》，商务印书馆 2013 年版，第 267－268 页。

② 梁治平：《寻求自然秩序中的和谐——中国传统法律文化研究》，商务印书馆 2013 年版，第 270 页。

思，从犯罪行为上升至犯罪人的同时，是一再确认犯罪人背后肯定存在败坏的道德思想，因此与其等到行为真的严重侵犯到社会利益再启动刑法，不如直接提前跨进道德领域对思想直接作用会更为直接和高效。因此，在道德的刑法化面纱下，隐藏着国家对个体的更进一步驯化，这种驯化以安全为名，以刑法为路径，使个体从被动驯化转变为主动接受驯化。当然，如果这一过程能够持续维持将会使个体始终沉浸在被保护的氛围中获得安全感，但风险的脆弱性与不可控性使这样的驯化机制无法长期有效，尤其是直接使用最严厉的工具作为驯化的手段使民众的需求无法实现之时，将会带来更大的信任崩塌与社会危机。案例式立法、假想式立法的背后是借助形式的立法程序对真正的立法前提的否认，对社会现实的呼应不代表可以丧失刑法精神，刑事立法的前提需要建立在立法事实之上，这一事实不仅是社会现实，其中还有法益保护与比例原则的重重顾虑。道德的刑法化使刑法的启动变得任性且随意，即使用规范意识以及秩序、安全感等内容来解释，仍然掩盖不了倒果为因的逻辑。道德共识的破裂是当下社会系统体系的深刻危机，我们应该反思的是为什么社会物质财富越来越充盈、规则越来越庞大，但真正引领人对未来充满积极、乐观的共识却在逐步消失。我们信赖的无论是法律抑或是安全，都是在强制力作用下被迫做出的认同，在这样的认同下个体之间的不信任与互相提防更加刺激了中性的法律的更一步扩张。我们的确应该修补破裂的道德共识体系，但这样的修补只能靠提升公民的利他意识来构建，因为道德之所以高尚更多的是出于个体对他人心甘情愿主动做出的让步与牺牲。这样的制度构建超出了本书的讨论范围，在此不再展开，但可以确定的是刑法承担不了这样的责任，刑法承担不了使一个人成为好人的责任。进一步言之，“不论法律中的道德原则实际上能够被贯彻到什么程度，只要是全面地以法律执行道德，道德所蒙受的损害就必定是致命的。因为以法律去执行道德，其结果不但是道德的外在化，而且是道德的法律化。这种外在化、法律化的道德，按上面的界说，又不但不是道德，而且是反道德的了”。[①]

预防性的刑法逻辑在发挥积极作用的同时，混淆了自律与他律不同的实现

① 梁治平：《寻求自然秩序中的和谐——中国传统法律文化研究》，商务印书馆 2013 年版，第 266－267 页。

模式，自律可以很好地促进他律的实现，他律也可以在一定程度上促进自律，但自律最终只能自我救治才能形成新的自律，亦即认同的破裂或缺失靠法律只能在短时间内形成一种“被拯救”的感觉，尤其如刑法这样的“特效药”甚至在还未使用至轻症之前，已经营造出病已痊愈的观感。但治疗重疾之药，现在不分疾病种类统统适用，只能对那些轻症带来严重的副作用。当下有学者提出在刑法中制定轻罪来解决轻症的问题，这样的建议看起来是要对症下药，但似乎忘记了除了有刑法这样的“门诊”之外，还有民法、行政法等“门诊”可以诊疗。而对于这样的道德失范行为的规制，不仅仅是“用错药”的问题，更重要的是走错了“门诊”的问题。更进一步来论证，通过刑法去强调规范意识的培养，显示出我们对个体、对道德的不信任，暗示着只有法律才能获得安全、才能实现幸福。所以在当下社会道德的刑法化，不是通过刑法去实现规范意识的提升亦不是去推进道德共识的达成，而是法律对道德的取消，进而否定道德存在的价值与必要。因此，真正的道德刑法陷阱，表面上是道德对刑法的扩张，让民众更多去认同道德规范，但本质上是刑法对道德的取消，让民众去认同法律所规定的“道德”，这样的道德除了被克己型规范所主导，还包括秩序与安全等难以界定为道德的“道德内容”。

2. 作为“安慰剂”的轻罪。

在刑法中增加轻罪，在当下刑法学界是新的热点问题，有不少学者认为我国刑法中现有的罪名设置不足以应对风险社会，只有设置更为完备的轻罪体系才能更好地提升公民的规范意识进而避免风险的蔓延。[①] 这样的观点不仅在学术界引起讨论，在最近几次的刑法修正案中也得到频繁的体现。抽象危险犯的构造与相对较轻的法定刑成为预防性刑事立法范式的重要表征，这样设计的理由不外乎是认为轻罪作为犯罪可以警示民众、规训个体积极守法，同时轻罪的设置又不至于严重地违背刑法的谦抑原则甚或宪法中的比例原则而受到诟病。笔者认为刑法中当然可以设置轻罪，但是以提升国民的规范意识以及为了避免重罪的滥用而设置轻罪需要克制与谨慎。如果说道德的刑法化是轻症用了猛药，那么轻罪的设置在一定程度上是为了治疗“安全感”的心病而开具了

① 冯军：《犯罪化的思考》，载《法学研究》2008 年第 3 期，第 147 页。

"安慰剂"的药物。

刑法学界强烈呼唤增加轻罪，并不是认为刑法中没有轻罪，更不是建议增加轻罪的同时减少重罪的设置，而是认为缺少对抗风险社会风险的足够多的轻罪。最近十几年来，学者们不断提出"厉而不严"的刑法观已经无法适应时代的发展，"严而不厉"的刑法观才应是刑法发展的方向。但似乎我国刑法的发展并未走向严而不厉的立法之路，轻罪的大量增加、法定刑的普遍提升概括起来分明是"又严又厉"的立法理念。如果说严而不厉的立法理念是仅仅用来评价轻罪的设置，即认为轻罪的入罪门槛低体现了刑法严的一面，法定刑轻又体现了不厉的一面，那么严而不厉就不可以用来评价我国刑法整体的立法状况，因为其视野不够全面。因此本书认为刑法中增加轻罪重要的目的并非如部分学者所言是为了人权的保障，而更多的是为了借助刑法的扩张更严厉地规制个体的行为模式。问题是这些行为本就不严不厉不该进入刑法范畴，经过严而不厉的理论包装难道就能掩盖对部分轻罪入罪的不正当吗？难道轻罪的正当性审查较之重罪就可以草率和节省吗？对于立法者、司法者和学者而言，刑法中有轻罪、重罪之分，但对于罪名受到影响的个体而言，轻罪与重罪会产生一样的污名效应与排斥效果。除此之外，立法者设计轻罪的目的肯定是使轻罪得到适用，如危险驾驶罪自规定以来适用极其高频，一跃成为司法实践中的第一大罪名，[①] 因此，从罪名与个体之间的互动来看，被高频使用的轻罪至少应该与重罪接受一样的立法审查程序。关于轻罪的设计从目前来看，仍然是在案例立法与情绪立法的驱动下忽略了立法事实的证成，反而形成了持续的亢奋式立法。刑法的理性在这样的恐惧文化与安全价值观的作用下经常被非理性的集体意识遮蔽，而如德、日等国的积极主义刑事立法理念又为这种集体意识的形成提供了域外支撑。[②] 在此意义上，我们处理轻罪的态度事实上就是我们评价刑法的态度，基本上认可积极增设轻罪的学者也同时认为当下刑法的反应现实且正当，但这样的正当性却存在疑问。

① 最高检 2019 年检察机关主要办案数据：《2019 年检察机关起诉人数排名第一的罪名是危险驾驶罪》，载 https://baijiahao.baidu.com/s?id=1668357005829658871&wfr=spider&for=pc，最后访问于 2020 年 8 月 16 日。

② 姜涛：《立法事实论：为刑事立法科学化探索未来》，载《法制与社会发展》2018 年第 1 期，第 118 页。

对刑法的极度依赖使立法者面对网络所传递的民意时，更加倾向于启动刑法来处理发酵的舆论。这样的立法思路在《刑法修正案（十一）》中体现的特别明显，几乎每一个轻罪背后都对应若干当年在网上引发热议的案例。可是那些没有引起关注但具有同等危害性的事件是否应该单独成罪，如与高空抛物行为相比，那些在高速路上行驶的交通工具中乱扔垃圾的行为如何处理？如果这样的事件引起媒体广泛报道，是否刑法中又要增加新的罪名来回应舆情？不可否认，有些罪名的增加如侵害未成年人权益以及未成年人严重犯罪的行为，的确有必要调整刑法的规定。但是如高空抛物、干扰公共交通工具驾驶的行为单独成罪的背后是对民众安全感的刻意强调。在刑法零容忍的背后，有使用刑法的孤注一掷和破釜沉舟。换言之，刑法必须发挥预定的功效，因为如果刑法发挥作用不利，在法律手段中我们也找不到比刑法更为严厉的手段可以替换。可是，刑法有可能而且正在凸显其在预防性路径作用下的保障人权不利的副作用，因此，刑法如果要继续维持其完美运行的外观，只能让个体心甘情愿地认为人权可以妥协、牺牲，进而将刑法运行中的副作用自我消解。在此逻辑下，刑法势必要进入公共道德、职业伦理的范畴之中，一方面可以解决修复道德共识的巨额成本问题；另一方面使民众的主要认同转向至法律，甚至刑法，建立新的认同体系。

通过刑法来倒逼民众树立规范意识的做法是否长期有效并未有证据，但是这样的立法趋势带来的后果可能是只靠法律治理而没有道德共识。虽然依靠法律治理看起来简单操作、方便执行，省去了道德的权衡与斟酌，但是这样的做法会加剧民众道德共识的破裂。法律的存在与道德的存在看似是两个独立但相互关联的空间，但当下对于法律、刑法的不断扩张，并没有在道德上培养和夯实民众的认同。这样的发展对于社会而言是可怕的，我们在帮助形塑一个只有规则的冷冰冰的社会，民众对于法律的遵守是因为条件反射般的存在，因为不遵守会带来惩罚，这是对个人能动性的抹杀和否认。个体在这样的氛围中因为没有精神上真正的信赖，只能依附于法律和政府，个体的智慧和思考在这样的立法活动中被剥夺了。而一旦个体失去了独立性，那么曾经以保障权益为目的的法律也会反过来侵蚀个体的权益。因此，问题的解决办法或许不是为了“安全感”的实现在频繁增删修改法律，而应在如何重建和提升公民的道德感、公德感下功夫。

当然，会有学者反对这样的方案，可能的反对意见在于公民的道德意识、道德水平本就参差不齐，不能等到所有国民道德水准提高后才治理该问题，否则会对社会带来更严重的伤害。本书也认为不可以等待公民道德水准提高到一定阶段后静待这样的现象慢慢消失，只是质疑的是这样的行为纳入犯罪进行处理并非当下解决此类问题最恰当的办法。例如，《刑法修正案（十一）》中增加的关于高空抛物行为的规定："从建筑物或其他高空抛掷物品，情节严重的，处一年以下有期徒刑、拘役或管制，并处或单处罚金。"从该罪名的罪状以及设计的法定刑来看，该罪名真正适用的可能性不会很高。虽然现在司法解释还未公布，该罪状中的情节严重尚不可知，但从该罪最高一年有期徒刑的法定刑设置来看，其中的情节严重更多的是考虑高空抛物的次数以及高空抛掷的物品的类型来认定情节是否严重，但后者易与以危险方法危害公共安全罪发生竞合，因此高空抛物的情节严重基本只包括多次高空抛物的情形，而多次高空抛物反映的事实上并不是行为的不法状况，而是行为人主观上的恶性程度。本书认为情节严重不应包括表明行为人特殊预防必要性大的事实，亦即"只有当行为人对客观的侵害法益的严重情节具有非难可能性时，才能将该严重情节归责于他"①。同样的情形还包括盗窃罪、敲诈勒索罪中的多次盗窃、多次敲诈勒索的定罪情节的规定。当然，上述内容是本书对高空抛物罪情节严重的设想情形，但哪怕最后的司法解释并非这样规定，该罪名象征性仍高于实用性。除此之外，《刑法修正案（十一）》中规定的对行使中的公共交通工具的驾驶人员使用暴力或者抢控驾驶操纵装置，干扰公共交通工具正常行使，危及公共安全的，处一年以下有期徒刑、拘役或者管制，并处或单处罚金。这条规定中的危及公共安全，指的是有危及公共安全的风险。刑法中与本罪状有关联的即为以危险方法危害公共安全罪，不过该罪在一百一十四条中是抽象危险犯的表达，法定刑为三年以上十年以下有期徒刑，而一百一十五条是实害犯的表达，法定刑为十年以上有期徒刑、无期徒刑或死刑。从《刑法修正案（十一）》中关于妨害安全驾驶罪的罪状及法定刑来看，同样涉及情节的要求，同样是一年

---

① 张明楷：《刑法学》，法律出版社 2016 年版，第 126 页。

以下有期徒刑、拘役或者管制。那么本罪中的危及公共安全的危险要怎样认定，才是该罪而非以危险方法危害公共安全罪呢？就两罪的法定刑设置而言，本罪对公共安全造成的危险应该要低于以危险方法危害公共安全罪，但是危险的程度如何评估恐怕将成为制约该罪在司法实践中准确适用的严重障碍。那如此一来，同样的结论将会再次出现，该罪的象征性同样要高于实用性。这样的罪名设置就根本上而言是将道德刑法化的一种具体操作，来让民众强制性地履行在正常生活中已经支离破碎的道德义务。

危险驾驶罪、高空抛物罪与妨害安全驾驶罪作为道德刑法化中的轻罪典型，事实上，在这三个罪名未出现在刑法之前，严重破坏交通管理秩序危害公共安全的行为、造成人员死伤的行为、侵害法益的高空抛物的行为与妨害公共交通工具驾驶人员正常驾驶的行为，在刑法中已经有大量的罪名可以应对不同的法益侵害类型。这三个罪名的增加是立法者认为三种法律责任之间存在衔接不畅的问题，进而根据刑罚轻重对刑事责任进行了分区，来填补民事、行政责任与刑事责任之间的空白地带，但这些空白地带在填补的过程中被全部划入了刑事责任的范围来表达立法者对危险的零容忍态度。但问题在于，第一，这里的空白是否是真的空白？因为按照这样的立法设计，所有的实害犯必须得在刑法中对应单独罪名的危险犯，而且危险犯的法定刑还必须从管制、拘役开始，似乎只有这样才算严格意义的无缝衔接；第二，即使存在所谓的空白，那对这样的空白为什么不可以纳入民法、行政法的规制范围，刑法较之于民法、行政法对此类空白行为的规制究竟有何优势？

针对第一个问题，司法实践中绝大多数空白都是从刑法视角得出的空白，认为刑法中没有规制即为空白，否定民事处罚与行政处罚的效果。当然，如果民事与行政法律规范中针对某一行为均未进行规制，刑法更不能进行规制，因为刑法必须遵循“有先而后”的保障法理念。从此意义言之，就刑法角度而言的空白，一部分在民事责任与行政责任中已经有所体现，剩下的部分需要民事责任或行政责任先进行完善，故刑法中强调的空白暗含着刑事立法者认为其他治理手段的无效或缺失。在此理念下，不管立法者抑或是民众是否真诚地信赖刑法，刑法都被认定为治理失范行为最有效的手段，因为我们不能否定全部治理手段，尤其是在充满风险的当下社会对“乱世用重典”充满了迷信。这里的重典不仅包括更重的法定刑，还包括更大的犯罪圈。对刑法的迷信甚至不需要证明刑法的启动可能付出的成本以及附随的风险，就可以将所谓的空白纳入刑法而非其他部门法之中。故针对第二个问题，刑法的优势就在于“刑法”这一术语，刑法二字已经自带标签效应，使政府相信在对抗新型的风险过程中唯有刑法才能堪当大任。刑法本身的恶被主动忽略了，我们忘记使用刑法本身即是以恶制恶的过程，对抗风险的魔咒被到处施撒，刑法的出现即是正义的化身与安全的保证。我们认同对抗风险需要规范意识，但规范意识不等同于刑法依赖意识，刑法的频频启动无法证明公民的规范意识是否得到了提升，但可以确认的是社会对刑法依赖意识得到了前所未有的提升。

作为“安慰剂”的轻罪，在安慰民众的同时具有严重的副作用。其一方面通过轻罪告诉大众政府在积极主动地保障个体的安全感；另一方面在劝导民众这样的行为在司法实践中只有轻罪和重罪，而不是无罪和有罪的选择，如果不设置轻罪，对此行为法官也会以重罪定性，与其如此还不如接受轻罪的处罚。[①] 这样看似为民众着想的法律规范，却是以公民有可能无罪来换取公民有可能轻罪，孰重孰轻一目了然。无论以轻罪去拯救规范意识，还是以轻罪去换取重罪，都是在突破刑法的底线，这样一方面“不但无法拯救国人日趋衰微的道德，反而会拔苗助长，造成道德滑坡的悲剧”[②]；另一方面也使刑法不断改变自身的属性，最终成为侵害公民权益的工具。

本章结语

通过本章对预防性刑事立法范式的梳理、论证，可以得知刑事立法对现代社会的回应现实却不完全正当，这种回应如同一面镜子反射出社会普遍的焦虑与恐慌。这样的焦虑和恐慌自然会传递至刑法之中，刑法对风险的回应始终被政策裹挟着前进，刑法的独立性被越来越多的声音掩埋，在实用主义哲学的作

① 周光权：《论通过增设轻罪实现妥当的处罚——积极刑法立法观的再阐释》，载《比较法研究》2020 年第 6 期，第 49 页。

② 俞飞：《“道德恐慌”阴影下，刑法不能承受之重》，载《东方法学》2012 年第 1 期，第 124 页。

用下，唯有工具性才能证明刑法存在的价值。即使我们明知风险具有流动性、政策具有易变性，但对抗风险已成为最高使命，刑法的安定性、刑事法律规范的确定性、罪刑法定原则的根本性、人权保障的终极性都在这一目标下不断地被妥协与减损。刑法急剧扩张的背后是对自身、对其他治理手段功效的误认，刑法有预防犯罪的功能并不等于刑法是唯一有预防犯罪功能的治理手段抑或是最有效的预防犯罪的手段。但在安全价值观的作用下，在预防犯罪目的的支配下，刑法必须成为最有效的、最重要的预防犯罪的手段。因此，预防性刑事立法范式带给我们的最大思考在于：这样的立法留给未来的恐怕仅仅是包括现在正在流行的是非观念，而非经得起时间锤炼与考验的精神与信仰，充其量，“它只是在带有缺点的文明之下成长起来的一种哲学而已”。①

① 梁治平：《寻求自然秩序中的和谐——中国传统法律文化研究》，商务印书馆2013年版，第322页。

第五章

预防性刑事司法范式

本章以预防性刑事司法范式为研究主题，主要就刑事司法实践中的预防性导向和预防性刑事司法范式的主要表征进行论证。在“刑事司法实践中的预防性导向”部分，本章择取了刑事实体领域的裁判的刑事政策化与刑事程序领域的刑事性羁押作为论证的对象。这两个主题在当下我国刑事法理论界和实务界既具有典型性又具有争议性，因此对其剖析有助于明晰预防性路径、预防文化对我国刑事司法范式发挥了什么作用以及如何发挥的作用。第二部分在第一部分论证的基础上，对预防性刑事司法范式的主要表征进行了阐释，具体包括对“危险的他人”的重视、“预防犯罪”支配下的刑事司法范式、惩罚手段与规训的模糊以及从全景敞视监狱至全景敞视社会的转变四个方面的内容。这四者所传递的信息都暗示着犯罪的治理、对犯罪人的惩罚已经不局限在刑事司法过程之中，而是在犯罪前、惩罚完毕后持续发挥作用，刑罚的污名效应与排斥效果一并转入正常的社会治理中，最后引发了“安全还没实现，就已经消失了”的结局。

一、刑事司法实践中的预防性导向

预防性刑事司法范式的内容主要体现在具体的司法实践中，因此本部分将以裁判的刑事政策化、预防性羁押为主题来阐释当下刑事司法范式的预防性特征。之所以择取这几个主题，一方面是因为这两个主题可以典型地反映预防性刑事司法范式的内容；另一方面是因为这两个主题讨论的问题同时触及当下刑事司法范式关注的核心。因此，以下将结合第三章中所论证的五种理论对这两个主题分别阐释，就当下我国在预防性刑事司法范式中存在的问题进行论证。

（一）裁判的刑事政策化

在第四章探讨贯通李斯特鸿沟时，已经提及刑事政策对刑法的发展存在过度干预的现象，而且李斯特鸿沟更多强调的本就是刑事政策与刑事司法之间应保持距离。“政策具有功利性，只要某种手段能够控制犯罪，该手段就对权力者具有吸引力，就有被权力者在一定情形下使用的可能。尤其在特定时期，甚至针对特定的、严重的突发事件，政治权力都可能在匆忙间祭起刑法的大旗，对谦抑性、人道、公正等刑法价值形成冲击。”[①] 因此，在刑法解释中才一直强调扩张解释与类推解释的界限，以免对罪刑法定原则造成侵蚀。

就此意义而言，刑事政策对刑事司法的影响无法消除，因为关于罪刑法定原则和刑法的功能与作用同样会掺杂进刑事政策的因素，例如，支持功能主义刑法观的学者在安全价值观的作用下对刑法的价值与作用、刑法中的行为与结果、因果关系、刑罚功效等都做出了带有预防底蕴的解读。因此，在事实上刑事政策势必会对刑事司法发挥作用的情况下，问题的重点不在于如何将刑事政策从刑法中清除出去，而是如何确定刑事政策对刑事司法的作用限度。而“强调‘政策入刑’的限度是刑法司法法和司法权的性质决定的”。[②] 当下我国刑事政策对刑事司法的作用在一定程度上即是将刑法当作社会管理法进行操作的，无论是早先的宽严相济，还是现在的打早打小以及零容忍的刑事政策都统一导向至刑法的积极作用，要求刑法在社会治理中充分发挥稳定秩序的作用。尽管在官方的文本中仍然会用惩罚犯罪、保障人权的术语进行表达，而且稳定社会秩序与惩罚犯罪、保障人权也并不存在明显的冲突。但在“风险社会”

① 孙万怀：《宽严相济刑事政策应回归为司法政策》，载《法学研究》2014 年第 4 期，第 186－187 页。

② 何荣功：《自由秩序与自由刑法理论》，北京大学出版社 2013 年版，第 143 页。

的强调下，对秩序与安全的重视使惩罚的犯罪类型以及惩罚幅度都发生了改变，人权的保障与犯罪的惩罚之间产生了新的矛盾。在刑事立法已经增加大量罪名的情况下，刑事司法实践不仅仅是对立法活动的简单执行，兜底条款以及司法解释中的各种兜底性规定、相对确定的法定刑以及规范性构成要件要素在为法官预备自由裁量权的同时，也成为刑事政策对刑事司法发挥作用的巨大场所。毕竟在这些领域的操作，容易形成合法即等于正当的假象，甚至合法与否，都可以用扩张解释进行背书。整体而言，刑事政策的作用领域已经从传统意义上对自然犯的关注如我国几次严打都主要是针对严重的暴力性犯罪，发展至强调秩序与安全的法定犯之中。

刑事政策作用领域的调整，不是因为传统犯罪类型已经得到了很好的规制，而是因为传统犯罪类型的风险更加熟悉和可控，大量新生领域的风险在信息和技术不成熟、不对称的情况下被认为更加不确定和严重，如环境领域、金融领域的各种专项整治活动。随着作用领域的调整，刑事政策的内容也做出了改变，与司法实践中公开宣称的“刑事政策”并行的是“打早打小”与“零容忍”的刑事政策的实际运用。就社会治理的角度而言，“打早打小”的政策的确具备合理性与正当性，但刑法的司法法属性决定了刑法不应承担“打早打小”的使命。积极预防性的刑法观已经使犯罪圈出现了不当扩张，即使按照罪刑法定原则，刑事司法也注定会呈现出预防性的特征，更遑论刑事政策在作用完刑事立法之后又直接作用至刑事司法，因此刑事司法范式较之立法范式的预防性成倍凸显。这里的预防性不是通过惩罚实现的预防，而是在预防观念主导下的惩罚机制。这是一种不太正常且有悖法治精神的惩罚思路，因为其将有罪推定的原则输入具体的刑事裁判过程之中，进而易导致“先量刑后定罪”的奇怪景观。为了预防犯罪而惩罚犯罪，势必导致司法实践中关于法益、犯罪行为甚至行为人的扭曲理解与人权保障的不利。

以此次新冠肺炎疫情发生为例，最高人民法院、最高人民检察院、公安部、司法部联合发布了《关于依法惩治妨害新型冠状病毒感染肺炎疫情防控违法意见的通知》（以下简称《通知》），其中在《通知》第二部分第十条中规定：“对于在疫情期间实施有关违法犯罪的，要作为从重情节予以考量，依法体现从严的政策要求，有力惩治震慑违法犯罪，维护法律权威，维护社会秩序，维护人民群众生命安全和身体健康。”[①] 该条规定将疫情的发生作为量刑情节之一，存在着一定程度的偏误，“即过度关注从重量刑，而不注重不同犯罪认定的从严从重把握，无怪乎被某些学者警示为‘严打’政策的复活”[②]。新冠肺炎疫情的确属于例外状态，但针对例外状态要求刑事司法实践从严、从重打击涉疫相关犯罪需要解释。本书认为在例外状态下的确刑事司法应当从严处理犯罪，但这里的从严并不是指量刑的从严，而指的是定罪的严谨与法网的严密。之所以否定量刑过程中的政策性从严，是因为这样的从严不是因为行为人本身的行为所导致的法益侵害所致，而是出于秩序的稳定、民心的安抚而采取的从严策略，而且在强势的刑事政策下，司法实践中对行为人其他从宽、从轻的情节极容易忽视，进而形成量刑畸重的场景。本着罪刑相适应的刑法原则，我们不能将政策转变为量刑情节，而应从定罪的严密角度考虑。定罪方面的从严不等于定罪过程中的从重，即不是要求将本应作为轻罪处理的作为重罪定性，如行为人本可以以过失以危险方法危害公共安全罪或妨害传染病防治罪定罪却被以以危险方法危害公共安全罪处理，而是要求严格依据罪刑法定原则对行为人进行准确的定罪量刑。

在我国一直以来包括此次《刑法修正案（十一）》对刑事责任年龄的微调，基本上不会动摇“可抓可不抓的不要抓、可判可不判的不判”的针对未成年人犯罪的刑事政策，意思是法官要充分考虑案件事实尽量做出对未成年人有利的裁判，这并不代表法官要削减事实违背罪刑法定原则，而是在尊重法益的前提下、充分考虑宪法中的比例原则去得出结论。类似的情况还有 1997 年《关于审理盗窃案件具体应用法律若干问题的解释》，其中规定“偷拿自己家的财物或近亲属的财物，一般可不按犯罪处理；对确有追究刑事责任必要的，处罚时也应与社会上作案的有所区别”。而《全国法院维护农村稳定刑事审判工作座谈会纪要》中规定：“对于买卖至亲的案件，要区别对待。以贩卖牟利为目的‘收养子女’的，应以拐卖儿童罪处理；对那些迫于生活困难，受重

---

① 最高人民法院 最高人民检察院 公安部 司法部印发《关于依法惩治妨害新型冠状病毒感染肺炎疫情防控违法犯罪的意见》的通知，载中国人大网 http：//www.npc.gov.cn/npc/c30834/202002/e769af67e8304ee89f6e43747d3f27d9.shtml，最后访问于 2021 年 2 月 5 日。

② 姜涛：《非常时期涉疫情犯罪教义学的重要问题》，载《法学》2020 年第 4 期，第 35 页。

男轻女思想影响而出卖亲生子女或收养子女的，可不作为犯罪处理。”

从上述关于未成年人犯罪、家庭成员间的盗窃犯罪以及至亲实施的出卖、收养子女的行为区别对待的政策上可以得出，这些主体实施的行为本符合了犯罪构成，但从未成年人的发展以及家庭秩序的稳定角度做出了定罪上的从宽认定。那么在例外状态中，定罪上的从严把握同样是从法益保护的必要性以及比例原则得出的结论。首先这些行为本就满足了入罪的条件，例如，疫情期间感染了新冠肺炎的病人摘掉别人口罩向他人哈气或在公共设施上涂抹口水的行为，本就符合故意伤害罪或以危险方法危害公共安全罪的犯罪构成，只不过因为这些行为在平时较为少见因此较少处罚。其次，当存在多个刑事政策时，在刑事政策方面也要进行重要性权衡。当国家处于例外状态时，关于社会秩序和国家安全的刑事政策较之于人权保障的刑事政策具有优先性。这也是政策与法律的不同价值导向所致，刑事政策虽然作用于法律，但其政治属性浓厚，从本质上属于政治范畴的事物，因此刑事政策以预防犯罪为目的是其政治属性的体现。而法律的价值在于人权的保障，无论是刑事立法对自由的强调还是刑事司法对公正的追求都旨在实现人权的保障。故当例外状态出现时，关涉国家安全与社会秩序的政策自然成为最重要的政策，在此政策影响下的不仅有刑法，还有其他部门法以及整个社会系统。如果此时在政策方面还一味强调自由和民主，那么将很难统一意见、调配资源，进而导致社会治理的低效与混乱。因此，在例外状态下强调国家安全与秩序的刑事政策具有合理性与正当性。但法律在例外状态中反而更应当保持冷静，因为强势的刑事政策容易在大规模的执行中侵犯人权，而法律，尤其是刑法是社会保障的最后一道防线，其一旦错用对民众带来的伤害比其他治理手段要更为严重和深远。故而不开展“情绪式立法”“情绪式司法”恰是对刑事政策出现错误的一种救济，与刑事政策的激情相得益彰的不应是冲动的刑事司法，而应是刑事司法的克制与严谨。

除此之外，在刑事政策的作用下易发生对行为人的人身危险性过于强调，进而导致对行为人行为重复评价的情况。无论是此次的疫情防控还是扫黑除恶抑或是反恐的常态化打击，轻罪重判的情况较之重罪轻判在司法实践中更为常见，尤其是刑事政策对司法解释的转化，导致轻罪重判在司法实践中具有了法律依据。在例外状态的场景中，从严、从重的刑事政策可以理解，但“从重意味着在法定刑幅度内适当加重，对同一个案件，不能对同一法益进行双重评价，既从严解释又从重处罚，以免‘同一只羊被剥两次皮’”[①]。在迅速稳定秩序的压力下，在司法实践中的确会形成一种重刑的共识，依靠严刑获取民心，而且在一定意义上民众也认同这样的严刑，因为“即便完全沉湎于最基本情感的人却仍然爱好严酷的法律，因为他们担忧侵犯的心情比实施侵犯的愿望更为强烈”[②]。因此，在刑事政策的表达中，基本都要求实现法律效果与社会效果的统一，在此次疫情防控中甚至增加了政治效果的统一。对于刑事司法活动而言，实现法律效果是自然之义，但是否一定要实现社会效果抑或是政治效果，本书不完全认同刑事司法一定要追求“二合一”抑或是“三合一”的效果。最重要的理由在于，当司法裁判过程中时刻要求社会效果与政治效果的实现，尤其是当法律效果无法与政治效果、社会效果统一时，这几种法律效果究竟应该如何排序？显然，在政策的强势影响下，我们在很大程度上会为了政治效果和社会效果而牺牲法律效果，而且也有历史的教训。例如，我国刑法中关于盗窃罪一波三折的死刑存废过程，其中就因为政治效果与社会效果的反复考量，直至2011年才废除了盗窃罪的死刑。当然，如果关于政治效果和社会效果可以从惩罚的及时性而非严酷性考虑的话，那么“三合一”的效果是具有非常大的实现可能的。而且惩罚的及时和坚决，同样是预防效果的表达，这样的追诉过程会“使公众丧失犯罪后逃脱司法机关法眼的侥幸与投机性心理。这种严格平等当然有利于预防犯罪，但却不是因规范妥当性产生的一般预防效果，而是实体法之外的刑罚确定性、及时性所产生的程序性效果”[③]。但是在大多数场景中，所谓法律效果、政治效果与社会效果的统一均指向从重的裁判要求，如果这样的从重仅仅是在法定刑的范围内适当从重应该得到支持，毕竟如前所述，刑事司法无法避开政策，而且政策会填充刑事司法的空隙，解决刑事司法过于刚性的问题。但政治效果与社会效果要求的从重却充满着轻罪重

① 姜涛：《非常时期疫情犯罪教义学的重要问题》，载《法学》2020年第4期，第36页。

② 肖世杰：《法律的公众认同、功能期许与道德承载》，载《法学研究》2011年第4期，第138页。

③ 高艳东：《刑罚可罚根据语境中预防论的否定与再生》，载《中外法学》2006年第6期，第700页。

判、重复评价、越格量刑的情况，如果以此来作为刑事司法的裁判要求，则势必会束缚刑事司法的正常运作，“使法律成为政策的仆从”①。

（二）预防性羁押

预防性羁押是预防性刑事司法范式作用的另一典型领域，尤其是在“9·11”事件后预防性羁押活动显著增加。预防性羁押从文义上来看，强调羁押的预防目的，且羁押行为大多发生在刑事裁判生效之前，在刑事裁判执行完毕后事实上也会因为行为人的危险性发生继续羁押的情况。但在刑事裁判生效之前的羁押并非都属于预防性羁押，也有一部分羁押的性质是出于“确保被告人于侦查及审判中出庭、确保判决确定后接受执行、确保其不会串供或湮灭证据”②。如果从广义的角度来看，预防性羁押包括裁判生效前的所有羁押行为，包括一般性的羁押与未决性的以预防犯罪为目的的羁押。本书探讨的预防性羁押是指在判决生效前与判决执行完毕后为预防犯罪而采取的羁押行为。我国目前的预防性羁押主要包括《刑事诉讼法》第八十一条规定的两种情形以及《反恐怖主义法》第三十条的规定。但是这三种预防性羁押的类型却因为抽象性的内容规定，可以在司法实践中解释为大量的预防性羁押的情形。

以我国《刑事诉讼法》第八十一条的规定为例，其中将羁押的情形分为五种：第一，可能实施新的犯罪的；第二，有危害国家安全、公共安全或社会秩序的现实危险的；第三，可能毁灭、伪造证据，干扰证人作证或串供的；第四，可能对被害人、举报人、控告人实施打击报复的；第五，企图自杀或逃跑的。故从第八十一条的规定来看，第一和第二种皆是出于预防犯罪的目的而采取的先行羁押，而后三种虽也出于预防的目的，但这样的预防是为了避免诉讼活动无法正常开展而做出的决定。因此，尽管这五种羁押在广义上皆可称为预防性羁押，但真正在学界引起争议的是指以预防犯罪为目的

① 蔡定剑：《历史与变革》，中国政法大学出版社1999年版，第265页。转引自孙万怀：《宽严相济刑事政策应回归为司法政策》，载《法学研究》2014年第4期，第179页。

② 罗海敏：《预防性羁押的争议与适用》，载《国家检察官学院学报》2012年第4期，第91页。

的未决羁押，以及判决执行完毕后出于对行为人人身危险性的考虑而采取的预防性羁押。针对后一种羁押在我国《反恐怖主义法》第三十条中进行了规定：“对恐怖活动罪犯和极端主义罪犯被判处徒刑以上刑罚的，监狱、看守所应当在刑满释放前根据其犯罪性质、情节和社会危害程度，服刑期间的表现，释放后对所居住社区的影响等进行社会危险性评估。经评估具有社会危险性的，监狱、看守所应当向罪犯服刑地的中级人民法院提出安置教育建议。罪犯服刑地的中级人民法院对于确有社会危险性的，应当在罪犯刑满释放前作出责令其在刑满释放后接受安置教育的决定。被安置教育的人员对决定不服的，可以向上一级人民法院申请复议。安置教育机构应当每年对被安置教育人员进行评估，对于确有悔改表现，不致再危害社会的，应当及时提出解除安置教育的意见，报决定安置教育的中级人民法院作出决定。被安置教育人员有权申请解除安置教育”。

从当前我国关于预防性羁押的规定来看，存在确定期限的羁押与不确定期限的羁押两种。尤其是针对不确定期限的羁押，在司法实践中存在的争议较大，因为这种类型的羁押时间不确定，对被羁押者的人权侵害的风险较高。尽管如此，无论是我国还是世界上其他国家关于预防性羁押基本上都做了专门规定，赋予了预防性羁押明确的法律地位。对预防性羁押的肯定，在于政府对治理风险尤其是极端风险的要求，希望通过法律规范预防性羁押在司法实践中的使用。但从我国目前关于预防性羁押的相关规定来看，一方面规定内容模糊、抽象，导致预防性羁押的情形受政策影响很大，并没有发挥足够的指引、预测作用；另一方面对被羁押者的权利保障不足，救济渠道不够畅通，而且长时间的羁押甚至会比刑罚对应的刑期更长，严重违背了宪法中关于人权保障的原则和比例原则。故而以下将从预防性羁押的实体化倾向以及先量刑后定罪的思路两个层面进行剖析，进而说明预防性羁押存在的问题与风险。

1. 预防性羁押的实体化倾向。

预防性羁押是较轻恶害理论的典型应用，政府在设计预防性羁押时并非不清楚这样的制度仅仅靠预防犯罪的目的无法证成，因此预防性羁押正如同刑罚的本质是恶一样，需要在恶与恶之间进行权衡。只不过与预防性羁押所带来的恶相比，被羁押者的人身危险性对安全与秩序可能产生的风险被认定为更大的恶。人身危险性的不易确定，再加上政治色彩的渲染，为民众制造了想象风险的巨大空间。“从社会心理学上来说，一般人很少会将自己假设为一名罪犯，以致设想自己在罹患法网时可能会遭到何种惩罚，因为总会认为刑法更多是为他人而设。”[①] 这种置身事外的态度与恐惧文化的影响使个体忽视了预防性羁押对个人权利侵犯的巨大风险。这里的巨大风险正是由预防性羁押的实体化倾向所致，而这种实体化倾向“最为典型的就是将强制措施作为对犯罪嫌疑人、被告人的一种惩罚手段以及对其他人的一种威慑来予以运用”[②]。

尽管我国目前关于预防性羁押的规定在《反恐怖主义法》中也有体现，但从刑事强制措施的功能解读预防性羁押的功能，进而说明预防性羁押所表现出的预防犯罪、惩罚教育的功能，是否已经超出刑事强制措施本身的功能范围，对于预防性羁押制度的剖析具有普遍意义。根据我国《刑事诉讼法》第一条的规定，“保证刑法的正确实施”与“保护人民、保障国家安全和社会公共安全，维护社会主义社会秩序”是刑事诉讼法的目的。在此目的下，关于刑事强制措施的功能在学界存在争议，有学者认为，“诉讼保障和人权保障是我国刑事强制措施的双重功能”[③]。另有学者认为刑事强制措施具有保障性、保护性、预防性、教育性功能。[④] 这两种不同的观点关涉我们对预防性羁押合理性的理解，因为从第一种观点来看，当下的预防性羁押已经超出了刑事强制措施的功能范围，存在正当性欠缺的问题；而依据第二种观点，预防性羁押恰恰是在发挥惩罚犯罪、教育民众、预防犯罪的功用。本书认为，刑事强制措施的内容本身即是不得已的恶，因为根据无罪推定原则的精神，任何人在未经法庭定罪之前，在法律上都是无罪的，而刑事强制措施涉及对公民人身权利的限制或剥夺，公民已经为了国家对犯罪的追诉放弃了一部分权利，做出了妥协和牺牲。因此，我们必须控制刑事强制措施的适用范围和适用条件，避免公民的权利遭到不当限制。本书认为这两种观点都是基于对刑事诉讼法的规定进行的

---

① 肖世杰：《法律的公众认同、功能期许与道德承载》，载《法学研究》2011 年第 4 期，第 138 页。

② 卞建林：《我国刑事强制措施的功能回归与制度完善》，载《中国法学》2011 年第 6 期，第 25 页。

③ 卞建林：《我国刑事强制措施的回归与制度完善》，载《中国法学》2011 年第 6 期，第 23 页。

④ 李忠诚：《刑事强制措施功能研究》，载《法制与社会发展》2002 年第 5 期，第 115 页。

解读，但第二种观点显然忽视了宪法原则对刑事诉讼法的约束，进而加剧了刑事强制措施的实体化倾向。

预防性羁押在世界范围内普遍不作为刑罚对待，其更多的是在行政处罚抑或是刑事强制措施范畴中进行探讨。但是，如前所述，预防性羁押的刑期会存在比刑罚中拘役甚至有期徒刑更长时间的人身自由剥夺，实际上呈现的效果比管制的惩罚力度更为严重。但是与长时间或不确定期限的羁押对应的是，我国现行法律中关于预防性羁押的适用要求却并未达到如同刑罚启动一样的证明力度与程序标准。以《刑事诉讼法》第八十一条第一款、第二款的规定为例，何谓“可能实施新的犯罪”？何谓“有危害国家安全、公共安全或社会秩序的现实危险”？再以《反恐怖主义法》的规定来看，在刑期届满后要对行为主体进行人身危险性评估进而确定是否羁押，但是人身危险性评估的依据又是什么？最重要的是恐怖主义的诠释本就充满政治色彩，因此关于涉恐犯罪的行为主体人身危险性的评估是基于已然之罪还是未然之罪，如是已然之罪，行为主体已经通过刑罚得到了惩罚；如是未然之罪，此种不确定期限的羁押已涉嫌违宪。从这三条规定可以看出，判定预防性羁押的标准充满了主观归责的意味，因为行为主体过往的行为或特殊的身份、经历等被贴上了危险分子的标签，所以这样的羁押与传统意义上面向过去的行为不同，其是面向未来的，是基于预测的行为采取的羁押。如果对“预测的行为”更进一步深入，预防性羁押本质上就是以人身危险性为核心设计的制度。

人身危险性对于当下刑法学界而言并不陌生，但一般意义上，人身危险性是保安处分的重要依据，在大多数采取“刑罚—保安处分”二元分立的国家其不直接作用于刑罚。与西方国家不同的是，“中国通过罪责刑相适应原则的法定化，在1997年刑法中肯定了人身危险性的基本原则地位”①。传统意义上的人身危险性，主要是指再犯可能性，有的学者认为初犯可能性也属于人身危险性，② 还有的学者基于我国的历史文化因素，认为我国刑法中的人身危险性

---

① 高艳东：《刑罚可罚根据语境中预防论的否定与再生》，载《中外法学》2006年第6期，第705页。

② 陈兴良：《走向哲学的刑法学》，北京大学出版社2018年版，第297页。

还包括纯道德评价,[①] 而当下所讨论的人身危险性不仅包括再犯可能性、初犯可能性与再犯可能性之综合还涉及主体威胁与再犯可能性。[②] 问题在于，我国刑法之中决定定罪、量刑的人身危险性现正被以更低的门槛运用至预防性羁押。如果说人身危险性在刑法之中尚且有大量的矛盾并未解决，如与社会危害性的矛盾、违背了禁止重复处罚的原则等，但至少更为严格的诉讼程序可以起到一定的过滤作用。而预防性刑事羁押在被设置了近乎刑罚的内容之后，并没有严格的程序阻止公权力的滥用。难怪有学者建议，如果行为人实施的行为进而使我们出于预防的目的实施羁押行为，那么政府首先应该将羁押他们的原因行为规定为犯罪，由此预防性羁押就自然属于刑罚。[③]

学者的建议正是出于预防性羁押惩罚力度与惩罚程序的不相匹配提出的方案，这样的方案的确是解决问题的办法之一，但在安全价值观的巨大辐射下，这样的方案似乎推行不了。政府之所以在刑法之外设置预防性羁押，正是为了避免刑事审判过程中相对苛刻的证明要求，尽管人身危险性通过罪责刑相适应的原则在我国刑事立法和刑事司法中进行了体现，但刑事审判绝大多数情况下仍然要回归至法益的侵害程度，再结合人身危险性来确定合理的罪刑。而预防性羁押相对较低的证明门槛以及模糊的证明条件为政府惩罚那些“危险分子”提供了绝佳的合法空间。即使事后追查，所谓“可能实施新的犯罪”“有危害国家安全、公共安全或社会秩序的现实危险”“人身危险性”等内容本就留足了解释空间，因此很难认定何种预防性羁押行为为错误的行为，进而即使真的羁押错误，被羁押者的权益也难以保全。当然，或许有观点会认为《刑事诉讼法》中规定的两种预防性羁押即使发生错误，但本来羁押时间就可以折抵刑期，因此似乎没有什么大的问题。这里暂且不论我国还存在不确定期限的预防性羁押，仅就《刑事诉讼法》的那两种情形来看，都极为不妥。如果通过刑期折抵肯定预防性羁押的合理性，岂非是在肯定可以先量刑后定罪，那进入

---

① 刘艳红：《中西刑法文化与定罪制度之比较》，东南大学出版社 2017 年版，113 页。

② 高艳东：《刑罚可罚根据语境中预防论的否定与再生》，载《中外法学》2006 年第 6 期，第 706 页。

③ See Douglas Husak. (2013) ‘Prevention detention as punishment? some possible obstacles’, in Andrew Ashworth, Lucia Zedner & Patrick Tomlin, *Prevention and the limits of the criminal law*, Oxford University Press, p. 178.

预防性羁押的岂不是就是早已遴选好的“犯罪人”。“被追诉人最后被认定有罪，那么司法机关是否可能对其已经羁押的期限来予以量刑而避免刑期短于羁押期限所带来的国家赔偿问题?”[①] 因此，从预防性羁押的实体化现象可以看出刑事司法实践在“预防犯罪”观念主导下的偏误，这样的偏误如果不进行及时纠正，就是在法律中制造合法的“黑洞”，对于法治国家的建设将带来严重的灾难。

2. 先量刑后定罪的思路。

对于预防论而言，其“隐含的结论是‘犯罪未生、刑罚先动’”[②]。预防性羁押是在预防论下设计的制度，因此预防性羁押的运作可以用“先量刑后定罪”来进行表述。当然《反恐怖主义法》所规定的预防性羁押不符合“先量刑后定罪”的模式，但此种羁押因以行为人的人身危险性来决定羁押期限长短，而且未作最长羁押时间的规定，因此这种模式的羁押可以称为“只量刑不定罪”。从预防性羁押的规定来看，可知刑事司法范式已经不满足于仅仅通过刑事裁判活动来追究行为人的刑事责任，其调控的时点已经扩张至犯罪前以及刑罚执行完毕后的时点。时点扩张的同时伴随着泛刑罚化的内容的产生。如前所述，预防性羁押的期限甚至有可能比刑罚的期限更加漫长，故在此意义上，称其为泛刑罚化的内容并不违和。基于世界上主要国家关于预防性羁押的规定，我们可获知预防性羁押存在所谓程序不足的情形，是一种相对普遍的现象。正因如此，本书认为这样的缺漏或是各国政府有意设计，旨在保证政策可以随时影响至法律，从而至少保证行为在外观上的合法性不至于直接被人质疑和诟病。但问题在于这样的举措并非如疫情期间强制公民在公共场所佩戴口罩抑或是采取医疗隔离，这样的举措本身已经具备了刑罚的严厉性与一定程度的谴责性，使刑罚制度与非刑罚措施之间的界限变得模糊和难以确认。

更为重要的是，当下预防性羁押的内容改变了我们关于犯罪认定的传统路径，认定的起点从犯罪嫌疑人变成犯罪人，从无罪推定变为有罪推定。在预防性羁押的程序设计中，重点不在于罪名为何甚至罪名的有无，而在于控制、隔

---

① 卞建林:《我国刑事强制措施的回归与制度完善》，载《中国法学》2011 年第 6 期，第 26 页。

② 高艳东:《刑罚可罚根据语境中预防论的否定与再生》，载《中外法学》2006 年第 6 期，第 699 页。

离进而阻止犯罪行为的可能发生。如果说刑罚对应的是“已经确诊的疾病”，那么预防性羁押对应的就是“未确诊的疾病”，更多时候这样未确诊的疾病在风险社会被当作瘟疫一般认定。这样或可解释为什么预防性羁押可以兼容惩罚力度大、限制少的矛盾特性。正是因为政府对“人身危险性”如同瘟疫一般认定，导致了我们在开具药方时，无法对症治病，只能寄托于猛药去控制病情。前面所述的刑事政策对刑事司法的干预如此，预防性羁押亦如此。但问题在于，人身危险性并不是瘟疫，更不具有瘟疫的威力，人身危险性高的个体也不是疫情中的感染者，其具有自决能力。从此角度来看，“先量刑后定罪”的模式是在否定行为人具有决策能力，因为预防性羁押的采用可以反推出其认为被羁押的个体不能在正确与错误之间做出正确的选择。[①] 这是对人本身的极大矮化和否定，我们凭什么仅仅根据充满疑问的人身危险性就否定了人自治的权利。有观点认为行为人曾经实施过犯罪行为甚至宗教信仰、民族、种族等个体指标，都能证明行为人具有高度的人身危险性。但我们都知道人并非机器，人本身充满灵性，即使在最后一刻我们仍然可以在善与恶之间选择善，至少我们有选择善的可能性。但预防性羁押的存在却肯定人身危险性高的个体只会选择恶，因为其是“危险人”，所以其权利可以几乎不受限制地减损。

本书肯定科学工具与手段对刑事司法的作用，也肯定由此产生的预测主义的工作方法。这一切在不涉及人时，根据科学的模型、规律等推导而出的结论具有合理性。但“如果从传统科学的意义上理解，任何预测都可能是一种伪科学，预测本身就是反事实的”[②]，加诸人作为世间最大的变量，科学无力探测清楚人性。因此，基于不确定的事实去决定行为人的自由，“在实行‘无罪推定的刑事法中是‘致命的自负’，任何有罪预测都是把伪事实当成了事实，都是真正的有罪推定”。[③] 从前面关于刑事强制措施的功能即可看出，预防性羁押因为背负着预防犯罪的使命，所以关于其存在的问题也被解释为是刑事强制措施本应发挥的功能。虽然预防性的羁押规定现在在我国较少，但这三条规

① See Andrew Ashworth & Lucia Zedner.（2015）*Preventive justice*, Oxford University Press, p. 150.

② 高艳东：《刑罚可罚根据语境中预防论的否定与再生》，载《中外法学》2006 年第 6 期，第 695 页。

③ 高艳东：《刑罚可罚根据语境中预防论的否定与再生》，载《中外法学》2006 年第 6 期，第 696 页。

定可以被解释为大量的适用情形，进而扩大司法实践中羁押的人数。本来仅仅是为了保障诉讼活动正常开展而适当地限制公民权利的措施，结果完全有可能在例外状态中为了稳定秩序而变成“一犯罪即逮捕、逮捕后即被定罪，而该犯罪人因为其再犯的身份再次被逮捕的可能性严重升高、而二次逮捕后判重刑的概率也一并升高”的状况。“一个案件进入诉讼程序后，从侦查到二审做出终审裁判所经历的最长时间达21个月零16天，这还不包括重新羁押的期限等情况”，面对如此长久的羁押时间，立法者和司法者都应仔细斟酌仅仅是基于不确定的指标去现实地剥夺一个人的自由，究竟有无正当性？关键这样的先量刑后定罪的思路，使行为人被定罪的可能性明显会升高，因为将错就错就不会发现之前的羁押错误。由此来看，这样的制度设计在目的上不符合宪法的精神、在原则上背离了无罪推定，而且这样的条款所带来的效果不会仅局限在预防性羁押抑或是刑事诉讼法，而会扩散至其他的部门法甚至整个社会生活之中，因为它一方面是在肯定国家对民众怀疑的正确性，另一方面是在肯定政策对刑事法律直接作用的正当性，进而使法律工具主义的观念变得更加泛滥。

另外，以预防性羁押为典型的预防性刑事司法实践中对开放式风险关注过多，而对闭合式风险关注不够。闭合式风险是指我们知道风险会确定发生，但不确定一群人中的哪一个人将面临风险，而开放式风险则不确定风险是否会发生，也不确定是一个人还是很多人会受到侵害。[①] 进一步而言，立法者在制订预防方案时应该将“一个人可能被侵害”与“一个人确定会被侵害”进行区分。现在的预防方案中将“一个人可能被侵害”转换成“一群人可能被侵害”，进而用人数的多少来做价值的权衡，这样天平的两端就变成了“一个人确定将会被侵害”与“一群人可能会被侵害”之间的选择。尽管我们在理论上认同每个人的生命都是平等的，不能以人数多少来做权衡，但实践中绝大多数场景中仍以人数的多少作为权衡的标准，因此预防性方案就变成了对“一群人可能被侵害”的开放式风险的青睐，而忽视了对那些确定的会发生的风险的关注。这一论证过程符合本书第二章中关于恐惧文化的描述，即我们对越不确定的事情就越恐惧，在恐惧的氛围中引发了对未来的错

---

① See Victor Tadros. (2013) ‘Controlling risk’, in Andrew Ashworth, Lucia Zedner & Patrick Tomlin, *Prevention and the limits of the criminal law*, Oxford University Press, p. 149.

误看法和极端做法。

由预防性羁押的实体化倾向以及先量刑后定罪的思路可以看出，预防性羁押将预防犯罪的是否实现建立在对“危险个体”人身自由的剥夺上。但“除非我们也限制其他人的自由，否则只限制某一个人的自由可能完全无效”①，因为危险的源头比想象中复杂得多，一个风险的背后有很多诱发因素。我们看起来锁定了一个危险个体或某一类危险人群，但事实上这样的做法是否能够真正预防犯罪并未直接证明。换言之，我们高估了某一个人或某一类群体对社会秩序的危险，以恐怖主义为例，即使政府把这个恐怖分子抓起来，仍旧有其他恐怖分子继续实施恐怖活动。当然，这并不意味着我们就不重视风险或放任风险随意扩张，而是需要从两种路径同时转变现有的操作办法，第一，提高现有的预防性羁押的适用门槛、明晰具体的适用条件，减少抽象的内容表达，限缩司法实践中的自由裁量权，回归诉讼保障与人权保障的协调平衡；第二，将司法资源主要聚焦于那些闭合式风险而非开放式风险。之所以强调对闭合式风险的侧重，是因为司法资源有限，当下对开放式风险的过分关注已经导致了对闭合式风险的投入不足。如醉驾入刑以来对司法资源的过多占用，必然导致很多应该得到惩罚的行为得不到及时的规制。对于预防性羁押的梳理也是对预防性刑事司法实践的反思，其中反映出的问题不仅在预防性羁押中存在，在其他的预防性刑事司法实践中也有体现。因此，以下将通过对预防性刑事司法实践中的问题进行总结概括，提炼出预防性刑事司法范式的主要表征。

二、预防性刑事司法范式的主要表征

就整体意义上而言，预防性刑事司法范式的内容仍然是安全价值观在刑事法领域的体现，其中对“危险人”的重视成为预防性刑事司法范式的重要表征之一，因为无论在刑事裁判还是在具体的刑事侦查、起诉等程序中均将

① See Victor Tadros. (2013) ‘Controlling risk’, in Andrew Ashworth, Lucia Zedner & Patrick Tomlin, *Prevention and the limits of the criminal law*, Oxford University Press, p. 152.

"危险人"作为重要的指标进行考量。除此之外，预防性刑事司法范式表现出强烈的调控时点扩张的景象，其不仅扩张至一般的社会生活场景之中，而且在刑罚执行完毕之后继续体现。在预防犯罪的目的主导下，刑事司法范式呈现出危险人与犯罪人的混淆，强制措施与刑罚的混淆，有罪推定对无罪推定的替换。对风险的恐惧转化对具体携带某些指标的个体的恐惧，由此更一步激发了刑事司法实践对开放式风险的关注，同时也使社会治理中的"监视文化"不断加深。刑事司法实践是公权力的宣言书，其直接表达着国家对犯罪、对个体、对安全与自由的看法。当刑事司法实践已经不满足仅仅将再犯可能性理解为人身危险性时，我们看到的是社会治理的手段不断升级，对个体的规训措施也更为密集。对犯罪的治理只是对安全治理的一部分，从传统意义上来说，犯罪的治理有自己坚守的原则和底线，未必需要与安全的治理保持一致。但当下刑事司法实践却表现出犯罪治理被安全治理模式主导的特征，行政权对司法权的干预变得既直接又主动，刑事司法中所坚持的原则和底线在较轻恶害理论和例外理论的解释下不断被动摇和减损。换言之，刑事司法范式在与社会治理的互动过程中，工具性价值被过度挖掘的同时，所谓的互动就变成了刑事司法范式单方面对社会治理策略的积极响应，刑事司法原本存在的对社会治理失常的纠偏作用，随着刑事司法范式独立性价值受到影响的同时也一并减损。因此，通过对预防性刑事司法范式主要表征的论证，本部分实质上探讨的是社会治理与刑事司法之间应该如何实现良性互动。故以下将以作用点的置换、刑事法目的的异化、规训与惩罚的模糊与全景敞视社会的形成来阐释预防性刑事司法范式的主要表征。

（一）作用点的置换：对"危险的他人"的重视

安全与危险相对，正如我们与他们一样，在福柯的思想中，整个社会被区隔为不同的群体，最为典型的划分即为安全的我们与危险的他们。如此区隔方法，在目前的犯罪治理中，也颇为流行。何谓"危险的他们"，就哲学上而言，与自我对应的是他者，人正是通过"我行"而非"我思"证明了自我的存在，"我行"即为包括与他者在内的互动。但同时"每个人无法回避的存在限制就是他人，存在的最大威胁来自他人”①。这样的哲学理念对于个体而言并不陌生，因为人类社会就是在个体一面怀疑他人，一面与他人合作间不断发展的。但当下社会关于风险的强调和重视，使个体与他人的关系发生了改变，“安全需求往往是以怀疑别人的动机引发的”②。加诸科学的背书，个体对他人的怀疑与不信任有了具体的指标，例如，曾经犯罪的经历在科学的解释中成为更高的人身危险性，美国在关塔那摩对很多幼儿的关押甚至会从遗传学的角度进行论证。简言之，在安全价值观的主导下，对他人的排斥成为个体获取安全的手段之一，“危险的他们”逐步取代“实施犯罪行为的个体”在刑事司法实践中发挥作用。“危险的他们”并没有固定的范围，因为关涉“危险”的指标不断在变幻，如巫师、异教徒、同性恋、瘟疫患者、精神病人、身体发育畸形的人、犯罪人等，但在当下“危险的他们”包括与我们持有不同价值认识与行为模式的所有人，“9·11”事件发生后时任美国总统布什就说过：不与我们站在一起的，都是我们的敌人。甚至当下以英、美为代表的西方国家公开表示了对移民和外国人的歧视与敌视。因此，“危险的他们”看起来虽有可供依循的标准，但实则这样的标准充满了浓厚的政治意味，在政治的支配下“危险的他们”充满了任意与弹性。

刑事司法实践中对“危险的他们”的偏重，并非刑事司法的固有传统，而是在“风险社会”的语境中社会治理模式转变的投射。刑事司法过程中关于法益的解读、关于行为的解释、关于自由裁量权的行使本就受政策影响，因此对风险的零容忍自然就转变为刑事司法实践中对犯罪的绝对预防观，而“危险的他人”自然被认定为社会失序的重要缘由，因此刑事司法要更好地发挥预防犯罪的作用，“危险的他人”即成为关注的重点。在第二章中本书曾提及科学泛化的理论，论证了科学的泛化对当下刑法泛化的作用。此部分之所以从科学泛化的视角对危险的他人进行解释，是因为科学在当下社会扮演了新的宗教的作用，事物的正当性往往依凭科学的背书得以证明，风险在这一过程也不例外。事实上，关于风险的建构论恰是依据科学的模型、科学的评估而生

---

① 赵汀阳：《第一哲学的支点》，生活·读书·新知 三联书店2017年版，第217页。

② 【美】弗兰克·菲雷迪：《恐惧：推动全球运转的隐藏力量》，吴万伟译，北京联合出版公司2019年版，第210页。

成，而各种关涉风险的评估、测定更是离不开科学的工具与手段。因此，借助科学及科学的产物，风险的认定不仅被认为更加准确，而且具有了可操作性。但是关于物的风险与人的风险却并非均可以通过科学进行测定，更谈不上精确测定，人的复杂性与多变性远非物可以比较，因此通过科学去解释人、解释人身危险性恐不能得出正确结论。当下关于人身危险性的解释基本上都是依据科学的模型、结论得出的认识，尽管我们知道科学无法测定人性，但并不影响司法实践中仍然使用科学甚至伪科学的内容去评估人身危险性的程度。

借助科学测定人身危险性，首先，因为人身危险性通过一般的工具无法评估，而科学在当下被认为是“万能背书”，因此其自然被用来为司法实践中适用人身危险性提供标准；其次，因为人身危险性在司法实践中的适用本来就有可能侵蚀无罪推定原则及宪法中的比例原则，虽可借助较轻恶害理论与例外理论进行解释，但较之科学，这两种理论距离公众还有一定距离。虽然公众并不了解风险评估的模型与手段，但科学长久以来在公众心中无可置疑的正确性为人身危险性在司法实践的不断扩张提供了坚强的支撑。传统意义上对犯罪人的惩罚是基于行为人实施的行为，而当下对犯罪人的惩罚中还涉及对行为人灵魂的拷问。从前面的预防性羁押中我们即可发现，这一制度的背后是对行为人思想的惩罚。伴随着对“危险的他者”的关注，刑事追诉的过程表现出强烈的焦虑与恐慌，因为担心漏掉可疑之人，所以我们不断增加危险的指标，进而使“危险的他者”的范围得以不断扩张，最终每个人都有可能是“危险的他人”。

如果说在某些宗教学说中认定人生来是罪人，并结合特定的疾病和特定时期的信仰宣称某些人罪孽深重、灵魂不洁，进而适用残忍的刑罚向公众展示权力的威严。那么近现代刑事司法中对犯罪人灵魂的关注，则主要得益于心理学和医学对人所做举动的实证分析和研究，成果在犯罪学中进行了集中体现，关于遗传因素和成长经历对后期行为模式的影响有了更为直接和可靠的证据。因此，如果要通过刑事司法的启动达到矫正行为人行为模式的作用，势必需要让行为人在思想中树立对新行为模式的遵循。在这其中，如果能够实现行为人对新行为模式的价值认同，自然是最理想的效果，但行为人的个体性决定了行为习惯的改变大多时候是趋利避害的结果以及情境化的作用。科学在刑事司法中不同阶段的作用模式主要是通过外在的手段对肉体，进而对思想作用，但对精神病人的惩罚则对精神的直接矫正场景较多。如早期对瘟疫病患的强制隔离、同性恋的激素注射和强制矫正及长久以来对精神病人的强制治疗，对此类群体的思想抑或是灵魂关注时间较早。其实，这也是在国家治理中常见的思维逻辑，即与主流龃龉的异常的惩罚与规制。异常未必就是犯罪，自然也未必要启动刑法进行处理，但“异端一定要规制”的思维传承至今，已经成为固定的操作模式。

无疑，刑事司法中处理的犯罪行为自然属于与主流相悖的行为，但犯罪被表达为内战的场景以及关于犯罪人“敌人”形象的塑造、刑事司法的仪式化功能却在慢慢消退。当然，“9·11”事件之后反恐关涉的法案和罪名使公众关于犯罪和犯罪人的形象，尤其是关于恐怖分子的认识会重新使用一些政治性词汇进行定义。但整体而言，随着科学的介入，刑法的残酷性似乎隐藏起来了，之前各种公审、公判、游街的仪式大多已经取消，关于死刑以及各种刑罚的适用也开始向公众阐明其中的缘由，从外观上看，刑事司法变得严谨和宽缓起来，但在“这种惩罚日益宽松的现象背后，人们发现惩罚作用点的置换，而且可以看到，通过这种置换出现了一个新的对象领域，一个新的事实真理体系以及一大批在刑事司法活动中一直不为人们所知的角色”。① 犯罪人在新的讨论语境中，被潜在地替换为危险人，这不仅体现在其未进入正式的刑事司法场景之前，甚至在其刑满释放之后其仍属于危险人这一群体。犯罪人与危险人的混淆背后，是规训权与惩罚权的交融，换言之，犯罪人的内涵与外延在概念置换的过程中被扩大了。犯罪人可能是危险人，危险人亦可能是犯罪人，但这两者绝不是等同的关系。在科学泛化的背景下，为了解决刑事司法中再犯率高的固有难题，“事前预防—事发惩罚—事后追踪”上升为合理的应对策略。其问题在于，在刑事司法实践中事前和事后对人身自由的限制正是基于这一逻辑进行的展开操作，虽然针对的对象不是犯罪人，但“贴有‘处于风险’这个标签常常有利于强调个体边缘化或无权的地位”②。各领域专业知识也为预防、惩罚和追踪的对象划定提供了操作的工具和指引。刑事司法的调控领域从外观上看似没有变化，实则其已经扩张至一般生活的领域。在毛细血管状的权力运

---

① 【法】米歇尔·福柯：《规训与惩罚》，刘北成、杨远婴译，三联书店 2012 年版，第 24 页。

② 【澳】狄波拉·勒普顿：《风险》，雷云飞译，南京大学出版社 2016 年版，第 91 页。

行图中，具体的个体按照主流社会界定的危险系数被置于社会治理的不同层级和节点。犯罪记录、犯罪的种类、经济状况、工作职业、性别、年龄、家庭出身、罹患疾病、教育程度、种族、信仰、性取向等不同指标共同形塑了危险人的范围。上述指标的起伏影响着危险人危险评级的高低，进而也直接影响其在社会中的正常生活。

"斯宾诺莎认为，社会中罪恶之所以为罪恶，是因为它遭到了社会的排斥。"[①] 社会排斥所指涉的是个体所处的地位，广义上包括罪犯、民族、宗教、性别上的少部分人、精神病人、脱离生产或消费流通的个人，总而言之，涵盖一切被认为是异常的或偏常的人。[②] 对特定群体的关注，是因为这些主体中的部分个体曾经在历史上，甚至当下社会"的确"是社会不安的制造者。但因为携带异常或偏常因素的单个个体对社会造成的严重危害，就推导出是这些特殊因素促生了犯罪，抑或只要具有这些特殊因素的个体均属危险群体，如此论断存在严重的逻辑问题。危险就像瘟疫一样，弥漫在城市的上空，形成一种人人自危的场景。个体的恐惧形塑了犯罪治理的工具和手段，预防建立在阶层固化的基础之上。易言之，预防尽管在不同的时空区域指涉的具体对象貌似不同，究其本质实则是一个群体对另一个群体的预防。所以，犯罪的治理思路，并非以康德所创设的"友善权"为依归，更非以不同群体的融合为宗旨，而是坚持、固化不同群体的界限，严格遵循"我们—他们"二元对立的模式。从世界范围来看，我们与他们的区分，形成所谓文明国家与野蛮国家的不同，进而产生了各种限制、禁止入境与移民、强制收集公民个人信息，以及各种对来自"野蛮国家"的公民充满敌视的法案。这些举措同样属于犯罪治理的一部分，其属于治理体系的外围，直接将可能的危险系数排除出去。通过诸种方式不断明示、暗示以强化公众对特定群体的认知，只会加剧公众的恐慌。这种恐慌似乎很短暂，但一段时间之后，恐慌所促成的累积效应可能会创造社会分层，重新分配社会地位，进而使阶层之间的区隔更加固定。[③] 不可否认，阶层

---

① 【法】埃米尔·涂尔干：《社会分工论》，渠冬译，三联书店 2013 年版，第 44 页。

② 【法】米歇尔·福柯：《惩罚的社会：法兰西学院演讲系列，1972－1973》，陈雪杰译，上海人民出版社 2016 年版，第 4 页。

③ See David Garland.（2008）'On the concept of moral panic', *Crime Media Culture*, 4（1）: 9－30, p. 16.

之间的区隔是人类社会发展的正常现象，但不同层级之间应有流动体系，换言之，阶层不能固化。但社会资源的分配不均以及公共服务的产业化经营，使犯罪治理的过程充满了各种标签理论，无罪推定的原则易流变为有罪推定，罪犯更易以“社会敌人”的角色产生。

从犯罪人到危险人的侧重，不仅是刑事立法的直接产物，更多的是刑事司法对预防性路径的回应。传统的刑事司法针对的是实害，是针对过去的刑法范式，当下的刑事司法则越来越注重对风险的防范，是面向未来的刑法范式。[①]这里有两个问题需要反思：一是对刑事司法效果的过度迷信，二是回避了确定的刑事司法在应对不确定的未来时所产生的其他问题。长期以来，刑法都被誉为社会的最后一道防线，但最后一道防线并不等同于最有效的防线，社会治理是综合工程，刑法只是其中一环。不过在科学泛化的背景下，风险被大量确认，传统的刑事司法针对过去发生行为进行启动的模式开始受到攻讦，认为其不足以充分发挥对犯罪的惩罚与预防作用。因此，从犯罪人至危险人的过渡，是现代刑事司法对科学泛化的“正当”回应，尤其是，以科学之名大量的评估、测量工具在刑事司法中的适用更是为事前、事后对危险人的预防策略提供了证明。但危险的刻度表如何评定其是否科学？前面所描述的影响个体危险的因素是否应该成为评价的指标？“如果科学自身还不非常坚实，那么建筑在不坚实的基础之上的法律制度就可能坍塌。”[②] 当然，这并不代表本书陷入价值虚无主义不能自拔，关键在于危险人的判定会对被贴上危险标签的个体产生实质的影响，甚而从人沦为“牲人”。从此角度言之，令人忧虑的不是刑事司法的一次扩张，或扩张本身，而是借助科学的名义，“正确地”对人进行重新分类组合的一再举动。

（二）目的的异化：“预防犯罪”支配下的刑事司法范式

从前面的论述可以看出，当下刑事司法实践为了回应对抗风险的需要，所

---

① See Heidi More Lomell (2012) ‘Punishing the uncommitted crime: prevention, pre－emption, precaution and the transformation of criminal law’, in Hudson B. & Ugelvik S. *Justice and security in the* 21st *Century: risks, rights and the rule of law*, Routledge, p. 84.

② 苏力：《制度是如何形成的》，北京大学出版社 2007 年版，第 98 页。

以较之于提供诉讼保障、人权保障以及惩罚犯罪的目的，预防犯罪成为刑事司法实践的主导性功能。在刑事裁判的政策化和预防性羁押两个典型领域中均可以发现在预防犯罪的目的主导下对具体的刑事司法实践带来的转变。在预防性羁押的讨论中，曾有学者认为刑事强制措施的目的包括惩罚犯罪、教育民众、预防犯罪等。事实上，这样的观点不仅针对刑事强制措施，而是包括整体意义上的刑事司法过程。传统意义上，刑事司法以惩罚犯罪为第一要任，即使有预防犯罪的功效自然也不属于刑事司法追求的首要目的。但在新的形势下，学者们对刑法和刑事诉讼法中的“保护人民、保障国家安全和社会公共安全，维持社会主义秩序”等内容进行了新的解读，将预防犯罪解释为保障国家安全和社会公共安全，维持社会主义秩序的当然内涵，进而将犯罪预防置于与惩罚犯罪同等甚至在例外状态中有超过惩罚犯罪作用的趋势。另外，预防犯罪中的“犯罪”并不要求是满足了犯罪构成标准的犯罪行为，但在司法实践中显然是将一般的风险行为甚至中性行为均作为预防的范围。对于其他部门法而言，预防的行为所涵摄的范围自然不需要进行专门强调。但对于刑法、刑事诉讼法而言，预防犯罪中的犯罪至少是有一定程度的社会危害性的行为，毕竟对于这些行为的防范会涉及国家暴力工具的使用，进而使公民的权益受到不当侵犯。现在存在的问题恰是对不同治理手段的功能混淆，将预防犯罪作为不同治理手段的共同任务，对于涉及公权力的法律而言预防犯罪几乎成为首要任务。

目的的异化并非指刑事司法实践对于惩罚犯罪、保障人权等功能全然不顾，而是指预防犯罪的功能优先，导致了惩罚犯罪与保障人权的功能受限。以何种功能作为主导功能对于刑事司法活动的开展会带来不同的效果。当以预防犯罪的功能为优先时，暗含着对社会秩序与国家安全、公共安全的优先保障，那就意味着个体的自由与权利必须进一步地做出限制和减损。因为预防犯罪的范围无论如何会比惩罚犯罪的范围要广，而且在预防犯罪的主导下，如何惩罚、惩罚什么都带有明显的预防色彩。就此意义上而言，目的的异化不仅是对个别裁判活动、个别刑事追诉活动的影响，目的的异化会导致路径的异化，进而使刑事司法实践对人权的减损成为常态。如前所述，我们承认预防犯罪的目的，尤其是承认例外状态下对人权适当限制的必要性与正当性。但是如此次疫情期间，中央已经批评很多地方滥用“战时状态”，进而导致对个体、企业权益造成不当侵害。之所以质疑预防犯罪目的对刑事司法实践的主导作用，原因即在于刑事司法活动的特殊价值与功能。在国家治理体系中，不同的治理手段承担着不同的角色，但是有权利救济功能的治理手段并不多，刑事司法活动是公民权利得以救济的最后的法律手段。虽然法谚云：有权利必有救济，但秩序保障的强势立场不断要求正当化权力对权利的减损，而本来承担救济职能的刑事司法活动在制度的设计中、在具体的操作中现在都明确体现了对人身危险性的侧重，在这样的操作模式下公民的权利很难实现救济。换言之，在治理体系中之所以有救济手段的存在，就是因为国家“利维坦”的属性很难自我约束与控制，因此对私权利的救济同时也是对公权力的救济，一旦权力与权利的关系彻底失衡，那么公权力最终势必受到影响。所以，无论是宪法中的比例原则还是刑事诉讼法中的无罪推定原则，正是对权利与权力之间关系的调剂。尽管例外状态关于权力的行使有特殊的要求，但如“夕阳条款”的设置正是要求例外状态结束后应迅速恢复公民权利的正常行使。

与刑事司法活动目的异化相伴而生的是，刑事法体系中本已尘埃落定的论题又重新引发了讨论。如果说罪刑法定原则在刑法中的确立使刑法进入全新的发展阶段，那么当下的讨论直接关涉刑法的未来走向。无论是行为人中心主义与行为中心主义的论争抑或是本能直觉主义与环境经验主义的争议，都再一次回到这一问题的讨论，我们究竟是因犯罪人而惩罚犯罪行为，还是因犯罪行为而惩罚犯罪人？问题在于，虽然当下刑事司法活动中仍然以行为作为盘查、追诉、审判的依据，但关于客观的行为与主观的行为人要素掺杂在一起，进而使行为的解读变得愈加主观。这里的行为主观化主要是指刑事政策的明确要求以及刑事法律规范中对行为人人身危险性的明确表达，使司法工作人员正常的价值判断变得更加不统一和不确定。尽管在外观上看行为仍然属于刑事法体系的评价中心，但此一行为不单指行为人实施的客观上可确定的行为，还包括那些无法确定的行为人特性的内容。因此，所谓坚持以行为为中心，显然在当下社会较之之前行为的内涵与外延均发生了急剧的扩张。行为内涵杂糅的背后，是刑事司法体系中主观与客观的不明晰导致的混乱，虽然绝对意义上的主观与客观无法达致，但客观的主观化、主观的客观化也绝非刑事司法追求的目标。客观的主观化与主观的客观化在本质上并无差异，都是对客观与主观判断顺序的混淆，都指涉的是行为人的特质对行为诠释的影响，其或独立于行为，或单独被拟制为行为。对行为看似坚持的背后，是刑事法学界关于刑事司法的功效产生了迷思，我们不能放弃行为，因为没有行为刑事司法就无法正当地发挥沟通效果，但仅靠行为似乎又捉襟见肘无法应对纷繁复杂的社会现实，因此在行为之中添加行为人的因素成为改革的方案之一。更为彻底的解决方案是通过制造“悬法”状态对行为人进行“牲人”化处理，如第二次世界大战时期的集中营和当下美国在古巴设立的关塔那摩监狱和英国设立的贝尔马什监狱。不管是一般的解决方案还是此种彻底的解决方案，传达出的意思都非常相似，即“犯罪不仅看上去是犯了罪或可能去犯罪的人，更重要的是，犯罪实际上就是罪人”。①

从另一个层面来说，刑事司法中以预防犯罪为导向，会导致评价刑事司法有效的标准从公正转向社会秩序的稳定。换言之，能稳定社会秩序的刑事司法才是有效的刑事司法，那如何才能稳定社会秩序呢？最简单、最便捷的思路即是将犯罪人与普通民众进行隔离，只不过这里的隔离可以分为三种程度，最低级别的如无正当理由的盘查、询问使其他民众觉得行为主体存在危险，进而引发的其他人对行为主体的疏远。但这样的隔离因为对个体的污名化效应短暂，因此民众对此种隔离的容忍度最高；高一级别的隔离如刑事强制措施的采用以及刑罚的实施，会产生国家对行为主体的强制隔离，以及行为主体强制措施和刑罚执行完毕后民众或社会对其继续实施的身份隔离；最高级别的隔离如不能减刑、假释的终身监禁以及在如关塔那摩、贝尔马什之类的法外空间实施的监禁。在一定程度上，对行为主体的不定期限羁押产生的隔离效果不亚于最高级别的隔离，心理的折磨与精神的崩溃，以及社会对此类主体在解除监禁后长时间的继续关注，会使个体的污名化效应近乎伴随终生。隔离的思路是“安全的我们—危险的他们”二元分立思路的投射，只不过在一般的社会生活中是通过各种带有消费门槛和身份门槛的条件进行隔离。但这种简便的思路却具有相当严重的副作用，严重的污名与排斥效应使个体重新融入社会的难度非常大，越高级别的隔离对应着越为严重的社会抛弃。当下刑事司法目标的异化使

① 白建军：《公正底线：刑事司法公正性实证研究》，北京大学出版社 2008 年版，第 90 页。

预防性隔离的情形不断地增加，但如何解决解除隔离措施后，尤其是长时期隔离措施的后续问题，从目前来说学者并未给予足够的关注。换言之，对于当下整个刑事法律体系而言，重点在于协助社会对抗风险、预防犯罪的发生，至于对抗风险的手段所可能引发的风险似乎并未成为学者研究的重点。借用前面在贯通李斯特鸿沟中所阐释的形式理性与实质理性的争辩内容，刑事司法中所反映的问题也是眼前与长远之辩。以“预防犯罪”为目的的确要求刑事司法面向未来，但面向的只是未来的不确定的风险，而非刑事司法的长久健康发展。而这些不确定的风险正是当下社会所确定的不能容忍的风险，因此面向未来的不确定的风险的过程中，我们面向的终究是当下社会控制秩序的明确指向。我们无法比较当下社会秩序与未来社会秩序的不同，我们比较的是确定的人身自由的限制、剥夺与不确定的预防犯罪的目标实现，我们比较的是确定的行为与不确定的人身危险性对刑事司法所带来的影响，我们比较的是面向过去的惩罚与面向未来的预防对刑事法体系所带来的挑战，我们比较的是面向未来的确定的闭合风险与面向未来的不确定的开放风险所带来的效应。

学界在评价刑事司法回应的正当性时，存在将应然与实然混淆的现象，更多时候将刑事司法回应的现实性的论据作为正当性论据进行使用，虽然这些论据中偶有交叉，但现实性和正当性的论证思路并不相同，如果有现实性就意味着具备正当性，那么犯罪论体系都可以不用存在了。所以，用应然去对抗实然，用正当性去限制单从现实性中推导出的治理措施，是对预防性刑事司法体系中“现实性约等于正当性”思路的否定。如果实然脱离应然，或通过实然再去构建所谓的应然，那么真正的应然必然会被遗弃。如无罪推定、人权保障、罪刑法定等这些是经过惨痛的教训和经历形成的应然，预防犯罪的目的并不属于刑事法体系的应然，其无法统领和正确地引导刑事法体系的运用。而从当下刑事司法实践的操作来看，预防犯罪本身正被当作实然看待，即使预防犯罪同时也是应然，那么也不应由预防犯罪的应然去指导预防犯罪的实然，显然指导、限制、约束预防犯罪实然的应当是其他的应然价值所在，如宪法中的人权保障与比例原则，否则预防犯罪的实然与应然混杂在一起，进而使预防犯罪的实然失去了控制。

除此之外，预防犯罪的目的会使刑法的沟通效果减弱。刑法作为一部沟通法，刑事司法实践本身也是一种沟通的过程。[①] 刑事司法活动的开展一方面在于使民众的权益得以救济，另一方面也在于恢复被破坏的社会秩序，这两者的目的均在于使民众通过刑法对政府保持信任。但当下在预防犯罪的目的要求下，刑事司法实践中关于预防性羁押的规定已经脱离了民众对惩罚的基本认知。在最朴素的价值认同中，惩罚一个人是因为其做了什么，而不是因为这个人是什么身份。但身份政治的思潮显然已经在风险社会的场景下蔓延进刑事司法实践之中，因为“身份政治的一个问题就是，它让我们把作者的身份看得比作者写了什么更重要”[②]。及时、有效的惩罚而非提前惩罚、政策性惩罚才会使公众相信法律就在身边、触法必罚，相信政府有能力稳定社会秩序、保障民众安全。所以，预防犯罪真的并不应当成为刑事司法的目的，而应该成为刑事司法惩罚犯罪、保障人权的附随效果。

（三）治理手段的混淆：惩罚手段与规训手段的模糊

在预防性路径的主导下，公权力的不断扩张已成事实，而行政权对司法权的干预、渗透在国家安全的名义下愈益加深。但现在的权力会采用隐蔽的、日常的、习惯性形式的规范，如此隐藏起来，不是以权力的名义而是以社会的名义运转；其不再以仪式中的暴力表现出来，而是通过规范化、习惯和纪律运转。[③] 因此，关于预防性路径在犯罪治理中的局限，人们多聚焦于预防手段的严厉进行发掘，因为它直接、明显。但暗藏在“预防”帷幕下的其他看似中性的应对措施，则通过犯罪的治理完成了社会排斥的使命。“现在刑事司法的应用点，即它的‘有用的’对象不再是与国王肉体相对立的罪犯肉体，也不是一种理想契约的法律主体，而是受规训的个人。”[④] 在《规训与惩罚》一书中，福柯对政府针对国民所适用的规训与惩罚的手段进行了阐述。规训的手段

---

① 古承宗：《风险社会与现代刑法的象征性》，载《科技法学评论》2013年10卷1期，第161页。

② 谢晖：《COVID－19、信任与国家治理——基于“福山命题”的探讨》，载《学术界》2020年第12期，第51页。

③ 【法】米歇尔·福柯：《惩罚的社会：法兰西学院演讲系列，1972－1973年》，陈雪杰译，上海人民出版社2016年版，第211页。

④ 【法】米歇尔·福柯：《规训与惩罚》，刘北成、杨远婴译，三联书店2012年版，第254页。

和场所，最为典型的是工厂、学校、医院及军队。在这些场所内，国家将自己对国民的要求通过不同的设施和机制进行实践。“法律也开始扮演父母和教师的角色，培养官方认为符合社会期望的态度。”① 而长久以来各国默认的惩罚的手段和场所，则是刑罚和监狱。从一般意义上来说，规训和惩罚因其对公民施加措施的性质不同，故这些措施受到的限制亦不同。刑罚因其严厉性和残酷性，决定了如对行为人适用刑罚需要遵循严格的程序限制，以免错判。规训与惩罚的使用顺序并无明显先后之分，原则上，国家使用规训手段旨在使公民内心合理确认并顺从政府的统治，所以规训的内容极其重要。甚至，“在家父主义监护的伪装之下，国家可能会隐秘地、渐进地按自己的意志来塑造其成员”②。故规训的过程，国民一般不会产生明显的抵触情绪，因为国民也将因此受益。但惩罚与此不同，尤其是刑罚，它会直接作用于公民的身体、财产或外在资格之上，使其产生不同程度的痛苦。较之规训，惩罚至少在表面上不会使行为人产生受益感，却代之以痛苦和耻辱感。在此层面上，似乎国家先对国民适用规训，只有当规训不能时，才启动惩罚机制，进而通过惩罚，使国民重新接受国家对其的统治。

原则上，规训与惩罚属相对独立的范畴，界限分明。但在国家安全的视阈下，例外主义为特殊手段的正常化一再背书，以至于规训与惩罚之间的界限开始模糊和淡化。最明显的表征在于，惩罚与规训的限制机制逐渐趋同，惩罚体系中的正当程序和法治原则进而不断妥协减损。以国家安全为名，监控文化在世界范围内的蔓延，为各种临时羁押和审前羁押提供了理由。如关塔那摩一样的法律真空地带，到底如何界定？关押在其中的不是囚犯，可反证对其人身自由的剥夺不能算作刑罚，美国政府将这些人界定为“敌方作战人员”，那未经审判长时间监禁的依据何在？是这些人所携带的风险，是为了防止其现在或将来对美国的恐怖主义袭击。此种逻辑的背后，是以被羁押人员将来可能实施恐怖主义活动的风险与被羁押人员现实被剥夺人身自由之间的权衡。换言之，这是一种可能性与现实性之间的比较，但可能性战胜了现实性。毕竟，被羁押者

---

① 【美】伯尔曼：《法律与宗教》，梁治平译，中国政法大学出版社 2003 年版，第 174 页。

② 【美】本杰明·N. 卡多佐：《法律科学的悖论》，劳东燕译，北京大学出版社 2016 年版，第 130 页。

在传统的规训体系中被设定为可能来自流氓国家、底层社会、持有极端宗教思想、拥有不同意识形态的人，易言之，这些人本就是危险分子，因此有必要在他们实施“最恐怖的危害行为”之前就限制其人身自由，甚至剥夺生命，亦成为理所应当之事。“现代刑罚的所有重大的扩展变化—对罪行背后罪犯的关注，对具有矫正、治疗和规范作用的惩罚的关注，对被视为具有测量、评估、诊断、治疗和改造每个人的不同权力的权威的裁定行为的区分，所有一切都表明规训检查渗透进司法审问。①

事实上，如前所述，在国家安全的语境中，警察与军队之间的界限模糊、国内与国际之间的界限模糊、犯罪与战争之间的界限模糊、世界范围内的威胁自由流动，因此，规训与惩罚的内容、机制亦在不断调整，规训和惩罚的手段更带有本国特征。在一定程度上，有必要尊重一国采取不同的规训与惩罚手段对抗内外部风险，但同时仍需要承认这些手段不能逾越一定的界限。尤其是在反恐成为常态化的今天，曾经对刑法启动所要求的证据标准、程序限制大多通过修法，或制定特殊反恐法案进行祛除。涉及限制、剥夺公民人身自由的措施、命令被各种紧急状态赋予正当理由。刑罚惩罚，或其他惩罚措施在不同的称谓、不同的限制措施下，却对公民的自由施加了一样的痛苦属性。一方面，真正的惩罚措施被划入规训的范畴，进而缺乏制衡机制；另一方面，真正的规训手段则借助于监视设备的普及变得更加隐秘。正如 C. L. 坦恩所指出的：“非法律强制远比刑罚更加无处不在且更加暗藏杀机，因为这些强制手段侵入个人生活细节，奴役人们的灵魂，让人无处可逃。”②

（四）透过安全的治理体系：从全景敞视监狱至全景敞视社会

边沁提出了全景敞视监狱的理念，意指全方位无死角对犯罪人的监控，其主要功能是不让任何人逃出严密警戒的空间。③ 而当下社会则将此理念从监狱

① 【法】米歇尔·福柯：《规训与惩罚》，刘北成、杨远婴译，三联书店 2012 年版，第 254 页。

② C. L. Ten.（1980）*Mill on liberty*，Oxford：Oxford University Press，p. 2. 转引自【美】乔尔·范伯格：《刑法的道德界限（第一卷）：对他人的损害》，方泉译，商务印书馆 2013 年版，第 2 页。

③ 【英】齐格蒙特·鲍曼：《全球化——人类的后果》，郭建良、徐建华译，商务印书馆 2013 年版，第 49 页。

延伸至普通生活的场景，甚至营造出一种公众渴望被监视的情境。监视文化的畅行，原因之一在于犯罪率的居高不下以及随处可见的风险提示，安全作为一种“公共善”被频繁提及，监控设备作为安全产业蓬勃发展的副产品成为社会治理的必需品。从一开始对监视的抵触，到主动需要监控，促成这一转变的是风险的传播和恐惧的营造。公众对犯罪的关注成功地转换成为对安全的诉求，如果犯罪的术语表达尚能使人不安，那在安全的面纱下治理手段的更新换代则具有天然的正当性与合理性。在全景敞视社会的情境中，公民如同“犯罪人”，政府则是监控者，而各领域的专家知识借助各种媒体形式帮助公众形塑关于危险和安全的边界，便于政府通过对安全的调节实现对社会的治理。

犯罪不仅是社会某些机制“失灵”的表征，更是政府治理的关键和不可缺少的核心。犯罪一定要存在，否则政府存在的正当理由至少丧失了一半。犯罪的一个面相是恐惧、另一个面相是安全。如何操作好恐惧与安全之间的平衡点，对于任何政府都是极大的挑战。围绕犯罪形塑了新的国家治理的图谱，犯罪界限的设定与调整、犯罪预防策略的制定、犯罪发生机制的解读、犯罪后的惩罚与矫正等将每一个公民都包裹其中，没有一个人是旁观者。“当代的刑罚是关注以风险为基础的话语，对象以及技术的‘新刑罚学’为特征的。与惩罚过去人的不法行为不同，当代刑事司法制度正试图先将犯罪人（严格地说是潜在犯罪人）纳入特定的风险类别，之后再用可能的最经济的方式对他们进行管理。”① 透过犯罪，司法、卫生、质检、边境、教育、金融、城市规划等看似不相关的领域相互连接，不断地识别、诊断、处理各自领域可能与犯罪关涉的问题。刑事司法的启动，不再仅仅是司法机关的事项，各行业均会因这一仪式适时调整本领域的相关政策和规范。从此路径出发，以犯罪为核心，国家治理体系看似运转有利，但“吸收—排除”的二元治理策略在刑事司法启动之前、之中、之后持续发挥作用。

在刑事司法范畴中，长期以来对再犯率居高不下的担忧以及对策的思考成为刑事司法改革的驱动。如何驯服个体，使之脱离监狱的情境后继续恪守正常的行为模式，是“解剖政治”的题中之意。从肉体至灵魂的驯服，已经从刑

① 【英】麦克·马奎尔、罗德·摩根、罗伯特·赖纳等：《牛津犯罪学指南》（第四版），刘仁文、李瑞生等译，中国人民公安大学出版社 2012 年版，第 657 - 658 页。

事司法的视域扩张至日常生活的场景之中。换言之，“每个人都处在一整套由规则编织而成的监视与惩罚的罗网之中，成为戒驯调教的驯服身体”①。各种驯服的技术，源于各种专门知识的发展，刑事司法在各种精细化的知识分工中，围绕着“犯罪人”这一原点，逐渐远离公众的认知和理解，同时也在不断延伸自己的调控领域。社区、戒毒机构、精神病院以及大量的日常化场所成为对“犯罪人”矫正和治疗的新型场域。事前和事后的对人身自由的各种限制措施，因为科学的背书得以施行。从此意义言之，“刑事制度并不简单的是一个阶级对另一个阶级的压迫机器或统治阶级的非法暴力的托词，而是经由合法与非法之间的差异而使得一种政治和经济管理成为可能”②。

如前所述，犯罪人至危险人的过渡是刑事司法科学化的一重表征，对危险人如何治理是社会治理中的重要任务，单纯靠刑事司法体系已经不足以实现这一目标，统筹其他社会治理手段成为对危险人调控的必要策略。如果说全景敞视监狱监视的是被关押的犯罪人，那么在全景敞视社会中监视的目标实则是一般公众，因为危险人隐藏在公众之中，要对危险人进行监测、评估以及后续的应对处理，监视的目标就只能是公众。在科学泛化的语境中，对安全的高度强调以及人人自危场景的营造，从全景敞视监狱至全景敞视社会的过渡迎合了公众对安全的期待，但引发了新的问题：政府是否存在过度治理的情况？过度治理最大的弊端在于压缩了个体的自由空间，使个体生活质量受到影响。本书丝毫不否认政府应该保障公民的安全、实现社会的秩序和稳定，亦不否认当下社会中存在的复杂风险需要不断升级治理手段，但其中的隐患在于未来是不确定的，牺牲的个体利益却是确定的，公众事实上并不清楚究竟牺牲多少个人自由可以换取政府承诺的安全，这是一个关涉“平衡”的游戏。全景敞视社会的塑造，在传达安全，亦在传达恐惧，看得见的监控设备以及看不见的监视活动旨在带来安全感，但无形中也在传递现代社会非常危险的讯息。借用福柯之言：“如果监狱类似于工厂、学校、兵营和医院，而工厂、学校、兵营和医院

① 莫伟民：《管治：从身体到人口——福柯管治思想探究》，载《学术学刊》2011 年第 7 期，第 47 页。

② 莫伟民：《从‘解剖政治’到‘生命政治’——福柯政治哲学研究》，上海人民出版社 2018 年版，第 309 页。

又都类似于监狱，那有什么令人惊讶的呢？监狱之网及其嵌入、布局、监视和观察体系支撑着近现代社会的规范化权力。"① 大量的专家论证、犯罪数据、铺天盖地的报道不断地宣告这样的监控实则是为了公众的利益。为了公众的利益辅之以科学的名义，个体不断退让自己的私生活空间，这是另一种驯化，甚或是一种对科学迷信后心甘情愿地被驯化。

就实质而言，"法制社会的本质就是技术化的自动认同和自动驯服的规训存在。社会控制不再是统治，而是科学的治理下的自拘"②。但刑事司法对科学进行回应的前提，是尊重科学而非盲信科学，是科学对刑事司法的正确指导，而非科学对刑事司法的完全统辖。在目前科学被泛化、风险被泛化的场景中，刑事司法的改变以及产生的衍生效应，不仅使刑事司法的研究范式发生了转向，同时也从刑事司法的处理模式蔓延至一般的社会生活场景。"犯罪人、全景敞视监狱——→危险人、全景敞视社会"，这样的转变背后仍然是政府驯服个体的理念，尽管这样的理念亘古久远，但当下的驯服却比之前的时代更具隐秘性和正当性。在科学的背书下，公众从被动接受到主动贴近，科学加速了驯服的进程。

本章结语

雅克布斯教授曾言："透过'敌人刑法'的棱镜，我们看到了刑法领域中先发制人的思维。"③ 以预防性路径为指导的犯罪治理体系，实则是针对特定群体的治理思路。我们以各种假设与猜想为基础，以各种数据和模型为根据所制定的解决对策，从一开始就是以阶层区隔为原点。只是这样的对策思路被践行之后，更进一步明晰了不同群体之间的界限。"偏见作为一种不公，字面意

---

① 莫伟民：《从'解剖政治'到'生命政治'——福柯政治哲学研究》，上海人民出版社 2018 年版，第 173 页。

② 张一兵：《资本主义：全景敞视主义的治安—规训社会——福柯〈规训与惩罚〉解读》，载《中国高校社会科学》2013 年第 4 期，第 28 页。

③ Hudson B. & Ugelvik S. (2012) *Justice and security in the 21st Century: risks, rights and the rule of law*, Routledge, p. 104.

思是‘预先的判断’，从行为上说，就是在没有任何直接证据证明的情况下，仅凭某个个人共有的间接证据，将某种特性归结到某人身上。在偏见可以避免的情形中，刑罚不但不是可以被正当化的‘必要的恶’，而且根本就没有正当性可言。”[①] 预防的价值自然需要肯定，但如同科幻小说《少数派报告》中所描述的通过对行为人的提前甄别来彻底消灭犯罪的想法，似乎无视了这种“犯罪前”模式所带来的负面效应。[②] 要知道国家安全，不仅指免受外部威胁，还包括一国领域内社会的和平与安宁。而要保障后者的实现，以预防犯罪为目的所支配的犯罪治理手段必须考虑可能带来的危机与风险，如果放任这种互动继续升级，则安全的保障或只是幻想。

---

① 【美】乔尔·范伯格：《刑法的道德界限（第一卷）：对他人的损害》，方泉译，商务印书馆2013年版，第223页。

② See Jude McCulloch & Dean Wilson.（2016）*Pre－crime*：*pre－emption*，*precaution and the future*，Routledge，p. 1.

第六章

国家安全视阈下刑法的坚守与变革

在对上述章节阐述之后，我们进入本书的最后一部分，即对国家安全视阈下刑法的坚守与变革进行论证。在此部分本书将在上述章节所论证内容的基础上探讨在国家安全的视阈下刑法为何要坚守、为何要变革，坚守和变革之间是否能够共存，而又如何坚守与变革？在主张不断变革的当下社会，刑法在世界上主要国家也在经历着剧烈的改变，这些改变已经冲击到刑法的核心与根本。面对罪刑法定原则、罪刑相适应原则、公正价值、谦抑性等内容在不断强调“安全”的语境下所受到的影响，而且基于安全形势的“严峻”这样的影响在目前并未有任何停止之势，如果任由刑法按照现在的趋势一直发展下去，那么对于刑法、对于社会、对于个体而言将会带来怎样的结果？基于此，我们必须思考在安全价值观的主导下刑法的边界究竟在何处？

刑法的发展是国家治理改革的缩影，我们在分析刑法的同时，也在剖析当下国家治理的手段与路径。无论是对于刑法的坚守还是变革，我们都需要回到具体的社会现实中去思考解决方案，不可能停留在理论的争辩而脱离社会构建刑法发展的方案。但正如同支持当下刑法发展趋势的学者在大量的学术文献中所表达的观点，功能主义、积极预防主义刑法观是社会发展的大势所趋。但真正的大势究竟是什么？无论是支持刑法发挥积极主动预防功能的观点，还是坚持刑法消极被动的观点，都是以社会现实作为依据来论证自身观点的合理性。因此，导向不同观点的事实上是基于对社会现实的不同理解以及未来社会的不同认知所引起的。换言之，我们对现在和未来的不同理解，形成了不同的刑法观点，尤其是关于未来的认知在风险社会理论、恐惧文化理论、科学泛化的理论下充满了悲观和消极的情绪，这样的情绪感受不仅会影响我们看待当下世界的态度与立场，而且会反作用至未来社会的发展。换言之，如果我们对未来的想象是悲观的、消极的，关于陌生人的态度是敌视的、仇恨的，那么我们会把这样的认知转化成真的未来，进而再反过来确认这样的未来是当时我们所认定的未来。因此，同样的逻辑可以转换至刑法，刑法的确应该随着社会现实的改变进行调整，但刑法调整的幅度却未必需要和其他治理手段以及国家治理模式的改变采取同一路径，换言之，刑法需要在坚守中改变，在改变中坚守。因为如果刑法的改变意味着刑法独立价值的放弃，意味着刑法根基的动摇，那么未来的刑法将会变成侵犯人权的合法手段，更重要的是我们还可能会深信这样的刑法同样是大势所趋。所以，真正的大势所趋是对未来的多元思考，是相信不确定的未来并非只有确定的悲观与末世图景，是相信我们现在所做的一切正是在创造光明的未来。

一、为何坚守？

刑法需要坚守与刑法故步自封并不相同，刑法坚守是指刑法无论如何发展，都需要恪守最基本的价值与精神，如罪刑法定原则、比例原则、保障人权等内容。这些内容本身并不完全属于刑法，在其他部门法中也有所体现。刑法所坚守的内容是在人类社会发展过程中经过不断过滤积淀下来值得珍视的重要价值，对这些价值的侵蚀、减损甚或放弃，不仅对刑法本身会有直接的影响，对人权的保障与国家治理同样会造成严重的负面效应。尤其是当下刑法的改变被预防性的刑法观进行主导，其他质疑的观点尽管在学界仍有学者提出，但无论是刑事立法、刑事司法、刑法解释都呈现出预防性刑法范式的主导作用。希望刑事法保持克制、谨慎的立场并未得到应有的重视，伴随积极的刑事立法成为主流，积极的刑法观亦成为当下中国刑法学界的压倒性立场。本书在前面章节也分析过为何积极刑法观的发展会如此蓬勃，正是基于刑法与社会治理整体立场与节奏的一致，使预防性的刑法范式走出了理论争辩，获得了政府的背书与支持，这无疑又进一步为预防性刑法范式的发展提供了动力。在如此语境下，我们必须重提那些会制约当下刑法应对社会风险的原则和条件，使刑法在急速狂奔时可以有“安全装置”进行保护。因此，当我们启动刑法对抗其他社会风险时，必须考虑到刑法的发展也会孕育风险，而这些风险并不会自我消解，甚至会反噬至刑法导致刑法的公信力严重下降。因此，我们坚守的原因在于为了刑法本身的长足发展，为了刑法作为社会的最后一段防线保障人权，为了刑法作为重要的治理手段为社会秩序保驾护航。

（一）刑法的坚守对于刑法边界的重要性

对于刑法而言，刑法的边界意味着刑法的调整范围有具体的要求和标准，这里的边界当然不像现实中划定的界限有明确的、可见的标识。刑事立法的边界是用犯罪化的条件进行厘定的，而刑事司法的边界是以刑法与其他部门法、其他治理手段的不同功能与价值进行厘定。从前几章的分析中，我们知道当下无论是刑事立法抑或是刑事司法均存在边界不清晰的现象，都存在对其他部门法调整对象的“跨部门调控”。刑法自身后置法的属性决定了刑法的扩张要秉持审慎的立场，但这样的立场显然在刑事立法、刑事司法中没有被坚持。支持预防性刑法范式的学者或许会认为这无非是对刑法控制圈的调整而已，刑法的边界既然是解释的结果，那么当下刑法边界的外扩并不算是刑法边界的淡化，充其量算是风险社会下刑法的新边界。

本书认为，刑法的边界扩张本身并不是问题，问题在于扩张所带来的其他问题。刑法作为当下惩罚成本最高昂的法律，我们在适用刑法时要考虑立法成本、司法成本，刑法的扩张除了增加了刑法的成本开销之外，更重要的是当下的扩张使刑法的边界变得极不确定。如果说刑法的边界从外观上的确无法展示，但历史的经验告诉我们，刑法边界不明的时代大多是集权时代，是专制为常态、自由为例外的时代，是伦理、道德、宗教等其他手段占主导地位的时代。但当下的时代恰恰相反是民主占优势的时代，是自由为常态、专制为例外的时代，是法律、法治占主导地位的时代。尤其是法治国家、法治社会的建设对不同的部门法提出了明确的分工要求，因此各个部门法的边界均需清晰，因为法律不同于道德，法律必须足够明确才可以达到预测和指引民众行为的作用。一旦刑法与民法、行政法等部门法混淆在一起，那么对于个体而言将无法预测自己的行为在法律上产生什么样的后果，进而使法律本身的作用受到波及。当然，尽管所有法律的边界都应清晰，但刑法的边界需要更加清晰，因为其他法律规范还存在一定的意思自治抑或是较轻的处罚后果。但刑法由禁止性规范和义务性规范构成，法律后果又最为严厉，因此刑法的边界不明自然会使个体的权益受到最严重的减损。

当下刑法边界的淡化，在一定程度上是刻意的淡化，为的是使刑事法体系可以更迅速地回应社会治理的需要，减少不必要的限制和羁绊。大量的背书、论证无非说明刑法边界的模糊是为了风险防控的需要、是为了秩序的保障与安全的实现，但吊诡的是，我们一方面在营造恐惧氛围使个体对风险的容忍度越来越低，另一方面却要求个体对公权力的干预容忍度越来越高。这两个方面都存在问题，首先，个体对风险的容忍度低并非完全是因为风险的关系，其与个体自身的特质、风险氛围的营造、恐惧文化的传播等内容均有关联。而且与低容忍甚至零容忍相关的就是将其他人视为危险，进而邀请了公权力的介入。因此，当下预防性刑法范式以公民安全感的实现为目的之一，其中存在手段的错误，即使公民安全感提升了，我们也无从知道刑法是否有贡献以及贡献究竟有多大？更何况所谓的安全感基本上被媒体操控，在媒体的引导下呈现起伏。其次，大量的学说、理论以及密集的宣传都向个体传达着这样的讯息：若要在当下社会生活的安全、安稳，势必需要不定时地让渡权利来交换安全，但其实个体并不清楚换回的究竟是个体的权益还是特定群体的权益抑或是其他的内容？笼统地用安全指涉无非是利用公民对死亡恐惧的本能来促进交换的达成。从这两个层面的论述我们可以发现，当下社会治理的模式借用风险社会的理论颠倒了权利与权力的关系，使权利对权力的制约作用逐步放松，反而变成了权力对权利内容的控制。

因此，在这样的语境下再一次强调刑法的边界，是因为权力与权利之间已经脱离了动态平衡的范畴，而进入明显的失衡状态。尤其是在后“9·11”时代，在国家安全的名义下一再扩张国家权力的同时，并未发现扩张的权力重新退回自己的领地。换言之，这是一个国家权力步步前进、而公民权利步步后退的过程。由此进一步深入我们发现这其中同样有难以理解之处，如果权利的减损换回了安全，那么国家权力就应回归至扩张前的范围，但事实上国家权力又不断地在前进，依此是否可反推公民权利的减损并未实现安全的达成？基于此论证，那么安全的实现也并不会成为权力回归本位或阻止权力扩张的理由。所以，无论安全的目标是否达成，当下权力扩张、权利限制的常态运作必须被反思，让权力的行使受到其他权力和权利的制约，整个社会的发展才会有制衡机制来平衡各种利益关系的实现。在此意义上厘清刑法的边界，正是权力制衡机制的内在要求。当下刑事立法、刑事司法中刑事政策的过度体现，正是行政权对立法权、司法权的强势作用所致。因此坚守刑法的边界，就是要求改变当下刑事法体系内权力不当干预、权利不当限缩的现状，对刑法的运行减负、减重，将那些本不该由刑法调整的行为重新纳入其他治理手段中进行规制，将那些由刑法调整效果不佳的行为统筹制订更有效的规制方案。

对刑法的边界的重视，同时也是对其他部门法以及其他治理手段作用的肯定。从当下预防性刑法范式的呈现来看，刑法边界的模糊不是指刑法边界的限缩，因此回避对刑法边界的厘清，就会使刑法充当“万能法”去代替其他治理手段发挥作用。但刑法不能也不应行越俎代庖之事，如果社会中唯有刑法才能解决社会的失序或主要依靠刑法才能维护社会秩序的安定，那么这样的治理模式难道不值得反省和深思吗？刑法边界的模糊，是基于传统意义上关于刑法威慑效果的认同，毕竟其他法律不会如刑法一样具有最高的严厉性，其他处罚方式也不会像刑罚一样对行为人产生长久的排斥与污名效应。但“大多数人没有犯罪不是因为刑罚的预防效果，而是因为社会道德、伦理价值等各种无形阻力，在数量上，这些非刑罚因素起到的阻止犯罪的效果高于刑罚的效果”①，因此将社会秩序的失序与稳定归因于刑法，是为公权力的不断扩张寻找背书。在此意义上，我们可知为何需要刑法扩张，而非其他法律或伦理、道德扩张，背后的原因在于只有刑法才会使国家公权力具有直接作用于个体的持续扩张的平台与基础，才会不断地产生需要公权力扩张的事实与效果，才会使公权力扩张的事实在表面上更容易被民众所接受。权力来自民众，权力的扩张也必须使

① 高艳东：《刑事可罚根据语境中预防论的否定与再生》，载《中外法学》2006 年第 6 期，第 698 页。

民众受益，如果扩张后的权力局限于特定群体受益，那么这样的扩张就失去了正当性。对于刑事法体系而言，对预防犯罪的偏重、对危险分子的强调，无疑在帮助社会进一步加深“安全的我们—危险的他们”的二元对立，尤其是长久的污名效应，使被追诉的个体面临社会性死亡的结局。因此，对于其他惩罚方式而言，惩罚届满就意味着惩罚的结束，而对于刑罚而言，惩罚的届满在一定意义上恰恰意味着真正的惩罚的开始，因为在监狱、看守所等机构内受惩罚的个体不会感受到自身的特殊，而回归至真正的社会携带着犯罪人的标签才会觉得自身与社会格格不入。因此，让犯罪人重新回归社会的最好手段不是如何在事后设计回归社会的方式，而是要控制以预防犯罪为目的对刑事法体系的扩张，减少不正当、不必要的入罪与预防性羁押的活动，让其他治理手段也能够在预防犯罪之中发挥重要作用，形成预防犯罪的最大合力。

（二）刑法的坚守对于人权保障的重要性

在国家安全的视阈下实现人权的保障更为必要和棘手，因为在此语境之下安全不仅成为最为优先的价值，同时也发展成为当下社会新的价值观去指引社会的发展与个体的行为。我们不否认刑法对安全的贡献，但当下对安全的强调在刑法学界的确引起了大量的问题，而且基本上都是以限制公民的权益作为最后的解决措施。但问题在于，较之于安全，人权保障才是刑法更为优位的价值，虽然这两者均是从宪法而来，均是从政府存在的必要和功能而来的，但安全实现的目的却是使个体的权益得到更大程度的实现，因此人权的保障更具有终极性。所以，在本书最后一部分我们重提刑法对于人权保障的重要性，正是因为在预防性刑事立法范式与刑事司法范式章节我们分析了预防性的刑法范式对于人权保障的侵害及风险，而如果任由人权在安全的名义下继续被克减，那么刑法将蜕变为侵害个体的工具和手段。

尽管我们肯定刑法对于人权保障的必要性，但也绝非认同任何人权在任何场景中均不能受到任何的妥协和限制。因此，当我们探讨刑法的坚守时，势必需要厘定清楚我们所保障和维护的人权究竟是指什么？人权当然是指人的权利，但是仅用人的权利来说明人权的内涵相当于语义重复，我们必须明晰为什么需要有人的权利，而人的权利究竟是如何作用和实现的？首先，人权不是绝对的，人权本身即是相对的，这里的相对不仅指的是实现程度的相对，还指的是内容的相对。因为“人权与其说是个人自由，还不如说是人际关系对个人自由的最大限制，因为个人权利不是根据个人而定义的，而是根据人际相互责任而定义的”①。从此角度言之，决定人权存在和内容的原因在于人究竟做了什么，而非因为人具有人的身份。当下世界范围内产生的各种关于人权的争论以及现在在英、美等国盛行的“身份政治”，都是出于同样的逻辑，美国等西方国家赤裸裸地持着双标立场去批评其他国家的人权事务，简单而言就是以美国人的人权作为标准去检测其他国家的人权状况。所以其他国家无论在做什么或者做了什么，事实上都很难符合这一基于身份确立的门槛。国家间的人权争论背后，正是基于长期以来我们关于人权的理解习惯用“天赋人权”来进行解释，总是认为个体拥有人权是一件不需特别强调的事情，但这样的解释思路恰恰导致了以个体为中心要求他人牺牲和付出的价值体系的形成。因为当人权被认为是无条件享有时，这些人权就变成无条件生效的至上特权，进而使人权演变为高于主权、高于法律、高于真理、高于美德、高于责任的可以衡量其他一切价值的标准。② 所以，人权的来源应该从天赋人权中的“是什么”转变为“做什么”，因为只有在做的过程中个人才会与他人建立关系，个体才能知道权利的边界。

之所以要从“与他人相处”的角度来探讨人权，正是因为很容易在批判刑法过度扩张的同时去肯定个体的绝对的权利。绝对的权利与绝对的安全同样具有严重的社会危害，绝对的权利首先代表着个体之间发生权利冲突的可能性增加，因为如果每个人都以同样的绝对的要求主张自身权利的实现，那么权利与权利之间的冲突必然会增加。其次，绝对的权利对于政府而言意味着责任的增加，当政府无力兑付这些权利的内容时，个体对政府和国家的攻击不亚于其他风险对国家的危害。因此本书既不支持绝对的安全，也反对绝对的人权。即

① 赵汀阳：《坏世界研究：作为第一哲学的政治哲学》，中国人民大学出版社 2009 年版，第 328 页。

② 赵汀阳：《坏世界研究：作为第一哲学的政治哲学》，中国人民大学出版社 2009 年版，第 332 页。

使我们在国家安全的视阈下要坚守刑法的内核，去保障人权，保障的也应是相对的人权。但是相对的人权与当下被减损和妥协的人权并非同一内涵，这两者虽然看似都限制了个体权利的完全发挥，但限制的原因是有差异的。相对的人权指涉的是个体权益对他人权益的尊重，换言之通过对他人权益的考量，划定了个人权益的内容。如言论自由的权利要享有，肯定不是每个人都可以随便针对任何人、任何事发表任何观点，因为以此种方式行使权利会使他人甚至社会受到侵害，所以在宪法中关于言论自由的行使有明确的限制。在此意义上的言论自由权，就属于相对的人权。而被减损和妥协的人权则指的是正当性不足的人权侵犯，如对涉嫌实施恐怖活动的人实施残酷的虐待行为来获取口供的行为，再如在预防性羁押中出于预防犯罪的目的或出于行为人人身危险性的考量对行为人人身自由的限制。但是在前面章节的描述中可以发现，这两种人权往往被混用在一起，进而以人权具有相对性为由来为大量场景中人权的妥协、减损进行背书。

本书认为尽管存在绝对的人权理论，进而扩大人权行使的范围，但整体而言，当下就人权方面存在的更紧迫、更现实的问题是人权范围的屡屡限缩，因此针对国家安全视阈下人权的妥协与减损，人权的相对性虽然可以说明人权的行使具有限制和边界，但限制的程度和边界靠相对性并不足以论证充分。例如，刑事法体系中对人身危险危险性的强调使刑法中同样区隔一般犯罪人与危险犯罪人，进而在定罪与量刑中予以体现。但前面已经阐述得很清楚，这种将没有实证证明的预测结论作为对个体权利施加影响的直接依据，正当性何在？在国家安全的语境下所谓以人权换取安全的交易，尽管在实践中仍然大力推行，但不能否认这样的交易暗含的问题，第一，人权是哪些主体的人权？安全又是哪些主体的安全？什么范围的安全？第二，人权的限制甚至牺牲是否可以换取安全似乎无法证明，而从实践中人权限制的不断收紧也可反推出似乎人权限制的效果并没有达到安全实现的目的，抑或是人权的收缩仅仅为了达到权力扩张的目的而与安全无关？这两个问题背后的逻辑具有莫名的一致性，即认为社会的失序、不安是由某些危险分子导致的，因此所谓的敌人刑法、积极预防性的刑法观无不指向的是社会中被标识的“危险的他人”。而又因为危险的评估因素充满主观色彩和政治意蕴，危险的他人最后就变成了危险的每个个体。

因此，安全与人权的交易在外观上被转化成了人权与人权之间的冲突，进而用人权的相对性再一次为这样的转化进行背书。这样一种奇妙的转化自然比直接用权力限制权利更能说服民众，因为对于个体而言，与他人之间的合作、博弈是个体存在的证据，个体无法不考虑他人权利的行使，哪怕法律不做明确的规定，个体也会不断地自我调整实现与他人的和谐发展。从人权与人权之间的冲突来要求个体限缩权利也是对受限缩者利益的保障，如疫情期间倡导的居家学习、工作、严格外出等正是基于这样的考虑。

但是在刑事司法中人权与人权之间的冲突则演变为危险者与安全者的人权之争，又因为每个个体都属于刑事法体系中的危险者，所以人权与人权之间的冲突就变为个体内部权利的冲突。而这一结论恰是支持安全与人权进行交易的学者所宣传的结论，即交易的两端均是个体自身的权益，只不过是个体牺牲自己的部分人权来换取自身的安全，从总量上来说并无损失。在虚拟的场景中这样的假定或许能够成立，但在现实社会中具有如此多的不可控因素，权利与权力之间的博弈，很多时候无法转化为权利与权利之间的对抗，正如现在刑法中部分新增罪名所对应的集体法益无法还原为个人法益的内容。因此，权利与权力之间的博弈在预防性刑法范式中则是真实的个体的人权与虚拟的个体的“人权”之间进行的对抗。而且在安全与自由的交易中，安全不仅指个体安全，更重要是指涉国家安全。换言之，是要求限制个体的权益去实现国家的安全。但这样的论证还是会回归至个体，亦即将国家安全的实现直接表达为对个体安全的保障，进而将权力与权利的斗争再一次转化为个体人权内部的博弈。

贡斯当曾言：“真实存在为抽象牺牲，个体的人在大屠杀中成为集体的人的牺牲品。”① 贡斯当的表达值得本书思考，我们在做权利的妥协和减损时往往是以群体、集体来涵括个体，个体在被代表的过程中失去了表达声音的权利、个体的身份在政策的制定中以集体名义呈现，简言之，在当下很多重要场景的讨论中个体消失了。个体在大量的权利与权利、权力与权利的博弈中均不单独出现，出现的是个体背后的群体抑或是集体，虽然我们发现在不同理论的

---

① 【法】邦雅曼·贡斯当：《古代人的自由与现代人的自由》，闫克文等译，商务印书馆 1999 年版，第 269 页。转引自谢晖：《COVID－19、信任与国家治理——基于“福山命题”的探讨》，载《学术界》2020 年第 12 期，第 61 页。

讨论中个体被描述为目的，但个体的数量与价值却成为各种政策动议、行动法案的重要影响因素。个体地位的矮化与个体角色的渐趋消失，与政府对当下与未来的研判有着密切关系。我们在预防性的刑法范式中已经看到了政府对开放型风险甚于对闭合型风险的关注，大量宝贵的刑事法资源被用来为真正的不确定性进行服务。加诸政府层面通过拟制的集体来代表个体发声，因此现实的个体的人权减损在集体层面变得“微不足道”。但“人是自己之本，也是他们的最终目的之本”①。如何防范个体的权益在被集体“代表”的过程中失声，对于政府而言在设计的政策内容中尽管无法从每个个体的权益出发，但也并非无解决之策。就刑事法体系而言，在刑事立法中对个体人权的尊重是要求尽量避免不正当的入罪，避免以纯粹的秩序与安全为名对刑事法网的扩张，一旦在刑事立法中犯罪圈的边界模糊，那么无论在刑事司法实践中如何维护个体的权益都解决不了刑事立法中的普遍性的对个体人权的不当限制。而对于刑事司法活动而言，对个体人权的尊重要尽量避免以所谓的人身危险性为由对个体的自由施加侵害，要针对不同的个体实施的行为做出对应的判罚，不能因个体存在的某些“危险因素”，如宗教信仰、民族等，继而将个体视为危险群体中的一员，进而对行为人判罚失当，更不能在具体的刑事司法实践中以个体自由甚至生命的限制与剥夺来换取集体的利益抑或是他人不确定的利益。

“在法律中，我们依赖经验，仰仗理性。”② 本书认为刑法无论如何发展始终得回应人权的问题，站在理性的角度对人权的保障采取相对主义的立场，是妥善之策。无论是刑事立法还是刑事司法都需要对权力的保障采取克制的态度，因为刑法本身就充满了公权力的因子，而且除刑法之外公权力还可以借助其他手段和措施限制公民的人权，因此，刑法的克制与谨慎恰可以对公权力易扩张特性进行一定程度的纠正，进而使其持续发挥好最后一道防线的作用。故刑法关于人权的研究是要回归至个体的人权，要避免使用群体或集体的人权对个体的人权进行抹杀，要注意厘清人权本质的相对性与人权的不当减损之间的区别，要避免使用个体内部权益的零和博弈来掩盖权力对权利的侵蚀。

① 【美】汉娜·阿伦特：《极权主义的起源》，林骧华译，生活·读书·新知 三联书店 2014 年版，第 382 页。

② 【美】罗斯科·庞德：《法的新路径》，李立丰译，北京大学出版社 2016 年版，第 19 页。

（三）刑法的坚守对于社会治理的重要性

刑法作为社会治理的重要手段，对于维护社会稳定、恢复社会秩序具有重要的价值。正因为如此，刑法的作用在后“9·11”的现代社会存在过度泛化的现象，虽然这些现象看起来使刑法的价值胜于从前，但泛化后的刑法使大量不应属于刑法的内容进入刑法范畴之中，进而对刑法的价值造成了淡化，在一定程度上会影响民众对刑法的认同与信赖。因此，在国家安全的视阈下要求刑法有所坚守，正是因为刑法如果失去了独立价值，只被当作国家治理的手段，那么刑法作为治理手段的价值也终将被耗尽。所以在此部分讨论刑法对于社会治理的重要性，是以社会治理作为起点和终点来评价刑法过度工具化对于刑法、对于法治的精神、对于社会治理所带来的风险与危害。

在国家安全的视阈下，刑法的预防犯罪的效果得到了无限的提升，进而成为主导刑法发展的路径影响了刑法的构成。从刑法的预防至预防性的刑法，除了有外在的社会因素作用之外，还有法律工具主义的影响。在实用主义哲学的风靡之下，法律工具主义对非法律工具主义的理论进行了彻底的抨击。在法律工具主义看来，法律只是实现某种目标的工具或手段，至于非工具主义法学派所认为的“法律在某种意义上已预先被社会设定，无法改变”① 的观点，法律工具主义的学者则认为这样的观点要不过于空洞、要不严重阻碍社会发展②。站在实用主义的立场上，法学界对法律是什么比法律应该是什么具有了更大的研究兴趣，这样的思维逻辑为法律工具主义的不断发展提供了土壤和养料。对于工具主义法律观而言，“法律是一个实现期望之目的的可以填充进任何内容的空洞容器”③。当下积极的预防性刑法观正是工具主义法律观在刑法领域的投射，对预防犯罪目的的偏执追求，已经严重影响了刑事立法与刑事司法的传统

---

① 【美】布赖恩·Z. 塔玛纳哈：《法律工具主义：对法治的危害》，陈虎、杨洁译，北京大学出版社 2016 年版，第 1 页。

② 【美】布赖恩·Z. 塔玛纳哈：《法律工具主义：对法治的危害》，陈虎、杨洁译，北京大学出版社 2016 年版，第 93 页。

③ 【美】布赖恩·Z. 塔玛纳哈：《法律工具主义：对法治的危害》，陈虎、杨洁译，北京大学出版社 2016 年版，第 63 页，第 320 页。

价值，仿佛只要能够控制犯罪的滋生、实现社会秩序的稳定，刑法如何变迁都成为无关紧要之事。面对工具主义法律观对刑法的不断渗入，主流的刑法观点尽管更多从刑法对社会现实的回应来表达刑法的改变，而回避使用工具主义法律观可能会引发的争议，但就本质上而言，当下刑法在改变中产生的问题与工具主义法律观具有千丝万缕的联系，如"功利考量可以证明国家以公民不喜欢的方式对待公民行为的正当性"①。现在的问题在于，刑法是否可以剥离内在价值与信仰而仅作为一种实现特定目的的治理手段，去充分地实现社会治理的效果呢？对于这一问题的回答，首先需要明晰社会治理的效果究竟如何判定？

社会治理效果的好、坏随着社会的发展会有不同的认定，但社会的失序、随意出入罪、政府与民众之间的互不信任自然不能算是好的治理效果。事实上，社会治理的效果是由众多因素共同作用而成，社会秩序的稳定只是社会治理的一部分，将社会秩序的稳定等同于国家社会治理的全部是对其他治理内容的否定。"稳定大于一切"的思维在风险社会的语境中被误解为"稳定等于一切"，而这一论断也被学者用来为预防性刑法范式的生成进行背书。当预防犯罪从惩罚的附随效果转变为主导刑法的逻辑时，刑法的启动除了会产生不确定程度的预防犯罪的效果之外，还会产生其他的效果例如对人权的不当减损、加剧了阶层之间的区隔、增加了政府与民众之间的互不信任。换言之，即使预防性刑法范式发挥了期待的预防犯罪的效果，但同时也对社会治理产生了严重的负面效应。而且以目前降低入罪门槛、加大刑事政策对刑事立法、刑事司法的作用的操作路径而言，预防犯罪的效果越好，公民的权利限制会越加严苛、安全的我们与危险的他们之间的区隔会更加深入、政府与民众之间只会更不信任。因为预防犯罪的目的设定就是要凸出一般预防的功能，就是将一般个体视为潜在的犯罪分子进行威慑，而又由于政策对法律的影响，因此立法与普通民众的距离越来越远，司法过程中对政策的过度考量势必会增加同案不同判的结果。那么这样的社会治理效果是否是国家所预想的结果呢？如果一种治理手段带来的负面效益要大于正面效应，而这种治理手段对于社会而言又不可或缺，那么我们必须检视指导该治理手段的理念和策略是否存在问题？

---

① 【美】道格拉斯·胡萨克：《过罪化及刑法的限制》，姜敏译，中国法制出版社2015年版，第156页。

现在来看问题不在于刑法在社会治理中发挥作用，而在于刑法的内核被抽空后仅靠预防犯罪的目的去支撑刑法发挥作用。在规则约束还是目的导向之间，显然当下的刑法选择了目的导向。因为规则的约束使决策者认为刑法的反应无法迅速和有效，只有减少规则的约束，用预防犯罪的目的来制定、解释、运用规则才能使那些刚性的规则变得能够适应更多的情况。或许会有人认为，目的导向同样需要遵守规则，但这样的规则已经被目的所侵蚀，“遵守规则和实现目的之间的根本张力是无法根除的，因为它是对法律规则核心意义的挑战”①。而如果“为达成某个目的就可以破坏某项规则，那么该规则就已经降格为‘经验法则，在无法实现该规则立法目的时，可以被随时废止’”②。事实上，在刑事立法中关于人身危险性的规定，在刑事司法实践中对人身危险性的践行，以及在大量的场景中为了预防犯罪对构成要件加入政治效果与社会效果的解读，已经导致了大量的规则无法严格按照字面含义进行运用，规则在特定目的导引下被二次创作已成为常态景观。简言之，在当下的社会治理中将规则与独立于规则的目的进行了关系的逆转，从传统意义上的以规则为基础，用规则去约束目的，避免特定目的扭曲规则的实现，至当下以目的主导规则，用目的去突破规则的适用边界使规则逐渐失去了法律效力。以目的为导向的刑法发展会使越来越多的人认为：“相信法官能客观公正、不偏不倚地裁判案件，要么幼稚、要么错误。对司法客观性的怀疑是当今对合法性的最大威胁。”③ 因为要实现预防犯罪的目的，刑法的内容自然要具备一定程度的开放性，但开放性的程度往往会因为难以确定抑或是强烈的目的压力而变成不受限制的开放性。这一点在前面关于刑事政策对刑事立法、刑事司法的讨论中已经有所论证。而如果刑法丧失了确定性，以开放性的内容来迎合预防犯罪的目的，那么国民自然会手足无措，无法根据刑法来判断自己的行为是否构成犯罪以及如何判罚，进而导致国民对刑法失去信赖与遵从。

---

① 【美】布赖恩·Z. 塔玛纳哈：《法律工具主义：对法治的危害》，陈虎、杨洁译，北京大学出版社 2016 年版，第 321 页。

② 【美】布赖恩·Z. 塔玛纳哈：《法律工具主义：对法治的危害》，陈虎、杨洁译，北京大学出版社 2016 年版，第 321－322 页。

③ 【美】布赖恩·Z. 塔玛纳哈：《法律工具主义：对法治的危害》，陈虎、杨洁译，北京大学出版社 2016 年版，第 329 页。

因此，当下刑法为了回应被构建的社会现实，以预防犯罪为使命不断去冲击刑法珍视的价值内容，是舍本逐末的浮士德式交易。从短期来看这样的交易或许能够控制犯罪，但是“关于未来，我们所知道的一件事是，大规模的预测是不可能的”①。事实上，对于立法者、司法者而言，也无法回答当下的立法究竟对未来会发挥什么样的作用？因此，如果说预防犯罪从语词表达来看指向未来，但预防犯罪无论是对象还是效果却只能在当下感受，因为未来即使呈现出预防犯罪的效果，我们也很难分辨出究竟是哪种治理手段发挥了作用？就此意义而言，预防犯罪仍然是利用民众对不确定的未来的恐惧来对当下作用，我们更应该重视的是预防性的路径对刑法范式的主导对当下所产生的侵害，尤其是那些牵涉刑法根基的内容。当然，这样的分析是建立在刑法是处理人以及犯罪关系的学问之上，这和处理物的自然科学有所不同，自然科学可以根据知识和模型去尽可能预测科学与技术所带来的风险进而提前规避，如因为恐惧核威胁各国政府达成了关于禁止核技术研究、核武器开发的协议。本书当然不是否定刑法预防犯罪的效果，只是强调我们应该理性看待刑法预防犯罪的效果，因为即使将预防犯罪作为目的，也无法像自然科学一样通过制度的设置就可以避免风险的发生。而且预防犯罪的效果也并不完全是刑法所产生的、其他的社会治理手段如道德和宗教甚至会产生比刑法更深刻的规制效果。毕竟刑法承担不了使一个人变成好人的责任，而其他的治理手段却会涉及对人思想的真正改造。因此，本书对预防犯罪目的的检视，正是对刑法有限性的展开。而刑法若要对社会治理持续发挥正向作用，恐怕还是需要在刑法的优势领域内进行，否则在预防犯罪目的的要求下去惩罚犯罪，只会分散本就稀缺且成本高昂的司法资源进而导致无法及时有效地惩罚犯罪。

除此之外，我们必须考虑到刑法与其他社会治理手段的互动效应，因为刑事立法者如果对其他预防犯罪的治理手段缺乏眼力，那么可能造就的就是一个法律更多但秩序更少的社会。② 当下刑法所传达的理念是工具主义法学理论的

---

① 【澳】J. J. C. 斯玛特、【英】伯纳德·威廉斯：《功利主义：赞成与反对》，劳东燕、刘涛译，北京大学出版社2018年版，第115页。

② 【美】罗伯特·C. 埃里克森：《无须法律的秩序：相邻者如何解决纠纷》，苏力译，中国政法大学出版社2016年版，第304页。

核心理念，即通过目的正当来反推手段正当。因为要预防犯罪，所以哪怕某些行为的社会危害性尚不足以启动刑法进行处理，如大量的抽象危险犯，也需要在增强国民规范意识的名义下将其入罪处理。这里的目的正当，但手段却可能不正当，因为其涉嫌侵犯了宪法中的比例原则。但尽管如此，仍有大量的学者以及立法者去肯定这样的入罪过程，原因即在于要避免未来的风险发生。从逻辑上来说，目的正当并不必然能推演出手段正当的结论。但工具主义法律观却认同："一旦某种目的已产生，则可以毫无顾忌地以任何方式利用法律达成该既定的目的"①。虽然我国刑法现在并不至于毫无顾忌地不断增加罪名来达成预防犯罪的目的，但积极的、高频的入罪操作已经足需警惕，而且预防性羁押的刑事司法实践正是目的正当即手段正当逻辑的体现。刑法中尚且去肯认这样的操作路径，那么对于其他比刑法轻缓的治理手段更是会主动接受目的正当即手段正当的逻辑，毕竟其他治理手段的效果肯定不及刑法对个体的影响那样长久和严厉。而如果整个社会中都弥漫着一股目的正当即手段正当的"实用主义"思维，那么"所有社会思想和社会行为都被评价为最重要的人类目标的工具，而不是目标本身"②。这样的社会将是一个没有友爱、没有信任、没有正义、没有良善的空心社会，而这又会是期待中的社会吗？因此，将刑法从目的导向向规则约束调转，通过规则去约束目的，重新强调刑法内核的重要性，使刑法具有不容侵犯的内在正义时，这便赋予了刑法抵御对其恶意利用的力量之源。③故而如果要持续发挥刑法对社会治理的重要作用，那么至少刑法不应自身暗潮涌动，如果刑法本身都危机重重，就势必会把这些风险扩散至其他的社会治理层面，以致形成恶性循环。

二、为何变革？

"法须稳定，但毋僵直。"④ 刑法发展至今，经历了各种或细节或核心的调

①③ 【美】布赖恩·Z. 塔玛纳哈：《法律工具主义：对法治的危害》，陈虎、杨洁译，北京大学出版社 2016 年版，第 308 页。

② 【美】布赖恩·Z. 塔玛纳哈：《法律工具主义：对法治的危害》，陈虎、杨洁译，北京大学出版社 2016 年版，第 180 页。

④ 【美】罗斯科·庞德：《法的新路径》，李立丰译，北京大学出版社 2016 年版，第 1 页。

整与变化，从根本上来说刑法作为上层建筑，当然会随着经济基础的调整而进行调整，所以刑法的变革在此意义上具有必然性。如果刑法保持原状不做任何改变，那么自然不能适应变化了的社会现实，也无法充分发挥惩罚犯罪、保障人权的作用，故而刑法的变革又具有必要性。从当下刑法对预防犯罪的强调、对风险的关注，显然可以发现刑法是在积极回应变化了的社会现实。较之刑法坚守的原因，刑法为何要变革对于刑法学界、立法者和司法者而言恐怕更易找到答案。简言之，即使我们认为刑法需要坚守珍视的价值内容，但这不影响本书认同在坚守的基础上刑法需要进行适度的变革，绝对的坚守抑或是彻底的变革对刑法的持续发展都将带来严重的负面效应。尤其是以变革为名，对刑法中最核心、最根本价值的颠覆，将会使刑法名实不符，沦为一个空洞的容器，刑事法规则只是被用来实现目的的工具。[①] 因此，在此部分梳理变革的原因，并非因为刑法的变革很难证明，恰是在梳理的过程中展示刑法回应的现实中有大量的内容是被建构后的内容，这些内容在客观的层面的确是社会现实，只不过是经过多次加工、解释后的社会现实。关键是，被建构的社会现实与真实的客观现实混杂在一起，导致刑法回应的社会现实在一定程度上是夸张的、失真的客观实害与风险。正如本书第二章所述，刑法回应的究竟是风险社会理论还是风险的社会，要知风险社会理论中描述的风险类型以及关于风险的思考是建构后的风险知识，并非客观的风险事实的直接投射。从刑法表现出的发展特征来看，在很大程度上我们回应的并非客观的风险事实，而是充满建构色彩的风险社会理论。虽然刑法与其他社会理论之间存在或直接或间接的联系，刑法也会随着其他理论的改变进行调整，但涉及策略转向时刑法还是需要回归至真正的客观的社会现实，以此作为策略转向的基础而非被其他理论所左右。

（一）不断变化的社会现实

不断变化的社会现实为刑法的改革提供了驱动，促使刑法要适时调整以便及时解决社会中不断出现的新的严重侵害法益的行为类型。在当下刑法的变革

---

① 【美】布赖恩·Z. 塔玛纳哈：《法律工具主义：对法治的危害》，陈虎、杨洁译，北京大学出版社 2016 年版，第 351 页。

中，刑法学界普遍以风险社会的出现与发展作为刑法改革的原因，对抗风险、规制风险也成为刑法的重要要求与使命。除此之外，还有学者从后现代社会、转型期的中国社会以及后“9·11”时代等作为刑法变革的背景进行论证。上述几组术语尽管切入的视角存在一定程度的差异，但都强调了当下社会较之过往所面对现实的严峻性与危险性。尤其是全球化的发展使风险的流动呈现出跨区域、跨国境的特征，一国范围内的社会问题与其他国家之间存在紧密的联系，如经济的发展、恐怖主义的对抗、疫情的防控等。加之我国还面临城市化所带来的其他问题，故而在全球化与城市化的协同作用下，各种社会问题交织在一起共同构成了转型期中国社会的现实。在此基础上，我国刑法要发生变革，不仅需要参考其他主要国家刑法的发展趋势，更重要的是要分析当下中国社会对刑法的发展提出了何种任务与要求，而这样的任务与要求对于刑法而言又是否有能力做到以及如何实现？

从世界范围内刑法的发展趋势来看，绝大多数国家的刑法在进入20世纪80~90年代后逐步扩张，到目前为止这样的趋势还未发现有停止的迹象。在刑法一路高歌猛进的过程中，风险是出现频率最高的术语，无论在哪种理论、哪国场景，均以风险的增多与极端作为政府不断升级治理手段的原因。整体而言，为了对抗风险，世界范围内刑法的发展是以扩大犯罪圈、强调预防犯罪的目的为主要特征，积极、主动的刑法观得到了前所未有的认同。我国刑法学界的主流观点是以德国刑法学的转变为重要参考，以此为基础来塑造我国的刑法发展，而且这一点在刑事立法、刑事司法中已经得到了明显体现，与国际刑法发展理念接轨的呼声已经在理论界、实务界得到了具体的践行。尽管有学者从中国的特殊国情以及文化历史的不同来说明我国应该停止犯罪化的进程，[①] 但这样的观点在刑法学界支持者甚少，从频繁的刑法修正也可以看出立法者并没有采纳这样的观点。简单来说，学界所提倡的积极的预防性刑法观满足了国家对治理风险的要求，有助于国家权力对公民权利的干预，因此获得了政府的支持与肯定。国家的肯定又进一步反哺了学界对犯罪化理论的“完善”，以至于形成了一种犯罪化的确信循环。本书认为如果仅仅从各种学术文献及恐怖信息

① 刘艳红等：《中西刑法文化与定罪制度之比较》，东南大学出版社2017年版，第65-70页。

的报道来看，现在社会已经极度危险，如果不采取全面的抑或是极端的预防措施，那么未来社会将是绝望的场景。其问题在于，普通个体对于风险很难自身全面体验，更多的是依靠专家知识、媒体报道获得安全与危险的讯息。换言之，“我们从大众交流中获得的不是现实，而是对现实所产生的眩晕”①。进一步而言，当下以及未来社会是否如专家、学者所言如此恐怖，需要公权力密集地对私权利进行限制，这恐怕仍是需要讨论的问题。

本书认为要去证明当下社会是否如风险专家做出的灾难性论断一般，几乎是不可能的事情。如果直接否认这样的论断，自然会有专家指出之所以当下社会没有继续恶化下去，恰恰是因为政府开展的预防性工作发挥了效果。而至于预防性举措是否发挥了效果，发挥了什么效果以及发挥到什么程度的效果同样无法精确证明。正因为这一切无法直接证成，所以导致充满疑问的结论直接被作为定论用来为进攻性的预防策略提供背书。至于为什么在存疑的情况下仍然可以做出肯定性的结论，原因即在于人们往往相信小概率事件会大概率地发生，因此，当风险的不确定性与例外情况下风险的灾难性相结合时，人们就会相信风险的发生是确定的且是灾难的。本书认为风险判断的偏误不影响政府履行构建更完善的预防体系的义务，其应当影响的是不同领域的预测策略与具体的预防措施。尤其是针对不同的治理手段，本就存在不同的作用与分工，笼统地要求加强预防制度的构建会导致绝对预防观念的生成。可是当下社会的发展在重视预防性路径的同时，并没有在预防性策略、预防措施上做到更精细化的安排与布置。以刑法为例，当下刑法的发展并没有把握好预防的方式与程度，一味地入罪或重刑要实现预防犯罪的效果恐怕只能是一厢情愿的想法。换言之，刑法即使要回应政府层面肯认的预防性路径，但宏观层面的预防显然与较为微观的刑法范畴内的预防指向的内容并不完全相同。就应然的层面而言，政府也不应要求刑法必须与政府采取的预防策略以及预防的程度保持一致，毕竟宏观层面的预防是统筹兼顾的安排，而刑法范畴内的预防必须考虑刑法本身的价值方能发挥好作用。显然当下刑法的应对更多还是以政府所推进的进攻性的预防作为预防的策略，所以预防成为主导刑法发展的路径。

---

① 【法】让·鲍德里亚：《消费社会》，刘成富、全志刚译，南京大学出版社 2014 年版，第 11 页。

从客观的层面来说，刑法无法回应纯粹的社会现实，因为刑法在制定、解释、适用过程中都无法脱离价值判断。而无论在哪个环节对社会现实的考虑都会融入主体的价值思考，包括对于风险的理解进而影响对犯罪行为和犯罪人的判断。重要的是，安全的优先考虑使政策对刑事法体系的干预获得了更多的支持，因此，在刑法中要判断清楚哪些是客观的事实、哪些是被建构后的事实越来越难。但是，这并不代表刑法不需要改变或可以随意改变，刑法作为司法法、后置法，而且在目前我国刑罚整体偏严厉以及刑罚的适用对个体长久的社会排斥与污名效应的情况下，本书认为刑法对社会现实的回应还是要考虑刑法所付出的成本以及后续对刑法自身所促生的风险。换言之，进攻性的预防虽契合国家整体防控风险的背景，但并不符合刑法的内涵与精神。因为进攻性的预防无疑会要求刑法改变司法法的属性，要求政策与刑法的融合度更高，要求刑法的愈加工具化。因此，本书中提出的所有问题并不针对刑法要不要对社会现实回应，而针对的是刑法回应的是什么样的社会现实以及回应社会现实的方式。

刑法面对社会现实的反应真实但不正当，刑法过度反应的背后是过于急切地想为社会现实的改变贡献力量，以至于对自身独立价值的妥协和减损都成为"合理"的事项。当然或许会有观点认为哪怕如罪刑法定原则和保障人权的使命都是近世以来形成的，因此刑法的发展不排除会形成其他的更为进步的价值理念。本书持同样的看法，但问题在于无论新的价值理念是什么，其都不可能脱离保障人权而存在，如果我们要形成的刑法中的新的价值核心是保护国家权力、限制公民权利，那么这样的价值核心将会带领刑法进入新的专制时代。换言之，即使刑法要重新解释法益、罪刑法定原则、谦抑性，要重新解释惩罚与预防的关系，核心仍然是人权的保障。如果新的理论框架、新的解释内容是以不断扩展国家权力为导向，那么除非社会已经进入完全的混乱状态或倒退回专制时代，否则的话这样的内容与宪法的精神相悖是不可能具备正当性的。当下中国社会正处于发展的关键时期，国际局势的不安以及他国风险的流动都会对我国带来挑战，同时我国在政治、经济、文化、意识形态等领域都面临严峻的考验，但也正因如此才需要刑法充分发挥好社会最后一道防线的作用，限制国家权力的冲动与任性。反过来说，社会的发展需要制衡的机制，如果社会现实的改变“倒逼”出所有的治理手段均采取一样的策略、理念，那么制衡的机制就会名存实亡。现代刑法在展示国家权力的同时也在限制国家权力的滥用，只是一味地强调通过刑法来凸显强势的国家威权，而忽视刑法在权力制衡中的功能，是对刑法功能选择性地接受或排除。因此，在当下刑法只能接受被建构的社会现实的场景中，刑法的变革更应谨慎，尤其是因为对风险的极端恐惧所引发的对社会现实的一定程度的失真与夸张，刑法在坚守的基础上去进行变革正是为了克服对夸张的社会现实的过度反应，使刑法能够真正服务于改变了的社会现实。

(二) 价值共识的缺失

价值共识，简单而言，意指一个社会的共同价值观，也就是关于“想要的/不想要的”的内容具有普遍的认同。① 价值多元的发展与价值共识的缺失是现代社会的独特景观，因为在古代社会虽然存在价值冲突，但冲突的价值间并非旗鼓相当，而是存在主导性的价值。② 现代社会的发展孕育了多种同样有力的价值观念，如自由、民主、平等、安全等，但这些价值在不同的国家、地域、文化范围内认知并不统一，甚至在一国范围内这几种价值都无法厘定出哪种价值更加居于优先地位。在这样的社会环境下，个体与国家的反应也基本一致，个体面对愈加庞大的价值体系，对价值之间生成了各种不同的排序。吊诡的是，看似当下社会关于民主、自由、法治、人权、安全、公正等内容基本上达成了共识，但这样的共识却是在将各种价值置于同一平面并未排序之前。因为一旦个体基于自我认同对价值进行排序后，共识就消失了。而且现代社会较之过往时代发展更为迅速，一种价值观念甚至还未在个体心目中扎稳脚跟，很快就被新的价值理念取而代之。列奥·斯特劳斯曾指出，“现代性的一个基本精神就是‘青年反对老年’，也就是今天反对古代——青年被用作隐喻指引现代”③。依此观点，古今之争是最大的价值冲突。④ 当我们习惯用新/旧、进步/落后来评价价值指标时，价值观的推陈出新就成为必然要求，“因为各种价值

---

① 赵汀阳：《论可能生活》，中国人民大学出版社 2010 年版，第 304 页。

②③④ 赵汀阳：《论可能生活》，中国人民大学出版社 2010 年版，第 305 页。

观都有理由以‘新’和‘进步’作为其合法性的根据”。[①] 在此意义上，价值观的失落与冲突是现代社会发展的结果。

价值共识的缺失导致了冲突的增多且难以彻底解决，因为每个人都认为自己的价值认同体系高于他人，在断定自己优于他人的场景中，个人常常在理解他人的价值的同时拒绝接受他人的价值，这是当今社会面临的共同问题。价值共识的缺失产生的最直接后果就是人类间的大量冲突无法依靠共识避免和消解，只能靠不断地制定与最新的价值观念相契合的规则体系来保障这一价值观念被民众所认同。例如，世界范围内关于安全价值的优先性设定，直接推动了一大批保障安全优先实现的法律规范的产生。价值共识的缺失改变了民众遵守法律的逻辑，虽然现在不可能存在全体成员皆自觉自愿遵守法律的情形，但在现代社会之前法律与道德、伦理、宗教的关联，使民众关于法律遵守更多的是建立在具有价值共识的基础之上。当下社会反对道德、伦理、宗教与法律尤其是与刑法的过度关联，但是这些内容在人类社会发展的漫长时期曾起到凝聚共识、团结人心的作用，甚至在当下社会我们也不能说此类规范对社会的发展已经没有任何正面影响，毕竟关于预防犯罪的效果并非是靠刑法的威慑完成的，民众不违法、不犯罪也有相当部分原因是出于对道德、宗教等内容的接受。但是在实用主义哲学的影响下，这些内容已经失去了曾经的影响力，“实用主义在目标方面一片空白，在价值方面不给予任何特别回应。实用主义没有指出什么是善，人们如何生存，发展哪种经济制度，或者任何其他本质性的问题”[②]。对实用主义哲学的信奉，在法律领域转化为工具主义的法律观。但吊诡的是，这一切都是以未来为名，在对未来的强调下对现实进行的改造，但这样的改造却要打破一切，甚至包括对自身的否定。

较之于传统社会在价值共识的基础上形成对规则的遵守，那么现代社会则是通过遵守规则，尤其是法律，来形成所谓的价值认同。之所以发生这样的逻辑转向，当然是因为价值共识的缺失使凝结个体遵守规则的价值无法统一，即使在自愿遵守法律的情况下，背后的价值都未必相同，更遑论迫于法律的强力

---

① 赵汀阳：《论可能生活》，中国人民大学出版社 2010 年版，第 306 页。

② 【美】布赖恩·Z. 塔玛纳哈：《法律工具主义：对法治的危害》，陈虎、杨洁译，北京大学出版社 2016 年版，第 179 页。

去遵守规则的内容。如果说传统社会是因为有基本的道德共识、宗教共识，进而夯实了法律意识（规则意识），那么当下社会则是通过法律的启动来培养公民的法律意识、规则意识，进而形成某种意义上的价值共识（对政府所推行的主导价值观的认同）。问题不在于顺序的调整，而在于当价值共识缺失时，规则意识仅靠规则本身是否能够提升？答案是不能！即使有值得赞扬的规则，但还有不确定的个体。“事实上很少有人喜欢公正的游戏规则，除了少数能力超强的人，大多数人恐怕更希望一个袒护自己的不公正社会。”① 故寄希望通过法律的实施可以提升规则意识，是对人以及人性的误认。因为“人绝没有那么容易被法律和纪律所规训，法家迷信法律足以规训人类行为，这几乎把人看成可驯服的动物。这是一切强硬派专制主义的共同错误认识”②。法律制定得越多，越会让人产生逃离感，因为这些强硬的规则并没有足够的前置性内容让民众去事先了解和认识，而且如刑法中部分犯罪的规定恰是在否定个体的自决权利，加之政策对法律的频繁影响，使法律的确定性堪忧。民众即使有可能不违反规则，但对规则的遵守已经失去了主动性和自觉性，更多的是在外力强制之下所形成，因此这样的规则意识也只能靠强力维持，一旦政府的治理出现危机，靠规则支撑的规则意识是无法继续存留的，至于价值共识更是水中之月。

刑法的变革是社会变革的缩影，因此社会中出现的问题要尽量避免在刑法中继续出现，同时也希望通过刑法的改革来解决社会中的问题。但价值共识的缺失这一问题靠刑法是无法解决的，虽然现在学界并未有任何观点指出刑法要致力于达成价值共识，但即便是规则意识刑法恐怕都无能为力。任何事物的发展都有因果联系，刑法的变革原因确是因为价值共识的缺失和风险社会的认定，因此刑法不仅要帮助形成价值共识，甚至刑法本身即要充当价值共识。这是因为一方面当下社会在实用主义哲学的影响下追求立竿见影的效果，在所有的部门法之中，只有刑法才能收到这样的效果评价，因为其他法律中的任意性规范使民众是否遵从了法律很难得到评估。因此，刑法的有效果也成为政府治理社会有成效的表征，刑法的变革在很大程度上被用来说明政府为了民众、为

①② 赵汀阳：《坏世界研究：作为第一哲学的政治哲学》，中国人民大学出版社 2009 年版，第 160 页。

了公共利益积极作为的正面形象。另一方面刑法的严厉性，使刑法最有能力将政府欲对民众传输的价值理念进行实现。因为犯罪圈的扩张、法定刑的提升无不在表达政府对安全、秩序价值的看重，不仅政府需要重视此类价值，持有不同价值观念的民众也需与国家保持同样的认同。只有刑法才有能力发挥这样的作用，因为其他法律无法对民众形成足够的强迫。由此进一步推论，我们发现国家早就认识到了价值共识的缺失、价值共识的重要以及价值共识的难以形成，因为深处现代社会这一切似乎成为逃不开的魔咒。但是面对风险，国家又急需价值共识来凝聚人心、形成统治的合力，而道德、宗教等内容都已经失去了价值共识中的普遍性，只有法律在强力的保证下可以对个体普遍施展，因此也只能通过法律尤其是刑法来倒逼价值共识的形成。虽然这样的价值共识并非真正意义上的价值共识，因为其缺少了个体内心自愿的认同，但在当下社会这似乎也是权宜之计。就此角度而言，当下刑法的变革正是为了使民众形成与国家一致的安全价值观，进而使安全成为新的价值共识。

本书认为，安全的确是人类社会发展的重要价值，民众对安全的实现也有本能的渴求。但安全本身不能作为价值共识，因为将安全作为价值共识将会加剧个体间的对立。安全的实现就意味着排除风险，但当下社会关于风险的解读与个体的特性紧密关联，对风险的认定在一定程度上就意味着对具有此特性的一类群体的排斥。而安全一旦成为价值共识，只会无形中鼓励对他人的仇视，这对于社会的正常发展将弊大于利。“在这个多元化时代，想支持什么或反对什么都不缺冠冕堂皇的理由，无论什么利益和价值偏好都能变成自由权利的正当要求。在一个缺乏价值标准的时代，反对偏好就变成政治歧视。”[①] 因此从价值共识缺失的角度我们肯定刑法变革的必要性，但从刑法变革的内容我们又发现了政府形塑安全价值共识的“良苦用心”。本书认为肯定安全的价值与承认安全价值的非主导性并不矛盾，刑法实现安全的效果与安全不应成为刑法的目标也并不抵牾，在充满变革与否定的现代社会，刑法的发展势必会体现政府的治理思路，但刑法并不必然要将政府的治理策略全部纳入并体现。因此，刑

① 赵汀阳：《坏世界研究：作为第一哲学的政治哲学》，中国人民大学出版社 2009 年版，第 256 页。

法在变革中有坚守，在“一切坚固的东西都不再坚固”① 的当下社会，本身就是一种很有意义的变革。

三、如何坚守与变革？

在上一部分对变革与坚守的原因阐述之后，本部分将集中探讨在国家安全的视阈下刑法将如何坚守与变革。不过基于坚守与变革在目标及依据方面的一致性，故此本书不把坚守与变革的内容分开论述，而是把两者综合在一起统筹论证，从而在坚守中去探讨变革，在变革中去强调坚守。

（一）坚守与变革的一致性

刑法的坚守与变革的一致性，从根本上是基于我们相信坚守与变革的目的不是为了使刑法消亡。如果坚守、变革的结果都指向刑法的最终消亡，那么任何的坚守与变革都将无价值。基于此认知，事实上无论是刑法的坚守还是变革都只是对刑法发展的不同设计理念，最终的目标都要服务于刑法的健康发展、长足发展。除了共同的目标之外，刑法坚守与变革的依据也具有一致性，宪法是规范刑法坚守与变革的法律依据，而具体的社会现实则是刑法坚守与变革的事实依据。对坚守与变革一致性的肯定，是因为本书旨在建立坚守与变革的沟通，在对坚守与变革各自求真的过程中尽可能实现两者求和的效果，从而减少刑法体系因坚守或变革所产生的内部风险，避免刑法在对抗外部风险的过程中自身根基受到危及。除此之外，刑法作为沟通法，不仅指刑法与民众之间的沟通，还包括刑法内部不同观点的沟通，观点的沟通不是一方对另一方的吸收或合并，而是在考虑刑法长足发展的前提下对不同观点合理内容的接受。因此，本部分将从“求和”而非“求真”的角度来论述坚守与变革存在的一致性。

---

① 【美】马歇尔·伯曼：《一切坚固的东西都烟消云散了：现代性体验》，徐大建、张辑译，商务印书馆2013年版，第15页。

1. 坚守与变革的目标具有一致性。

当下刑法学界所争议的各种问题，在本质上都是希望刑法在新的社会情境中更充分地发挥作用。只不过对于风险的特殊性呈现与解释，使持不同观点的学者对刑法的目的产生了不同的认识。对于刑法目的的理解虽然存在差异，但是没有一种观点的初衷就是为了使刑法自我消解。本质而言，刑法目的的实现当然会影响刑法的健康发展，如果刑法无法实现目的，那么从政府的层面会选择调整刑法让刑法实现目的或者转而支持另一种可以发挥刑法作用的治理手段。在这里从政府的角度来谈论刑法的目的恰是因为这正是当下刑法发展的主要思路之一。在坚守和变革的原因中都提到了政府治理社会的实际需要，但是从坚守的角度得出的是惩罚基础上的预防，而从变革的角度大多得出的是以预防为目的惩罚。至于这两者孰优孰劣，从当下而言变革的刑法观得到了更多的支持与肯定，因为其更契合政府控制风险的需要。但从刑法长远的发展来说，以预防为目的惩罚会影响刑法的确定性与公正性，而且使刑事法体系中掺入了过多的政策性因素，会影响本身的司法法属性。尽管存在这样的弊害，持预防性刑法观的学者还是从较轻恶害的理论获取了背书，认为如果不按照政府的“要求”进行调整，那么刑法恐怕在当下就无法正常发挥作用。从客观情况来看，刑法作为重要的治理工具，其对政府的价值事实上就是预防犯罪的效果，所谓的惩罚犯罪、保障人权，并非政府真正评估刑法效果的指标。即使如惩罚犯罪，对于政府而言也是要看惩罚犯罪后所带来的威慑，否则政府不会一再淡化刑法的边界，将部分并没有严重侵害法益的行为纳入刑法调整。那么依此思路，刑法的健康发展究竟指的是什么？

本书认为刑法的健康发展由两个指标决定，即惩罚犯罪的程度与保障人权的程度。这两个指标的高低与刑法的发展是否健康并无直接必然的联系，刑法的健康发展主要由这两者和谐的程度所决定。一般意义而言，惩罚犯罪与保障人权并不矛盾，惩罚犯罪的过程恰恰是人权保障的重要渠道。但当下刑法的发展却不断地暗示只有进一步地限制人权，才能更好地惩罚犯罪进而反哺人权的保障。这样的思路无疑将人权的享有视为国家惩罚犯罪的障碍，如果不克制个体行使权利，似乎在当下社会惩罚犯罪的效果就会大打折扣。对人权保障的矮化无非因为刑法对抗风险的要求升级，零容忍的思路孕育出普遍危险者的角色设定，既然个体普遍存在危险，那么对于危险者的人权限制就成为应然之事。对人权保障的失利势必会影响民众对刑法的认同与遵从，如果民众对刑法不再信任，那么刑法又应如何发挥惩罚犯罪的作用？所以不在于刑法要不要保障人权，而在于刑法一定要充分保障人权，否则刑法连最初始、最基本的功能都无从发挥，更谈不上预防犯罪目的的实现。刑法中现在争议的发展方向最终是人权保障的限度问题，因为所有的刑法观点都认同要惩罚犯罪，而犯罪圈的大小、法定刑的高低不仅是惩罚犯罪程度的问题，更是人权保障限度的问题。刑法无论基于何种犯罪类型，作用的对象始终为人。如果刑法自身就树立限制、减损人权的立场，那么刑法将会从一种不得已的恶被解读为一种必需的善，因为基于预防犯罪的惩罚犯罪已经压倒了人权保障，刑法的启动将逐渐失去限制。

当下刑法并非放弃对人权的保障，只是通过对法益的解释、政策的融入、谦抑性原则的重新解读等来宣布刑法对人权限制的理由是为了更重要的利益的实现。人权当然不是终极背书，前面也论证了绝对的人权观念所孕育的风险，因此本书并不认同以人权为名就可以阻止刑法的正常发展。之所以对当下刑法对人权的限制产生强烈的担忧甚至反对，在于主流的学术观点以及实务界的操作都在肯定且积极地推进刑法的扩张，而且这样的扩张丝毫未有放缓的迹象。如果这样的扩张是为了形成惩罚犯罪与保障人权的新的平衡，或可理解，但为了预防犯罪而惩罚犯罪已经对人权的保障构成了巨大的威胁。在刑法中强调人权保障不仅仅关涉个体权益的实现，同时还有对权力的制衡考量。因为惩罚犯罪是公权力的直接展现，如果没有人权保障进行限制，相反以预防犯罪进行指导，那么刑法就变为单纯的公权力的作用场域。但是在全景敞视社会中，由于个体从被驯化向主动接受驯化转变，因此人权的减损在外观上看起来似乎是个人与国家之间签订了新的权利让渡的协议。这也导致很多学者认为权利的限制并非国家对公民利益的侵犯，而是个体自觉自愿为了国家利益、为了个人利益的付出。可是在这个到处兜售焦虑、四处充斥恐慌的社会中，无论是焦虑、恐慌还是安全、秩序都成为可以操控的内容，个体究竟有多少自决的权利。当个体的自决权一再被否定时，个体会默认自己无法做出正确的选择，转而去支持政府设定的选择。因此，个体在当下社会中对权利限制的主动接受，恰恰说明个体的矮化、权利的减损已经达到了一定程度，因为这样的内容设定违反了人对自由追逐的本能。

事实上，我们对待人以及人权的态度，会直接或间接地转化为刑法的立场。尤其是刑罚污名化如此严重的场景中，对人以及人权的矮化会使犯罪圈的扩张受到更少限制、权力对权利的干预变得更加“合理”。权利的不当减损肯定会为社会的发展预埋危机，尤其是当民众的权利受限并没有换回政府承诺的内容时，会导致民众对政府治理能力的不信任。对于刑法而言，刑法的发展同样需要避免民众对刑法的不信任度升高，当不信任一旦升高到刑法无法与民众正常沟通，那么就有可能发生民众对刑法所有内容的普遍不信任。因此，刑法在由人主导的社会中要继续发展，必须妥恰地处理好刑法发展的方向与路线的问题。如果刑法因预防犯罪的目的而使惩罚犯罪与保障人权失衡，那么预防犯罪的目的恐怕也要落空。所以刑法长足的发展应当适时控制政治性对伦理性的干预、行政权力对立法权、司法权的干预、公权力对私权利的干预，不刻意在立法与司法中制造危险人的形象，不刻意制造安全的我们与危险的他们之间的对立，不刻意制造刑法万能的效果。只有在坚守之中有变革，在惩罚犯罪的基础上预防犯罪，才能使刑法的发展有根基、有方向、有未来。

2. 坚守与变革的依据具有一致性。

刑法的坚守与变革都立基于当下社会的现实，都以宪法作为最高的理论依据来为各自所持立场背书，因此，刑法的坚守与变革在现实依据与法律依据方面具有一致性。依据的一致性为坚守与改革的沟通提供了便利条件，即使存在不同观点的差异，但具体、客观的社会现实毕竟是两者的共同基础，至少在共同的现实依据中我们可以发现不同观点发生分歧的部分原因。而宪法作为法律依据为刑法的坚守与变革提供了法律支撑，较之于其他领域知识的正当性背书，宪法因其最高的法律效力以及最基本的法律规范，可以更明确、更深刻地指出不同观点的合理之处与存在问题。但是如前所述，之所以当下学界关于刑法的发展出现了不同观点的争辩，原因即在于学者对社会现实与宪法中的内容做出了不同的解读。在不同的解读内容中，当下社会的特征、宪法的精神都出现了不同的版本。不同版本的内容的确影响了不同观点之间的求和，甚至影响了不同观点的求真，但本书认为对客观现实的价值判断并不能否定客观现实的存在，在本质上客观的社会现实才是刑法坚守与变革的真正源头。

但如前所述，在立法、司法过程中所反映的是被建构的社会现实，关于社会现实的事实判断与价值判断杂糅在一起形成了一种新的社会现实。如果事实判断层面的社会现实属于第一阶段的社会现实，那么事实判断与价值判断糅杂在一起形成的社会现实则属第二阶段的社会现实。因为这两者事实上都具备客观性，所以实践中经常将第二阶段的社会现实作为真正的社会现实进行反映，故在此基础上进行的价值判断已经是经过价值判断过后的事实内容。这一点从风险社会理论中可以得到充分的证明，虽然学者们很多时候使用的是风险社会的术语而非风险社会理论，但关于风险社会的特征、风险的评估、风险的治理等内容仍然来自风险社会的理论，换言之，不同刑法观点表达的是风险社会理论中描述的风险社会，而非真实的“风险社会”。对于刑法的坚守与变革而言，如果各自以风险社会理论中所描述的风险社会作为现实社会的依据，结论只能是不同观点的各自求真，冲突也无法回避。此处只是以风险社会理论作为例证，需要警惕和注意的是，纯粹将理论中的社会等同于现实社会进而为刑法的坚守、改革提供证明。不可否认，理论中所描述的当下社会有可能是客观准确的，但也有可能是错误扭曲的。尤其当一种理论具有极大的影响力时，该理论中所描述的场景甚至会取代第一阶段的社会现实对新的第一阶段的社会现实发挥作用。

因此，要实现坚守与变革之间的求和，只能回归至坚守与变革之间的共同事实基础，对第一阶段的社会现实进行审视。因为“概念要真的变成事物，显然需要听从事实提出的问题，而不是听从概念提出的要求”。[①] 预防性刑法范式的形成以及由此引发的问题，在一定程度上正是听从概念的要求，而忽视了事实中所提出的问题。而且尽管积极的刑法观在学界占据主导地位，但这样的主导并没有解决消极刑法观所提出的质疑，只不过是在安全价值观主导下积极刑法观求真的暂时胜利。刑法的长足发展需要化解冲突，达成共识，认同甚至鼓励一种观点对另一种观点的压制，不仅无助于问题的消弭，还会让存在的问题不断积压引爆刑法的危机。所以重点不是观点的支配，而是观点间的共

---

① 赵汀阳：《坏世界研究：作为第一哲学的政治哲学》，中国人民大学出版社 2009 年版，第 264 页。

识，只有共识才会形成观点的合力，进而实现最大的理论优势。

至于宪法作为坚守与变革的法律依据同样存在与现实依据一样的问题，即各方对宪法的精神、内容、条款进行了不同面相的解读，导致各方虽然均引用宪法作为依据，但却在宪法的指引之下形成了不同的认识。尤其是对国家风险预防义务与保障公民权利之间的关系处理主导了当下刑法学界争议的最核心问题。对于国家而言，这两者均是其应履行的义务，但在高度重视风险防控的当下社会，这两种义务的履行发生了比较严重的冲突。冲突背后的真正原因，是不同学者关于宪法中所规定的国家需要履行义务的优先性存在不同的见解，这如同前面提及的价值排序一般，风险预防义务与权利保障义务孰具有优先性，会直接导致另一种义务的履行受限。更重要的是，一种义务履行的优先性内含限制其他义务履行的正当性。换言之，如果国家的风险预防义务在当下社会是国家需要履行的最重要义务，那么即使该义务与其他义务发生冲突，其他义务的履行受限或履行不能都将被认为是顾全大局的妥善权衡。所以问题就在于风险预防义务较之于权利保障义务是否具有优先性？此种优先性的论证不是去说明国家实现风险预防义务抑或是权利保障义务就不受任何限制，而是要说明不同义务的履行受到限制的程度。

关于国家优先性义务的论证并不影响坚守与变革的求和，事实上对于很多支持积极预防性刑法观的学者也同样肯定宪法中人权保障的根本性，之所以对人权的限制要宽松一些或严苛一些，原因仍然在于不同学者关于风险的严重性评断。就此角度而言，宪法依据中的难题在于对具体现实的认知与决断。对于有些学者而言国家履行义务的优先性要随着社会现实的变化而变化，当社会现实严峻时，国家履行的首要义务自然是要保障安全、维护秩序，因此风险预防义务就成为首要义务，而当社会现实相对稳定时，权利的保障就成为优先义务。本书认为这种看似灵活的解决方案并无助于问题的真正解决，而且有可能使安全保障义务、风险预防义务成为国家职责中最重要的内容。因为一旦风险预防义务成为优先义务，权利保障义务很难重新获得主导性的地位。所谓优先义务的适时调整与变更，只能是理论中的完美方案，实践中权利与权力的地位悬殊，要依靠政府自觉来调整义务履行的优先性基本上不可能发生。论证的重点还是需要合理确定国家的主导性义务，因为主导性义务的确定会为义务的冲突提供方向指引。

众所周知，“限制国家权力、保障人权是现代宪法的核心精神”[①]。在建设法治国家的当下中国社会，我们坚守的是人权保障的宪法立场，认同的是以人的尊严为核心的立宪主义，因此对公民权利的保障无疑是宪法中关于国家的优先义务设定。[②] 只不过在绝大多数场景中公民权利的保障必须伴随着其他义务的履行，而且行使义务的主体都为国家，所以导致义务履行效果的混淆与误认。例如，在刑法范畴中探讨预防犯罪与权利保障之间的关系时，的确存在观点认为预防犯罪的目的也是保障人权，进而认为权力对权利所做的限制从个体享受的整体权利而言并未受到减损。这样的结论显然忽略了不同义务的价值偏向，如权利保障义务的价值偏向自然是权利，而风险预防义务的价值偏向则是安全。在不同义务重叠的范围内，各种义务履行的效果并没有太大差异，但在各自独特的领域范围内价值偏向就开始发挥作用。本书认为，尽管在宪法中没有明确规定义务冲突的解决办法，但事实上比例原则的内涵却不断提醒限制权力、保障权利是化解冲突时的依据与指针。因为宪法本身即强调制衡，权力与权利的悬殊决定了从宪法的层面必须肯定权力实施的必要性和妥当性，肯定权利的行使对权力滥用的反向制约作用。而如果风险预防义务具有主导性，那么就意味着在面临关键抉择时，权利无法发挥对权力的制衡作用，比例原则也将失去对不当权力行使的限制作用。即使比例原则再次出现，无非也是通过目的正当来反推手段正当的逻辑运用，因为此种场景中的比例原则已经失去了以保障权利为核心的内涵，成为被肆意利用的工具。

因此，鉴于风险预防义务的主导性可能会带来的弊害，我们必须重新审视刑法范畴中对风险预防义务的过度吹捧。对于刑法的坚守与变革而言，在宪法范畴中重新沟通的前提是将权利保障义务理解为国家的主导性义务。因为这样的前提首先与现代宪法的内涵与精神保持了一致；其次权利保障义务的优先性只是对风险预防义务不当扩张的限制，而非否定刑法中对风险预防义务的体现和践行；最后，权利保障义务的优先性设定才能让宪法中的比例原则真正起到

① 张翔：《刑法体系的合宪性调控——以“李斯特鸿沟”为视角》，载《法学研究》2016 年第 4 期，第 43 页。

② 王旭：《论国家在宪法上的风险预防义务》，载《法商研究》2019 年第 5 期，第 125 页。

审查的作用，而风险预防义务的优先性显然虚化了比例原则，使比例原则无法对部门法中的违宪内容进行纠正。对于目前刑法学界所争议的问题，双方应该本着刑法长足发展的目标进行充分沟通，在权利保障义务的基础上去落实风险预防义务的实现，确保刑法的实现不仅正当地发挥了刑法的作用，而且与宪法的精神与指引不相背离。

（二）坚守与变革的具体措施

在前面对坚守与变革的原因、坚守与变革的一致性阐述之后，本部分将对坚守与变革的具体措施进行论证，就国家安全视阈下预防性刑法范式的未来发展进行阐明。此部分以主导与补充的方式进行表达，意在强调刑法发展中需要正确的价值引领，同时也需要融入现代社会的具体现实特征，其中主导的几组内容共同构成了刑法范畴内的价值指引，补充的几组内容是对主导内容的调剂，是在坚持主导内容的前提下从实质理性的角度对刑法所追求不同价值的沟通。下述几组主导与补充的术语具有逻辑的关联性与内容的相通性，通过将刑法的现在与未来充分关联，以对未来刑法发展的关切来反思和解决当下刑法发展中棘手的问题。因此，坚守是为了守住刑法的根本，变革是为了有能力真正守住刑法的根本，只有在坚守中去变革，在变革中去坚守，才能让刑法的发展有积淀、有新生。

1. 以报应为主导、预防为补充。

以报应为主导、预防为补充，是在强调预防不应成为刑法发展的目标与指引，预防只能是报应限制的预防。报应与预防所引发的学派之争，会关涉对现行法的权威不可动摇的信任所产生的怀疑等重大原则问题，尤其是在充斥不确定性的当下社会，这两者何者为主导、何者为补充，是在回答“中国刑法该如何去”① 的问题。② 刑法兼具报应与预防的双重功效，但就本质而言，报应是刑法的本位。因为对被害人而言，“最直接的司法公正也就在于加害于犯罪

① 【美】罗斯科·庞德：《法的新路径》，李立丰译，北京大学出版社 2016 年版，第 134 页。

② 【德】冯·李斯特：《论犯罪、刑罚与刑事政策》，徐久生译，北京大学出版社 2016 年版，第 1 页。

被害人的犯罪行为受到了应有的报应"[①]。如前所述，刑法所面临的时空背景发生了巨大的改变，但国家治理的手段亦在调整和改变。在国家治理体系中，每种治理手段所承担的角色和作用不同，刑法尽管有预防的效果，但此种预防是由惩罚而产生的预防，并非为了预防的预防。风险的多元以及对风险后果的回避，使刑法的路径由惩罚向预防在改变。由预防进而促生的预防性逻辑，甚或预防主义，不仅改变了我们理解和对待刑法的方式，同时还成为当下社会评价刑法发挥作用的砝码和标尺。[②] 关键在于，预防很容易演变为绝对的预防观念，而绝对的预防最大的危机在于没有限制。因此，以报应为本位，是在肯定预防作用的前提下，将预防置于从属地位，并强调基于风险内涵的预防逻辑所孕育的刑法规范，在通过前必须设置尽可能完备的核查条件以免侵犯法治与人权。

我们可以理解在当下社会对刑法预防功效的强调和凸显，但"单纯将预防犯罪的目的作为刑罚的正当化根据，或者说预防犯罪的目的作为刑罚的唯一正当化根据，则不无疑问"[③]。现代社会中与犯罪关涉的问题并非靠刑法本身即可解决，这是需要系统治理的工程。重刑主义观念的深入人心以及恐惧氛围的营造，使惩罚与预防之间的关系变得扭曲和吊诡。为了预防而惩罚的思维在科学泛化的语境中一再被背书，刑法的内核开始松动。如果报应不是刑法的本位，刑法是否还是刑法？对这一问题的回答，需要梳理刑法的缘起与发展究竟围绕何物展开？从最初的同态复仇的报复型至当下的报应型观念，均主要是基于已然发生行为的惩罚。正是基于报应，使刑罚的启动有了现实的、确定的、可以依凭的证据，使刑法具备了科学测定的标准。现今预防性路径在刑法范畴中的大行其道，表面上扩张了刑法，提高了刑法的地位，但是预防性路径导致的其他后果，如对人权的侵蚀和减损、对法治精神的悖逆，甚至包括预防不能时公众对刑法从迷信到无视的可能情境，不得不让人深思这样的扩张对于刑法、民众、国家而言究竟有多少益处？

---

① 白建军：《公正底线——刑事司法公正性实证研究》，北京大学出版社 2008 年版，第 36 页。

② See Petter Asp. 'The preventionism and the criminalization of nonconsummate offences', in Andrew Ashworth, Lucia Zedner and Patrick Tomlin, *Prevention and the limits of the criminal law*, Oxford University Press, p. 24.

③ 张明楷：《责任刑与预防刑》，北京大学出版社 2015 年版，第 66 - 67 页。

因此，慎重看待刑法的扩张，以报应为本位，是从刑法本身的性质出发，是对刑法价值的正确、客观认识。以报应为本位，是在强调刑法的边界和底线，如果刑法和其他法律之间的界限被淡化和稀释，那么其他法律亦可进入刑法的空间，结果只能造成更多的无序和混乱。以报应为本位，是在强调刑法的有限性，是在肯定刑法应有所为有所不为，毕竟刑法对人的作用力较之其他法律规范会更为严厉，因为其关涉自由甚或生命。以报应为本位，不影响刑法预防效果的实现，相反及时、准确的惩罚更有助于预防效果的达致。基于不确定和可能性的预防，带给公众的更多的是恐慌，而非其一直致力于实现的安全。在刑法范畴中重新正视惩罚，并非当下的刑法已然演变成预防法，而是对预防性路径对刑法侵蚀的一种警示和提醒。以报应为本位，是对刑法谦抑性的回应，是在肯定哪怕是在风险社会的今天，刑法和刑罚的适用均不是任性、随意的，仍是慎重、理性的社会最后一道防线。① 除此之外，以报应为本位，亦在强调刑法并不承担使社会变得更好的职能，其只是从外围划定了个体行动的边界，让个体知道如何行动。②

2. 以行为为主导、行为人为补充。

以行为为主导、行为人为补充是在强调刑法应该是行为法，而非行为人法。刑法要以行为作为处罚行为人的标准，而非因行为人自身的特性去处罚行为人。“传统刑法是一种以行为为主的刑法体系，‘思想不通过地狱’‘思想不分担刑罚’的格言都是传统刑法制度的前提性原理。”③ 之所以强调行为的主导性，并非否认当下的刑法是行为法，而是因为预防性的刑法范式对行为人的关注已经导致了犯罪圈的扩大、法定刑的提升以及司法实践中预防性羁押的产生。尤其是安全的价值观所引发的危险者范围的普遍化，更是加剧了刑法对“危险的他人”的规制，故为了改变刑法对社会危险性的不当扩大，必须重新树立行为在刑法中的主导作用进而收缩对行为人的不当干预。就目前而言，刑

---

① 刘艳红：《实质出罪论》，中国人民大学出版社 2020 年版，第 96 页。

② See Petter Asp. ‘The preventionism and the criminalization of nonconsummate offences’, in Andrew Ashworth, Lucia Zedner and Patrick Tomlin, *Prevention and the limits of the criminal law*, Oxford: Oxford University Press, p. 25.

③ 高艳东：《刑事可罚根据语境中预防论的否定与再生》，载《中外法学》2006 年第 6 期，第 704 页。

法学界争议最少的内容也就是关于行为在刑法中的中心位置，但在当下仅仅是因为行为人的特殊身份启动刑事法体系的，却往往附带着行为，如预防性羁押的内容。从此意义来说，因行为人特性处罚行为人与因行为处罚行为人容易发生混同，即从外观上这两者都是因行为而产生的。按此趋势，如果行为人成为刑法的主导而行为成为补充，至少从表面上我们无法及时分辨出其与当下行为刑法模式的不同。这也或许可以解释为什么刑法不断加重对行为人评价的同时，却很少有观点质疑刑法的重心可能发生的偏转。

本书认为，之所以会将行为人本身的特性以及附随的身体举动视为刑法中的行为，是当下的法益内容在预防路径的作用下发生了改变。虽然绝大多数学者仍援引法益来解释刑法中的罪与刑配置，但集体法益的解释如前所述却一直存在分歧。集体法益是否需要还原为个体法益决定了集体法益的不同认知，对于认同集体法益与个体法益绝对独立的学者而言，刑法中对纯粹秩序的保障、特定领域、特定主体的保护具有正当价值，因为传统的个体法益已经无法发挥风险预防的作用，所以必须对法益的范围进行扩张。因此，在秩序压倒自由的语境下，刑法自然会将行为人作为评价的重要内容，行为人的自由会对国家的秩序构成侵害，尤其是行为人的个体因素恰好属于对秩序可能造成侵害的情形时，行为人的个体因素加之中性的身体举动抑或是一般的失序行为就成为刑法中新的犯罪类型。但是，仔细梳理就可发现，刑法启动的原因并非一般的失序行为甚或中性行为，而是行为人的“人身危险性”。如果直接以人身危险性来作为处罚的依据，显然是直接挑战近代以来行为刑法的合理性，这就导致了即便是要通过刑法直接评价行为人的人身危险性仍然需要借助行为作为媒介，不至于引发过多的质疑。从此推论可进一步得出两个结论：第一，刑法仍以行为作为主导，如果刑法已经将行为人作为主导，则刑法即可放弃行为这一媒介直接规制行为人的人身危险性；第二，人身危险性在刑法中的增加和评价并没有引发足够的质疑。毕竟人身危险性在刑事法体系中的权重不断增大，且刑事法体系对人身危险性的不当评价同样会产生严重的危害。正是因为第二个结论的内容，我们一方面需要解决人身风险性的不当评价已经引发的危害，另一方面需要避免因人身危险性的行为包装导致行为人对行为在刑法中的重心替换。除此之外，还需注意的是，身份政治在当下社会的形成，在整体社会氛围中加剧了社会不同领域对身份的评价和认定。刑法本身的政治性决定了刑法注定会受到身份政治的影响，从而进一步会将社会其他领域认定的危险身份评价为刑法中的危险以及危险人。

因此，在刑法中强调以行为为主导、行为人为补充，首先，是要将刑法中的行为与个体法益进行充分的糅合，防止那些仅仅行使基本权利的行为抑或是一般的失序行为被作为犯罪。① 其次，要将人身危险性与达到侵害个人法益或可还原为个体法益的集体法益的行为进行结合，防止仅仅将人身危险性作为刑法评价的标准进而导致刑法脱离行为而处罚行为人的现象发生。再次，要明确刑法范畴中人身危险性的具体内容，并且要使人身危险性的内容规定具有妥当性。当下关于人身危险性的内容理解并不统一，甚至存在仅仅根据身份来认定人身危险性的情况，如《反恐怖主义法》中的不定期羁押的情况。而立法中的一些模糊规定更是为司法实践中随意确定行为人的人身危险性提供了理由，如在我国司法实践中关于盘查的认定存在着较为严重的身份歧视与标签效应。我们发现，现代社会中的个人身份就像社会身份一样，为某人的他人世界进行了划分。② 例如，农民工因为破旧的衣着打扮以及与当地社会的较难融合成为司法实践中遭遇盘查比例最高的群体。③ 再如不只一个城市的公安机关在内部的规范性文件中规定："体貌与面部表情可疑的人员，民警应予盘查"，而这些人员包括"面带惊恐之状和疲劳困倦之意的，或者整容化妆奇特，如帽新鞋破、衣不合体、上新下旧等"。④ 当然，这些特征或许是警察办案过程中的经验总结，但这些内容仍然指向社会中相对贫弱或相对异端的人群。从这些内容可推论，关于人身危险性的妥当且明确的认定是保障人权的正当出路，如果人身危险性的内容长期停留在抽象、模糊的层面，那么人身危险性的规定势必会被滥用。最后，要明确刑事法内容中人身危险性的具体适用情形，不能笼统地将人身危险性作为原则性的规定要求所有罪名的认定、所有刑事司法实践的

① 姜涛：《在契约与功能之间：刑法体系的合宪性控制》，载《比较法研究》2018 年第 2 期，第 170 页。

② 【美】欧文·戈夫曼：《污名——受损身份管理札记》，宋立宏译，商务印书馆 2009 年版，第 90 页。

③ 郑曦：《论警察的盘查权》，载《行政法学研究》2012 年第 4 期，第 65 页。

④ 艾明：《比较法视野下我国盘查措施启动标准：缺陷分析与完善理路》，载《证据科学》2010 年第 6 期，第 686 页。

启动都进行体现。因此，这也意味着本书并不认同将刑事责任纳入罪刑相适应原则，我国刑法中第五条“刑罚”的含义与西方国家将人身危险性融入的刑事法律后果存在不同，即我国刑法之中并不存在与刑法并列的保安处分制度，故而要将西方国家所肯定的人身危险性与我国刑法进行结合会存在结构上的排斥。①

本书认为，人身危险性在当下社会应限缩体现在危害国家安全、严重侵害公共安全及人身权利的罪名之中，一方面考虑到现代刑法预防犯罪的巨大压力，不建议立即将人身危险性只体现在行刑改造过程之中；另一方面考虑到调节司法公正的人身危险性在预防犯罪的目的下有很大可能会造成刑事司法的不公，因为预防犯罪的目的势必会造成法定刑的滥用，所以本书将人身危险性仅关联在那些侵犯国家安全、严重侵犯公共安全及人身权利的罪名之中，防止人身危险性的过度使用。上述内容是在以行为为主导、行为人为补充的前提下进行的方案设计，旨在尽可能保证在个体普遍被视为危险者的语境下，刑法的反应现实但不冲动。

3. 以实害为主导、危险为补充。

以实害为主导、危险为补充是在强调刑法要避免对危险的过度调控进而导致刑法泛化发生，要避免对危险的过度强调进而导致对危害性原则的扭曲。科学的刑法应该建立在对人的主体性尊重的基础上，以惩罚为本位、以实害为核心去划定自己的调控范围。但“古典的危害性原则的崩溃，揭示了当代刑法所面临的困境。它不仅意味着传统自由保障工具的失落，也主张了权利的工具化与刑事司法的政治化”。② 众所周知，当下世界主要国家的刑法面对风险进行了积极的回应，犯罪前的治理思路在刑法中转化为大量的危险犯及预备犯的正犯化。③ 但问题在于，“鉴于当前风险的大规模的、不确定性的本质，科学本身失灵了。关于这些风险的安全性假设不能被实证地研究，在世界已经成为

---

① 高艳东：《刑事可罚根据语境中预防论的否定与再生》，载《中外法学》2006 年第 6 期，第 706 页。

② 劳东燕：《风险社会中的刑法：社会转型与刑法理论的变迁》，北京大学出版社 2015 年版，第 10 页。

③ 王良顺：《预防刑法的合理性及限度》，载《法商研究》2019 年第 6 期，第 54 页。

一个为了测试损害如何影响人口的实验室的背景中，科学调停的力量微乎其微”①。在“我恐惧”的逻辑作用下，风险在刑法中的地位急剧提升，实害与风险支配了对刑法中危害结果的认识。的确，当下刑法仍以实害为核心，风险（危险）尚不处于主导地位，但如本书一再强调的预防性路径对当下刑法的影响一样，对于风险的刻意强调开始改变刑法的性质。

从本质上来说，预防性路径对刑法学的最大影响在于危险抑或是风险在刑法学领域中的权重增加，进而导致犯罪圈的扩大。这亦是目前预防性刑法范式最为人诟病之处。一方面，以不确定性为特征的风险，在国家安全的场景中，改变了以行为定罪的传统，转向了以行为人本身的风险系数定罪；另一方面，国家对恐惧的管理主要借助不断增修刑法规范进行实践。对实害性原则的弱化、对风险性原则的偏重，是预防性刑法范式的最重要特征。借助媒体的渲染，各种假设的最恐怖的场景一旦爆发所带来的后果，使国民愿意让渡更多的私权来换取安全的实现。但这里有两个问题值得思考：第一，各种极端的场景发生的可能性有多大？是否可以精确估测？第二，通过犯罪圈的扩张是否可以遏制，乃至消除上述灾难的发生？对于第一个问题，很多人会引用过去的事实来为将来的预估提供佐证，其中内含的逻辑是因为过去出现过，所以将来也会出现（或出现的概率很高）。而对于第二个问题，“一定要采取行动，不能静待危险发生”② 成为很多人的共识，至于采取的行动内容以及行动的效果可以用“两害相权取其轻”来解释。这两个问题的答案又可引申出以下问题：第一，过去出现的事实将来是否会发生？换言之，过去实施过犯罪行为的人是否将来一定（或很大可能会）再次实施犯罪？第二，不能坐以待毙的态度固然值得肯定，但如何实现两害相权取其轻呢？法治的丧失和恐怖主义灾难哪一种危险对正常国家的威胁更大？

从关注实害到注重危险，犯罪治理的思路实则是国家治理思路的侧影。让刑法回归到以实害性为原则，是正视刑法本身的有限性。刑法的有限性，决定了刑法本身不可能对所有社会现象都做出妥适的回应。刑法的有限性，亦是由

① 【澳】狄波拉·勒普顿：《风险》，雷云飞译，南京大学出版社 2016 年版，第 53 页。

② See Alan M. Dershowitz.（2007）*Preemption：a knife that cuts both ways*，W. W. Norton & Company，p，245.

刑罚的严厉性所制约。当然，坚持实害性原则并非对其他原则的完全否定，因为没有一条原则可以提出一个对所有犯罪化的正当性来说均为必要的条件。[①]在国家安全的语境中，对入罪标准的重新强调，不仅是在新的社会现实下对刑法的深刻反思，更是对紧迫社会现实的谨慎回应。对实害性原则的坚持，恰是因为预防性路径主导下的刑法范式在入罪的标准上放松了对行为所造成的实害的考量，加重了对行为人危险属性的考察。从另一角度言之，在刑法范式中坚持实害性原则，亦并非限缩刑法的界阈，因为如果"法律把无关痛痒的东西当作必要的东西的话，将会产生一种弊害，那就是把必要的东西当作无关痛痒的东西"。[②]从表面上看，现在社会的确存在更多对人类社会更致命的危险，必要与无关痛痒的认定基于不同的主体会得出迥异的结论，但具体到刑法范式的设计，仍需要考虑入罪化的行为距离对社会的真正危害究竟有多远，并需要考虑此种行为入罪化的刑罚配置是否与行为对法益的侵害相均衡，此外还需要考虑行为人的风险系数在行为入罪以及所接受的刑罚中所占的比重。

以实害为核心，是以报应为本位的刑法观的表征。如同报应并不排斥预防，在刑法范畴中以实害为核心，亦不否认风险的价值。症结之处均在于究竟是实害、惩罚占主导，抑或是风险、预防占主导？当下刑法与战争法、治安管理处罚法、其他治理手段和工具的模糊，部分原因是刑法的定位发生了错位。以实害为核心，是在强调刑法是事后法，犯罪前甚至犯罪前之前的处罚逻辑因为建立在不确定性之上不应当作为刑法处罚行为人的依据。科学的发展的确为犯罪行为的认识、犯罪原因的侦测、犯罪后果的判定提供了进一步充分的证据，基于此，刑法的启动不仅有理，而且更为有力。换言之，刑法中评价的风险应该是有确定依据证明即将对法益造成侵害的现实可能性，而非距离实行行为遥远，更有甚者是基于对行为人个体"危险系数"的评估得出的风险。故以实害为核心，进一步是在强调刑法是基于实施行为的发生而启动，而非脱离行为单纯评价行为人的属性。建立在可能性上对行为人实施的惩罚，将会导致国民的无所适从甚至更多的心理恐慌。

---

① 【美】乔尔·范伯格著：《刑法的道德界限（第一卷）：对他人的损害》，方泉译，商务印书馆2013年版，第9页。

② 【法】孟德斯鸠：《论法的精神（下卷）》，张雁深译，商务印书馆1961年版，第148页。

从实害至风险的强调，表面上回应了当下社会对安全的极度渴求，实则其中存在对风险的偷换概念之嫌。舆论在其对环境进行观察和反应的过程中遭遇了各种各样的信息偏折，风险的内涵随之被置换。① 当下刑事立法、刑事司法中对行为人危险属性的评估在科学的名义下不断被置换为刑法中的危险概念。刑法不恐惧危险、相反承认和接纳行为产生的危险，刑法拒斥的是行为人被贴上的危险标签。但在泛科学的场景中，民众的主观安全取代了客观安全对刑法发挥作用，各种风险在科学的背书下转化为刑法中的法益予以保护，因此刑法中的危险自然也泛化为既包括行为的危险又包括行为人的危险。让刑法与风险保持一定距离，在一定层面上是在处理公权力对私权利干涉的程度和国家治理限度的问题。我们承认风险类型的多元，但无法得知现今社会是否比以往社会更加恐怖的结论。以实害为核心，是在排除“恐惧支配立法”的思潮，让民众的生活空间不至于受刑法太多的干涉和侵犯。

以实害为核心，是在构建一种明确刑法边界的解决方案，通过专门的“预防犯罪法”的制定将刑法中危险犯、帮助犯、持有犯中的轻刑犯从刑法中抽离出来，收缩当下刑法的调控范围，在规制危害行为的同时缓解启动刑法所带来的罪犯交叉感染、再社会化不易等现实困境。当然也有学者认为我国刑事立法不断走向分散化的同时，应针对轻微犯罪制定“轻犯罪法”。② 不过，“轻犯罪法”与“预防犯罪法”的规制范围有所不同，根据学者的建议，“轻犯罪法”中调整的对象主要是将《治安管理处罚法》以及之前由劳动教养法规所规定的各种危害行为。③ “预防犯罪法”与以《治安管理处罚法》为代表的其他预防性的规范性法律文件虽都是针对犯罪预防的法律，但后者所规定的行为类型及处罚幅度都相对轻缓，关于犯罪预防的功能也并不突出，因此通过制定专门的“预防犯罪法”一方面明确犯罪预防的重要性，构建更为完善和切实可行的犯罪防控体系；另一方面解决刑法在零容忍的风险应对语境下刑法边界淡化的风险。

因此，对实害性原则的坚持，事实上是在解答两个问题：第一，为什么惩

① 【美】沃尔特·李普曼：《舆论》，常江、肖寒译，北京大学出版社2018年版，第61页。
② 付立庆：《积极主义刑法观及其展开》，中国人民大学出版社2020年版，第83页。
③ 张明楷：《刑事立法的发展方向》，载《中国法学》2006年第4期，第22页。

罚？第二，怎样惩罚？这两个问题的内核都关涉刑罚权的正当性。立基于报应主义和功利主义的不同立场，刑法自身的道德理性与政治理性亦被糅杂其中，以人为目的的前提却演绎出人实则是实现其他目的的手段的结论。刑罚是一种必要的恶的论断，旨在揭示惩罚不仅是惩罚，而刑罚权之所以正当是因为期待行为人可以理解“对他们的惩罚是对他们犯罪行为的恰当回应”。恰当回应的前提是视行为人具有理性的道德情感主体，同时亦认同刑罚是国家和社会、个体沟通的工具之一。它不仅是国家对个体所实施行为的具体对待，同时也是个体（不限于行为人）对国家所施加惩罚的不同反映的集中表征。[①] 如果惩罚权的设定过程脱离了对实害原则的尊重，对大量的中性行为以及行为人自身的危险因素作为入罪或从重处罚的标准，只会导致刑法预测和指引功能的减弱，由此或会促生对整个法律体系的污名效应。

4. 以刑法为主导、刑事政策为补充。

以刑法为主导、刑事政策为补充是在强调要避免刑事政策对刑法的过度干预，避免刑法的政治性压倒刑法的伦理性进而造成刑法的彻底工具化效应。在预防性刑事立法范式和司法范式的研究中，本书已经论证了刑法与刑事政策之间的关联，并结合李斯特鸿沟是否应该跨越论证了刑事政策对刑事立法、刑事司法作用的限度。本部分之所以再次强调刑事政策的补充性，并非因为刑事政策已经可以主导刑事立法和刑事司法的发展，而是从确定性与易变性的角度来说明刑法的发展不应被易变性的政策进行主导，否则会影响刑法本身的确定性导致刑法无法正常适用。

除此之外，之所以强调刑事政策的补充性，是因为刑法的适用必须考虑民众对刑法的信赖与认同。这里的信赖与认同并非指一味的入罪与重刑，而是对罪行的及时惩罚、公正惩罚。但刑事政策对刑法的过度影响，或许会更及时地惩罚犯罪，但一定会造成刑事立法与刑事司法的不公。之所以如此，是因为刑事政策本身对预防犯罪的追求，使同样的犯罪事实在政策的作用下被诠释出各种不同的版本，辅之以对行为人人身危险性的强调，因此同案不同判的情形并不少见。我们并不反对实质理性的实现，但在积极刑法观如此强势的当下社

① See Lucia Zedner. (2004) *Criminal justice*, Oxford University Press, p. 109.

会，实质理性经常突破了形式理性去追求预防犯罪目的的实现。我国传统的法律文化中本身就有丰厚的实质理性的遗产，而政策本身的特性与实质理性的要求充满了一致性，所以越是强调刑事政策加深对刑法的作用，在刑事法体系中就越是在继续鼓励实质理性的优先性。如果形式理性已经在刑事立法、刑事司法中发展成熟，那么对实质理性的重视自然需要加强。可是形式理性在我国的发展却并不顺利，经常被扣上过于僵硬、无法灵活应对社会现实的帽子而被降等。众所周知，形式理性是实质理性实现的基础，实质理性是对形式理性效果的调节。但现实的情况是，政策对刑事法体系的过度作用，尤其是在刑法解释与定罪量刑之中，实质理性不是形式理性效果的调节，而是对形式理性效果的取代。基于此结论，罪刑法定原则、罪刑相适应原则会被政策的大规模作用所架空。现在刑法中存在不少的罪名、司法实践中也存在一定的案例，专家都争论不休、莫衷一是，更遑论普通的公民要通过刑法的规定、刑事案件的判罚得出相对统一的刑法认知。本书当然不是要求公民关于刑法的认知如同专家一样广博深厚，但最起码民众能够通过刑事法的规定与操作预测自己的行动边界。

当下刑法学界积极呼吁刑事政策对刑法的作用，最重要的原因是现代社会的自反性。但同时正是因为现代社会的自反性，使我们更需要警惕政策对刑法的反噬效应。因此，在直面刑法本身作用的有限性与严厉性的情况下，要实现政策优势性的发挥，只能以刑法为主导来进行方案的设计。如果以刑事政策来主导，那么政策的优势性就会突破刑法的有限性以及进一步加重刑罚的严厉性，从而使刑法不断泛化来服务于政策的需求。当然，针对刑事政策的作用限度学者们也从宪法的层面进行了论证，这样的论证对于控制刑事政策的不当作用的确是有力的说明。但我们不能只依靠宪法来进行事前、事后解释，毕竟宪法只是提供了部门法宏观的范围，部门法中的具体内容仍然是部门法内部的事项。基于此，要控制刑事政策对刑法的不当作用，更为重要的是遏制刑事政策在刑法中过高的声音，防止政策对刑法的矮化、防止政策对刑法作用的不当否定，防止政策立法、政策司法习惯的养成，至少在刑事司法实践中刑事政策的角色必须纠正，防止其越过罪刑法定原则发挥预防犯罪的作用。因此，强调刑法的主导性，就要明确政策的作用是为刑法效果的更优发挥而设置，而非让刑法成为被政策随意支配的工具和手段，就是要明确刑法的发展具有独立的价值和功能，如果没有这些独立的价值和功能，那么刑法的善、恶就混为一体、无法区分。在当今政策的影响力被政府高度肯定且广泛适用的语境下，我们应该要保持足够的警醒。毕竟刑法中有大量的观点是在积极支持政策对刑事法体系的作用，尽管这种支持有限制条件，但政策的强势性以及现代社会的特殊性，使坚固的东西不再坚固。我们要控制这样的观念在刑法中的继续蔓延，必须坚持形式理性的优先性，在形式理性的基础上追求实质理性的实现，避免价值虚无主义抑或是法律虚无主义的发生，[①] 进而使刑事政策作为刑法的补充来填塞进刑法的空隙之中丰富刑法的内容，而非让刑事政策作为刑法的主导来控制罪名的设计、司法的裁判。

5. 以宪法为主导、其他依据为补充。

以宪法为主导、其他依据为补充是强调宪法对刑法中争议问题的解决效力与等级，要避免其他内容对刑法价值、功能、具体条款等可能导致的不当解释，避免不同解释所引发的刑法误用。宪法与刑法均属广义上的公法，“原则上讲，所有的刑法问题都可以从宪法角度来解释”[②]。正是因为刑法问题的宪法化，所以从宪法的层面对当下刑法的发展趋势以及发展中争议的问题进行评析，有助于我们分析清楚刑法争议的核心以及得出进一步的解决方案。以积极刑法观与消极刑法观的争议为典型，其中涉及犯罪圈的划定、法益的解释、刑法的目的、刑法的功能与作用等诸多问题的解释，尽管除了宪法的依据之外，学者们还援引了政治学、哲学、伦理学等其他学科的内容来说明刑法的边界，尤其是从伦理道德方面来说明出入罪的正当性。但从目前来看，宪法在刑法范畴中的具体适用得到了越来越多学者的证成。在刑法范畴中对宪法的重视，与法治国家建设的不断深入紧密关联，不过如何适用宪法中的规定、如何理解宪法中抽象的内容成为宪法与刑法互动的关键问题。如果对宪法的理解有偏差，那么这种有偏差的价值判断就会进一步在刑法中进行体现，如前面关于国家保护义务与权利保障义务的冲突即是如此。换言之，即使在刑法的坚守中宪法的

---

① 刘艳红：《实质刑法观》，中国人民大学出版社 2019 年版，第 51 页。

② 【德】洛塔尔·库伦：《论刑法与宪法的关系》，蔡桂生译，载《交大法学》2015 年第 2 期，第 158 页。

重要性得到普遍的认同，但认同宪法的重要性并不代表刑法学界关于宪法中具体规定的内容已经达成共识。如不同的学者以宪法中的同一个原则作为夯实其观点的论据，以比例原则在刑法中的大规模适用最为典型，无论是肯定刑法扩张的还是否定刑法扩张的学者，纷纷以比例原则作为背书。除此之外还涉及集体法益的解释中是否需要还原至个体法益的保护等，都是在宪法的指引下做出的不同解释。

因此，从形式上看宪法对刑法适用的主导地位基本无法撼动，但刑法问题的宪法化衍生出的问题有三个：第一，学者关于宪法的规定理解存在差异；第二，即使学者对宪法的内容理解一致，但对刑法的理解也存在不同；第三，即使学者关于宪法和刑法的规范理解一致，但对社会现实的认知也无法统一。无论是出现哪一个问题都会影响宪法对刑法的作用效果，尤其是关于社会现实的价值判断存在显著差异的情形下，势必会影响学者对宪法和刑法的认知。如风险预防义务即使在宪法中没有明确说明，但是从宪法中国家保护义务出发结合现代社会的特征，还是会得出国家有风险预防义务的结论。关于社会现实如何理解，会影响到宪法中抽象条款的解读，以及对刑法功能与作用的重新诠释。从此推论来说，似乎有什么样的社会现实，就会有什么的宪法和刑法解释。但是满足社会现实的宪法和刑法解释并不代表自动获得正当性。宪法之所以是根本法，不仅是因为宪法中有最为突出的政治内容，还因为当下宪法的精神表征出在以自由为主的社会中权利保障的主导性。换言之，既然肯定以宪法为主导，那么上述三个问题的解决同样会回归至宪法的精神，以权利保障的主导性去妥当处理宪法理解的差异、刑法理解的差异、宪法与刑法对社会现实反映的差异。因此，对宪法主导性的认同最重要的内容就是对权利保障优先性的认同。之所以如此强调，是因为现代社会虽然是以自由为主的社会但也是自反型的社会，所以从整个社会对抗风险的氛围中并不难发现权利的不断限制已成现实，甚至是趋势和潮流。如前所言，宪法中所规定的权利并非绝对意义上的权利，本书也已经分析了绝对权利会带来的风险和危害。但政府对抗风险的路径进而导致预防性思维的普遍扩张，逐渐地限缩了权利空间的范围。正因为如此，在宪法中要求坚持权利主导的路径，正是要发挥权利的制衡作用，限制权力在风险的预防下出现的不当扩张。只有在宪法中守住了权利保障的主导性，才能在刑法中继续坚持权力限制时的必需性和妥当性，这也正是当下学界所主张的入罪的必需性、正当性、有效性等。

但是，肯定宪法的主导性并不意味着其他出入罪的依据、解释刑法的理论就失去了在刑法中发挥作用的价值。事实上，在知识类型如此细密、专业的现代社会，其他知识内容对刑法的发展存在相当积极、正向的价值，如心理学、医学对人的心理、生理、行为的不断深入认识，社会学、犯罪学对社会关系、犯罪关系的专业解答，以人工智能技术为典型的科学技术对人本身的巨大革新，以及其他自然科学技术对立法技术、司法技术的提升。即使这些知识范畴对刑法的发展具有重大作用，但知识领域范畴的不同决定了不同的知识内容追求的价值并不完全一致，如社会科学虽求真，但求和更重要，而自然科学则纯粹求真。刑法以公正作为价值追求，而自然科学则以正确作为价值理念。以自然科学的标准进行刑法的价值判断，则可能导致正确但不正当的结论。再例如伦理道德与刑法之间的关系，即使是反对刑法道德化的学者也不能无视这两者之间的紧密联系，但同样的道理，以伦理道德规范为主导去解释刑法的出入罪以及具体的条文，会导致刑法内部的混乱。尽管有学者从我国社会中几千年的礼法文化的积淀来论证伦理道德规范对刑法背书的正当性，如“当某个刑事案件的处理过程或结果受到公众质疑的时候，实际上就是来自社会伦理道德上的挑战，或大或小，但都需要我们思考相应的刑法问题”①。但该作者在论文中提及的道德涵盖了自保的规则和利他的规则两类，而伦理则完全属于利他的规则，作者将伦理与道德合为一体，进而将其作为刑法的正当性根据存在逻辑上的问题。刑法中的规则不要求利他，如果将利他性的规则作为正当性的根据，那是否可以认为刑法要承担使人变成道德高尚的人的责任？一旦赋予刑法此种使命，带来的结果将和预防犯罪的目的所促生的效应无异。基于此，本书认为虽然通过宪法来为刑法提供背书并不能完美地解决问题，而且正如学者所言宪法具有封闭性，可能会导致对刑法的证明成为自说自话的游戏。但本书已经论证了宪法会对社会现实进行回应，而且应在权利主导的思维下进行回应。换言之，即使宪法存在一定的不足，但较之于其他知识范畴与刑法处理的对象

① 时延安：《刑法的伦理道德基础》，载《中国刑事法杂志》2019 年第 3 期，第 45 页。

的差异、价值导向的差异进而可能产生的弊害，至少可以保证刑法的确定性，而这是法律制度最重要的特征[①]。

肯定宪法的主导性，同时是对人本身作为主体的肯定。在前面描述危险的他人时已经论证过当下社会关于人的矮化、法律中关于人的自决权的限制已经非常严峻。因此，我们肯定宪法的主导性，正是因为宪法中对人的评价不仅会作用至其他法律范畴之中，同时还会影响社会中人与人之间的正常沟通。“现代法意识中的最根本的因素是主体性意识，包括对本人权利的主张（自由）和对他人权利的尊重（平等）这两个互相关联的方面。”[②] 对人的主体性的尊重，关乎刑法的性质和作用。“司法实践中的预防性羁押甚或预防本身存在的问题，总括而言即为预防没有把人本身当作个体来对待，相反是基于这些人所划定的不同群体所具备的不同属性进行评估。”[③] 刑法发展至今，是伴随着对个体的发现和不断挖掘逐步嬗变的。从罪刑擅断到罪刑法定，刑法不仅担负着惩罚犯罪的使命，同时亦在强调践行保障人权的功能。如何认识和处理以人为原点所产生的犯罪关系，是刑法的核心命题。但当下刑法所处理的犯罪类型与过往时代存在较大差异，对个别犯罪所产生的极端后果愈益强调，刑法被赋予了惩罚法与预防法双重身份。在对风险的格外关注和极端后果回避的语境下，对人本身的理解开始在刑法中悄悄转变，如果说康德把人在所有场合均视为目的充满理想主义色彩，那么人在何种场合应该是目的，何种场合应该是手段呢？看似区分场合对目的和手段进行探讨，实则这样的讨论注定得不出结论。在社会实践中，不同的场景在不断混淆，人是目的还是手段也在混淆。以打击恐怖犯罪为例，世界上主要国家在反恐的法案和措施上，大多将人视为手段进行处理，大规模的监视、监听从反恐领域蔓延至一般社会生活实践，从对恐怖分子的侦察变成对全体社会成员危险系数的评估，战争法与刑法之间的界限一再模糊。在打击不同领域犯罪的“斗争”或“战争”名义下，人在刑法中的主体地位受到波及和侵蚀。

---

① 李琦：《法的确定性及其相对性——从人类生活的基本事实出发》，载《法学研究》2002 年第 5 期，第 24 页。

② 季卫东：《法治秩序的建构》，商务印书馆 2015 年版，第 394 页。

③ See Frederick Schauer. ‘The uniquity of prevention’, in Andrew Ashworth, Lucia Zedner & Patrick Tomlin, *Prevention and the limits of the criminal law*, Oxford University Press, p. 22.

"人权是人类生活这个最大规模游戏中的资格"。[①] 在刑法中对人主体性的尊重，即是对人所拥有权利的重视和体现。故如何划定犯罪圈、如何设置法定刑、如何实施刑罚，因为人的存在，这些问题均变得攸关。因此，作为人而言，权利的妥协和减损似乎是情理之中的事项。但正如本书一再强调，刑法肩负着保障人权的机能，刑法对待人的态度和政府对待公民的态度呈正向互动关系，刑法中犯罪嫌疑人、受害者的地位是政府对待公民态度的表征，同理，政府对待公民的态度也会进一步影响刑法中犯罪嫌疑人、受害者的权利。

刑法随时代变化进行内容更替实属当然，但"刑法的目的不是废除或限制个人自治，而是保护和扩大个人自治，这也在根本上划定了现代刑法的生存空间和行为犯罪化的原则"。[②] 从短期来看，刑法的泛化或可起到惩罚犯罪、预防犯罪、维护社会秩序的功用，但长期的效果并非短期效果的累加，恰有可能在惩罚犯罪尤其是预防犯罪的功效上大打折扣，如果刑法因为社会现实的严峻而不断升级，那么庞大的刑法机器的启动和运作也将不会有之前的威慑力和震撼感，因此，在刑法的变与不变之中，变的前提是对不能变的原则的信奉和坚守，是对人本身的尊重和对宪法精神的恪守。

6. 以公正为主导、其他价值为补充。

以公正为主导、其他价值为补充，是在强调刑事法体系中公正价值的绝对优先性，而其他价值的补充性又可以从形式与实质层面进行探讨。如果从形式的层面来理解其他价值的补充性，则暗示着公正与其他价值的并列性，意味着在公正不能实现时，其他价值还可以充分发挥作用，哪怕这种效果是非公正的也需要肯定。所谓实质的补充性，是指其他价值内容的实现需要以公正为基础，不能超脱公正去谈及价值的实现，而不是指其他价值可以以非公正的效果发挥刑法的作用。本部分主要是从实质补充性的角度来论证其他价值的补充性，而形式方面的补充性事实上也并不符合实际，因为各种价值的实现从来都

---

① 赵汀阳：《坏世界研究——作为第一哲学的政治哲学》，中国人民大学出版社2009年版，第332页。

② 何荣功：《社会治理'过度刑法化'的法哲学批判》，载《中外法学》2015年第2期，第526页。

是不均衡的。公正价值的追求不影响刑法中体现其他价值内容，但其他价值内容应该在公正价值的基础上去实现。本书之所以认为公正应当在刑事法体系中发挥主导作用，与公正作为人类社会中任何游戏的元规则具有紧密的联系，因为“一旦取消公正原则，所有价值和游戏规则将如覆巢之卵”①。对于其他内容公正尚且重要，而法律本身即是规则体系，因此规则若不公正，则法律的正当性和有效性都将受到质疑。如德沃金在《法律帝国》中曾指出，“法律必须以公正原则作为‘立法意图’，而立法意图表现在法律的各种元定理中”。② 当下刑法中因预防犯罪所引发的价值冲突，以自由与安全的冲突最为激烈和典型。在前面我们论证了以自由为主的社会中要避免对安全的过度强调进而不当限制自由，但这一结论的做出从根本上是源于公正原则的要求。换言之，自由、人权等价值都无法自我证成，这些价值被肯定是因为自由与人权会为社会的发展贡献益处，因此“不可剥夺的人权是一个自取其祸的理论，它偏袒了坏人的人权而危及好人的人权”③。刑法中对公正价值主导性的肯定，还因为公正的内涵与报应主义的内涵基本一致，即强调行为与后果的对称性，在此意义上罪刑相适应原则的规定正是基于公正原则的要求。

“公正作为刑法的首要价值，就是说，刑法中的一切问题都应当让位于公正性。”④ 换言之，在刑法中肯定公正原则与公正原则作为刑法的主导性原则并非一个层面的问题，公正作为主导性原则强调的是公正对其他原则的统领作用，强调的是公正原则的优先性，而“公正优先的模式是唯一能够同时保证公正、自由和平等的兼容排序”⑤。因此强调公正的主导性，同时也是结合具体的社会现实，对其他价值综合权衡后的结论。当下刑法中关于自由与安全的冲突所引发的问题已经使法治的精神、人权保障的要求受到波及，尽管前面论证了自由较之于安全更具有优先性。但对于支持安全刑法观的学者而言，对自由优越性的论证还不足以说服其仔细评估安全的过度强调对刑法可能带来的危害。只有引入公正的内容，才有可能改变从自由的视角否定过度安全，从安全

---

①②③ 赵汀阳：《坏世界研究：作为第一哲学的政治哲学》，中国人民大学出版社 2009 年版，第 335 页。

④ 陈兴良：《走向哲学的刑法学》，北京大学出版社 2018 年版，第 2 页。

⑤ 赵汀阳：《坏世界研究：作为第一哲学的政治哲学》，中国人民大学出版社 2009 年版，第 337 页。

的视角否定过度自由的争论模式。公正对自由和安全不作价值方面的直接评断，而从这两者产生的结果来评估在具体场景中哪种价值值得肯定，从更为长远的视角来看哪种价值更需要被保障。公正提供了规则的有效性和正当性，从此意义上公正又成为其他价值在刑法范畴中是否存在问题的检测标准。换言之，公正是前提，也是底线，公正的主导性使刑事法体系不至于过度迎合某种价值以侵蚀刑法的根本。

如果说对安全的强调代表着刑法对社会现实的回应，凸出了变革的侧面，那么对公正的强调代表着刑法的独立价值，凸出了坚守的侧面。不过，刑法所追求的公正，立基于具体的社会现实，抽象地谈公正只会使刑法沦为空具形式理性的空壳。[①] 对公正价值主导性的论证，是因为安全在风险的防控中一跃成为刑事法范畴中最重要的价值导引，而如前所述，安全不具备成为主导性价值的条件，安全暗含着区别对待，如果刑法的规则由安全价值进行主导，那么势必将导致大量不平等的结果。"因为有不平等，才会有社会冲突，也才有公正解决社会冲突的需要和愿望——公正是人们基于不平等的社会现实和平等的社会需要所形成的价值。"[②] 如果不扭转安全价值对刑事法体系的主导作用，则罪刑法定原则、罪刑相适应原则和刑法面前人人平等原则都会受到影响。在此意义上，我们质疑安全价值的主导性，是因为安全价值对刑法的全方位渗入将会侵蚀刑法的根基，进而使其他价值的实现受阻。更何况从刑法的发展来看，安全价值的主导性带有很强的政策性和时空性，换言之，当政策改变、时空背景转换，安全价值的主导性自然就不再具有吸引力。为了保证刑法的相对稳定性，必须放弃具有局限性的安全价值主导性，而从更为普遍的公正的角度来确保刑法在坚守中变革。公正的价值本身就蕴含平等，在对风险零容忍的场景中，刑法以公正为优先，就可以确保弱势群体不至于被贴上危险分子的标签进行被排斥和污名。较之安全对人身危险性的重视，公正更注重对客观行为的对称回应，这样就可以避免刑事立法中、司法实践中出于安全的实现对人身危险性的滥用。

因此，用报应限制预防，正是在公正基础上对安全价值的考虑，这样的处

① 白建军：《关系犯罪学》，中国人民大学出版社 2014 年版，第 363 页。

② 白建军：《公正底线——刑事司法公正性实证研究》，北京大学出版社 2008 年版，第 28－29 页。

理方案至少可以保证公正的实现，正常情况下安全也会得到保障。“一旦取消罪与罚的对称性就破坏了游戏公正，坏人坏事就获得博弈优势，结果等于扶持坏人去破坏更多的人权。”[①] 任何制度都必须将最坏可能性考虑在内，否则这样的制度不能称为有效的制度。如果安全的主导导致了公正的丧失，最坏的结果是什么呢？最坏的结果将是人心的失衡与社会的崩溃。[②] 这看似超出了刑法的效果范围，但刑法与民众的沟通过程却会发生棘轮效应。所以重新梳理和高度重视公正的价值，本身即是刑法的题中之意，以公正去统筹自由与安全的实现自然会对这两者均进行限制，但这样的限制必须放置于更宽广的时空背景中来进行检视。我们不能被一时的策略影响整体的战略，不能以当前的局势来判断长远的走势，虽然未来充满了不确定性，但只要是人所组成的社会，那么规则就必须秉持着公正的立场，否则在足够多的博弈情形中将会出现人人皆是受害者的场景。

本章结语

在国家安全的视阈下，预防性路径对刑法范式转变的背后，是对刑法效果的盲从与迷信。“刑法并非国家用以减少损害的主要手段，它最多不过是在与公共卫生部门、安全检查部门、设备维修养护部门、法规委员会等机构分担这一功能。”[③] 面对全球化与城市化的“内患外忧”，需要的是更为综合、全面的治理体系，而非单纯对刑法的无限扩张。以国家安全为名，刑法的发展突破了原有的界域，这是一种危险的倾向。将社会争端的解决诉诸法律，是法治社会的特征之一。但其中的“法”，不仅在形式上要符合严密的立法程序，在实质上也要契合法治的精神；不仅要实现法律的自由，更要践行自由的法律。简言之，法要高于法律。[④] 固然，“每个社会根据自身需要均可调整犯罪等级，因

---

①② 赵汀阳：《坏世界研究：作为第一哲学的政治哲学》，中国人民大学出版社 2009 年版，第 336 页。

③ 【美】乔尔·范伯格：《刑法的道德界限（第一卷）：对他人的损害》，方泉译，商务印书馆 2013 年版，第 30 页。

④ 梁治平：《法辨：法律文化论集》，广西师范大学出版社 2015 年版，第 212 页。

为在本质上刑罚不再依据过错的严重程度而产生，其只是根据社会用途而形成”[①]。但单纯地以最大多数人的最大幸福，抑或是将价值的不能排序作为完善刑法的基点，可能都有问题。要知道，“人们之所以准备服从一种内容尚未确定的决策权力，是因为人们期待这种权力会按照合法的行为规范运作，从而使自己在发生疑问的时候能够得到话语的说服”[②]。因此，对预防性刑法范式的所有质疑与反思，所有的推敲与论证，所有的坚守与变革，是因为我们坚信未来并非现在已经书写好的未来，未来是正在创造过程中值得期待的未来！

① 【法】米歇尔·福柯：《惩罚的社会：法兰西学院演讲系列，1972-1973》，陈雪杰译，上海人民出版社2016年版，第60页。

② 【德】尤根思·哈贝马斯：《合法化危机》，刘北城、曹卫东译，上海人民出版社2009年版，第49页。

参考文献

一、著作

（一）中文著作

1. 【澳】J. J. C. 斯玛特、【英】伯纳德·威廉斯：《功利主义：赞成与反对》，劳东燕、刘涛译，北京大学出版社 2018 年版。

2. 【澳】狄波拉·勒普顿：《风险》，雷云飞译，南京大学出版社 2016 年。

3. 【德】冯·李斯特：《论犯罪、刑罚与刑事政策》，徐久生译，北京大学出版社 2016 年版。

4. 【德】克劳斯·罗克辛：《刑事政策与刑法体系》，蔡桂生译，中国人民大学出版社 2011 年版。

5. 【德】尼克拉斯·卢曼：《风险社会学》，孙一州译，广西人民出版社 2020 年版。

6. 【德】乌尔里希·贝克、【英】安东尼·吉登斯、【英】斯科特·拉什：《自反性现代化：现代社会秩序中的政治、传统与美学》，赵文书译，商务印书馆 2014 年版。

7. 【德】乌尔里希·贝克：《风险社会》，张文杰、何博闻译，译林出版社 2018 年版。

8. 【德】乌尔里希·齐白：《全球风险社会与信息社会中的刑法——二十一世纪刑法模式的转换》，周遵友、江溯等译，中国法制出版社 2012 年版。

9. 【德】尤根思·哈贝马斯：《合法化危机》，刘北城、曹卫东译，上海人民出版社 2009 年版。

10.【法】埃米尔·涂尔干:《社会分工论》,渠东译,三联书店2013年版。

11.【法】孟德斯鸠:《论法的精神(下卷)》,张雁深译,商务印书馆1961年版。

12.【法】米歇尔·福柯:《惩罚的社会:法兰西学院演讲系列,1972－1973》,陈雪杰译,上海人民出版社2016年版。

13.【法】米歇尔·福柯:《词与物——人文科学的考古学》,莫伟民译,上海三联书店2016年版。

14.【法】米歇尔·福柯:《规训与惩罚》,刘北成、杨远婴译,三联书店2012年版。

15.【法】让·鲍德里亚:《消费社会》,刘成富、全志刚译,南京大学出版社2014年版。

16.【美】本杰明·N. 卡多佐:《法律科学的悖论》,劳东燕译,北京大学出版社2016年版。

17.【美】伯尔曼:《法律与宗教》,梁治平译,中国政法大学出版社2003年版。

18.【美】布赖恩·Z. 塔玛纳哈:《法律工具主义:对法治的危害》,陈虎、杨洁译,北京大学出版社2016年版。

19.【美】道格拉斯·胡萨克:《过罪化及刑法的限制》,姜敏译,中国法制出版社2015年版。

20.【美】汉娜·阿伦特:《极权主义的起源》,林骧华译,生活·读书·新知 三联书店2014年版。

21.【美】罗伯特·C. 埃里克森:《无须法律的秩序:相邻者如何解决纠纷》,苏力译,中国政法大学出版社2016年版。

22.【美】罗斯科·庞德:《法的新路径》,李立丰译,北京大学出版社2016年版。

23.【美】马歇尔·伯曼:《一切坚固的东西都烟消云散了:现代性体验》,徐大建、张辑译,商务印书馆2013年版。

24.【美】纳西姆·尼古拉斯·塔勒布:《反脆弱:从不确定性中获益》,中信出版社2014年版。

25.【美】欧文·戈夫曼:《污名——受损身份管理札记》，宋立宏译，商务印书馆2009年版。

26.【美】乔尔·范伯格著:《刑法的道德界限（第一卷）：对他人的损害》，方泉译，商务印书馆2013年版。

27.【美】乔治·弗莱彻:《反思刑法》，邓子滨译，华夏出版社2008年版。

28.【美】乔治·凯林、凯瑟琳·科尔斯:《破窗效应：失序世界的关键影响力》，陈智文译，生活·读书·新知 三联书店2014年版。

29.【美】托马斯·库恩:《科学革命的结构》，金吾论、胡新和译，北京大学出版社2012年版。

30.【美】沃尔特·李普曼:《舆论》，常江、肖寒译，北京大学出版社2018年版。

31.【意】尼科洛·马基雅维里:《君主论》，潘汉典译，商务印书馆1985年版。

32.【英】弗兰克·菲雷迪:《恐惧：推动全球运转的隐藏力量》，吴万伟译，北京联合出版公司2019年版。

33.【英】霍布斯:《利维坦》，黎思复、黎廷弼译，商务印书馆1985年版。

34.【英】麦克·马奎尔、罗德·摩根、罗伯特·赖纳等:《牛津犯罪学指南》（第四版），刘仁文、李瑞生等译，中国人民公安大学出版社2012年版。

35.【英】齐格蒙特·鲍曼:《全球化——人类的后果》，郭建良、徐建华译，商务印书馆2013年版。

36.【英】伊恩·路德，理查德·斯帕克斯:《公共犯罪学》，时延安、李兰英、陈磊译，法律出版社2013年版。

37.【英】约翰·埃默里克·爱德华·达尔伯格－阿克顿:《自由与权力》，侯建、范亚峰译，译林出版社2014年版。

38.【英】约翰·密尔:《论自由》，许宝骙译，商务印书馆2017年版。

39. 白建军:《公正底线——刑事司法公正性实证研究》，北京大学出版社2008年版。

40. 白建军：《关系犯罪学》，中国人民大学出版社 2014 年版。

41. 白建军：《刑法规律与量刑实践——刑法现象的大样本考察》，北京大学出版社 2011 年版。

42. 车浩：《刑法教义的本土形塑》，法律出版社 2017 年版。

43. 陈兴良：《走向哲学的刑法学》，北京大学出版社 2018 年版。

44. 程燎原、王人博：《权利论》，广西师范大学出版社 2014 年版。

45. 付立庆：《积极主义刑法观及其展开》，中国人民大学出版社 2020 年版。

46. 何荣功：《刑法与现代社会社会治理》，法律出版社 2020 年版。

47. 何荣功：《自由秩序与自由刑法理论》，北京大学出版社 2013 年版。

48. 黄宗智：《中国的新型正义体系：实践与理论》，广西师范大学出版社 2020 年版。

49. 季卫东：《法治秩序的建构》，商务印书馆 2015 年版。

50. 劳东燕：《风险社会中的刑法——社会转型与刑法理论的变迁》，北京大学出版社 2015 年版。

51. 梁治平：《法辨：法律文化论集》，广西师范大学出版社 2015 年版。

52. 梁治平：《寻求自然秩序中的和谐——中国传统法律文化研究》，商务印书馆 2013 年版。

53. 刘刚编译：《风险规制：德国的理论与实践》，法律出版社 2012 年版。

54. 刘艳红：《实质出罪论》，中国人民大学出版社 2020 年版。

55. 刘艳红：《实质刑法观》，中国人民大学出版社 2019 年版。

56. 刘艳红等：《中西刑法文化与定罪制度之比较》，东南大学出版社 2017 年版。

57. 莫伟民：《从‘解剖政治’到‘生命政治’－福柯政治哲学研究》，上海人民出版社 2018 年版。

58. 秦明瑞：《系统的逻辑——卢曼思想研究》，商务印书馆 2019 年版。

59. 苏力：《制度是如何形成的》，北京大学出版社 2007 年版。

60. 孙国祥、魏昌东：《经济刑法研究》，法律出版社 2005 年版。

61. 孙万怀：《刑事政策司法化的内在道德》，北京大学出版社 2021 年版。

62. 许章润：《政体和文明》，法律出版社 2016 年版。

63. 张明楷：《犯罪论的基本问题》，法律出版社 2017 年版。

64. 张明楷：《刑法学》，法律出版社 2016 年版。

65. 张明楷：《责任刑与预防刑》，北京大学出版社 2015 年版。

66. 张一兵：《遭遇阿甘本：赤裸生命的例外悬临》，南京大学出版社 2019 年版。

67. 赵汀阳：《第一哲学的支点》，生活·读书·新知 三联书店 2017 年版。

68. 赵汀阳：《坏世界研究：作为第一哲学的政治哲学》，中国人民大学出版社 2009 年版。

69. 赵汀阳：《论可能生活》，中国人民大学出版社 2010 年版。

（二）外文著作

1. Alan M. Dershowitz. (2007) *Preemption: a knife that cuts both ways*, W. W. Norton & Company.

2. Andrew Ashworth & Lucia Zedner. (2015) *Preventive justice*, Oxford University Press.

3. Andrew Ashworth, Lucia Zedner & Patrick Tomlin. (2013) *Prevention and the limits of the criminal law*, Oxford: Oxford University Press.

4. Benjamin R. Barber. (2004) *Fear's empire: war, terrorism, and democracy*, W. W. Norton & Company.

5. D. Brown and D. Merrill, eds. (1993) *The Politics and Imagery of Terrorism*. Seattle: Bay Press.

6. Hudson B. & Ugelvik S. (2013) *Justice and security in the 21st Century: risks, rights and the rule of law*, Routledge.

7. Ian Loader & Neil Walker. (2007) *Civilizing security*, Cambridge University Press.

8. Jeremy Waldron. (2012) *Torture, terror and trade-offs*, Oxford University Press.

9. Jude McCulloch & Dean Wilson. (2016) *Pre-crime: pre-emption, precaution and the future*, Routledge.

10. Lucia Zedner. (2004) *Criminal justice*, Oxford University Press.

11. Lucia Zedner. (2009) *Security*, Routledge.

12. Michael Ignatieff. (2005) *The lesser evil: political ethics in an age of terror*, Princeton University Press.

13. Richard V. Ericson, Aaron Doyle & Dean Barry. (2003) *Insurance as governance*, University of Toronto Press.

14. Sandra Walklate & Gabe Mythen. (2015) *Contradictions of terrorism: security, risk and resilience*, Routledge.

15. Ulrich Beck. (1992) *Risk society: towards a new modernity*, Sage.

二、论文

（一）中文论文

1.【德】洛塔尔·库伦：《论刑法与宪法的关系》，蔡桂生译，《交大法学》2015 年第 2 期。

2.【德】米夏埃尔·库比策尔：《德国刑法典修正视野下的刑事政策与刑法科学关系研究》，谭淦译，载《中国应用法学》2019 年第 6 期。

3. 艾明：《比较法视野下我国盘查措施启动标准：缺陷分析与完善理路》，载《证据科学》2010 年第 6 期。

4. 卞建林：《我国刑事强制措施的回归与制度完善》，载《中国法学》2011 年第 6 期。

5. 宾凯：《政治系统与法律系统对于技术风险的决策观察》，载《交大法学》2020 年第 1 期。

6. 车浩：《自我决定权与刑法家长主义》，载《中国法学》2012 年第 1 期。

7. 陈兴良：《刑法教义学与刑事政策的关系：从李斯特鸿沟到罗克辛贯通》，载《中外法学》2013 年第 5 期。

8. 程红：《象征性刑法及其规避》，载《法商研究》2017 年第 6 期。

9. 冯军：《犯罪化的思考》，载《法学研究》2008 年第 3 期。

10. 高铭瑄、孙道萃：《预防性刑法观及其教义学思考》，载《中国法学》2018 年第 1 期。

11. 高艳东：《刑罚可罚根据语境中预防论的否定与再生》，载《中外法学》2006 年第 6 期。

12. 古承宗:《风险社会与现代刑法的象征性》,载《科技法学评论》2013 年 10 卷 1 期。

13. 何包钢:《保卫程序:一个自由主义者对卡尔·施密特例外理论的批评》,载《浙江学刊》2002 年第 2 期。

14. 何荣功:《经济自由与经济刑法正当性的体系思考》,载《法学评论》2014 年第 6 期。

15. 何荣功:《社会治理"过度刑法化"的法哲学批判》,载《中外法学》2015 年第 2 期。

16. 何荣功:《预防刑法的扩张及其限度》,载《法学研究》2017 年第 4 期。

17. 何玮鹏:《恐惧:国家安全的心理分析》,载《世界经济与政治》2001 年第 2 期。

18. 贾健:《象征性刑法"污名化"现象检讨——兼论象征性刑罚的相对合理性》,载《法商研究》2019 年第 1 期。

19. 姜涛:《非常时期涉疫情犯罪教义学的重要问题》,载《法学》2020 年第 4 期。

20. 姜涛:《风险刑法的理论逻辑——兼及转型中国的路径选择》,载《当代法学》2014 年第 1 期。

21. 姜涛:《立法事实论:为刑事立法科学化探索未来》,载《法制与社会发展》2018 年第 1 期。

22. 姜涛:《社会风险的刑法调控及模式改造》,载《中国社会科学》2019 年第 7 期。

23. 姜涛:《刑事立法的宪法边界》,载《国家检察官学院学报》2019 年第 6 期。

24. 姜涛:《在契约与功能之间:刑法体系的合宪性控制》,载《比较法研究》2018 年第 2 期。

25. 姜涛:《追寻理性的罪刑模式:把比例原则植入刑法理论》,载《法律科学》2013 年第 1 期。

26. 李忠诚:《刑事强制措施功能研究》,载《法制与社会发展》2002 年第 5 期。

27. 刘炯：《经济犯罪视域下的刑法保护前置化及其限度》，载《厦门大学学报（哲学社会科学版）》2020 年第 4 期。

28. 刘胜湘：《国家安全观的终结？——新安全观质疑》，载《欧洲研究》2004 年第 1 期。

29. 刘宪权：《刑事立法应力戒情绪——以〈刑法修正案（九）〉为视角》，载《法学评论》2016 年第 1 期。

30. 刘艳红：《象征性立法对刑法功能的损害——二十年来中国刑事立法总评》，载《政治与法律》2017 年第 3 期。

31. 刘艳红：《刑法理论因应时代发展需处理好五种关系》，载《东方法学》2020 年第 2 期。

32. 刘燕红：《我国应该停止犯罪化的刑事立法》，载《法学》2011 年第 11 期。

33. 刘跃进：《“安全化”还是“安全议程化”》，载《山西师大学报（社会科学版）》2019 年第 5 期。

34. 刘跃进：《从哲学层次上研究安全》，载《国际关系学院学报》2000 年第 3 期。

35. 罗海敏：《预防性羁押的争议与适用》，载《国家检察官学院学报》2012 年第 4 期。

36. 莫伟民：《管治：从身体到人口——福柯管治思想探究》，载《学术学刊》2011 年第 7 期。

37. 时延安：《犯罪化与惩罚体系的完善》，载《中国社会科学》2018 年第 10 期。

38. 时延安：《刑法的伦理道德基础》，载《中国刑事法杂志》2019 年第 3 期。

39. 孙万怀：《宽严相济刑事政策应回归为司法政策》，载《法学研究》2014 年第 4 期。

40. 田宏杰：《立法扩张与司法限缩：刑法的谦抑性》，载《中国法学》2020 年第 1 期。

41. 王钢：《德国近五十年刑事立法评述》，载《政治与法律》2020 年第 3 期。

42. 王良顺：《预防刑法的合理性及限度》，载《法商研究》2019 年第 6 期。

43. 王旭：《论国家在宪法上的风险预防义务》，载《法商研究》2019 年第 5 期。

44. 吴亚可：《当下中国刑事立法活性化的问题、根源与理性回归》，载《法制与社会发展》2020 年第 5 期。

45. 肖世杰：《法律的公正认同、功能期许与道德承载——对刑法修正案（八）的复眼式解读》，载《法学研究》2011 年第 4 期。

46. 肖文明：《观察现代性——卢曼社会系统理论的新视野》，载《社会学研究》2008 年第 5 期。

47. 谢晖：《COVID－19、信任与国家治理——基于“福山命题”的探讨》，载《学术界》2020 年第 12 期。

48. 谢晖：《论紧急状态中的国家治理》，载《法律科学》2020 年第 5 期。

49. 俞飞：《“道德恐慌”阴影下，刑法不能承受之重》，载《东方法学》2012 年第 1 期。

50. 袁光锋、赵扬：《“恐惧文化”的社会建构及其政治社会后果》，载《南京大学学报（哲学·人文·社会科学）》2020 年第 3 期。

51. 张明楷：《刑事立法的发展方向》，载《中国法学》2006 年第 4 期。

52. 张明楷：《增设新罪的原则——对〈刑法修正案（十一）草案〉的修改意见》，载《政法论丛》2020 年第 6 期。

53. 张翔：《刑法体系的合宪性调控——以“李斯特鸿沟”为视角》，载《法学研究》2016 年第 4 期。

54. 张翔：《形式法治与法教义学》，载《法学研究》2012 年第 6 期。

55. 张小宁：《论制度依存型经济刑法及其保护法益的位阶设定》，载《法学》2018 年第 12 期。

56. 张一兵：《资本主义：全景敞视主义的治安－规训社会——福柯〈规训与惩罚〉解读》，载《中国高校社会科学》2013 年第 4 期。

57. 赵汀阳：《作为产品和作为方法的个人》，载《江海学刊》2012 年第 2 期。

58. 郑曦：《论警察的盘查权》，载《行政法学研究》2012 年第 4 期。

59. 郑玉双：《法律道德主义的立场与辩护》，载《法制与社会发展》2013 年第 1 期。

60. 周光权：《论通过增设轻罪实现妥当的处罚——积极刑法立法观的再阐释》，载《比较法研究》2020 年第 6 期。

61. 邹兵建：《跨越李斯特鸿沟：一场误会》，载《环球法律评论》2014 年第 2 期。

（二）外文论文

1. Claudia Aradau & Rens Van Munster. (2009) "Exceptionalism and the 'war on terror': criminology meets international relations", *British Journal Criminology*, 49: 689 - 701.

2. David Garland. (1996) 'The limits of the sovereign state: strategies of crime control in contemporary society', *British Journal of Criminology*, 36 (4): 445 - 471.

3. David Garland. (2008) "On the concept of moral panic", *Crime Media Culture*, 4 (1): 9 - 30.

4. Gareth Evans. (2004) 'When is it right to fight', *Survival*, 46 (3): 59 - 81.

5. Jeremy Waldron. (2003) 'Security and liberty: the image of balance', *Journal of political philosophy*, 11: 191 - 210.

6. Lucia Zedner. (2003) 'The concept of security: an agenda for comparative analysis', *Legal Studies*, 23 (1): 153 - 176.

7. Lucia Zedner. (2005) Securing liberty in the face of terror: reflections from criminal justice. *Journal of law and society*, 32 (4): 507 - 533.

8. Manuel Cancio Meliá. (2001) 'Terrorism and criminal law: the dream of prevention, the nightmare of the rule of law', *New Criminal Law Review*, 14 (1): 108 - 122.

9. McCulloch, J. & Pickering S. (2009) "Pre – crime and counter – terrorism, Imaging future crime in the 'war on terror'", *British Journal of Criminology*, 49: 629 – 645.

10. Phil Palmer. (2012) 'Dealing with the exceptional: pre – crime and anti – terrorism policy and practice', *Policing and Society*, 22 (4): 519 – 537.

11. Richard Ericson. (2007) 'Rule in policing: five perspectives', *Theoretical Criminology*, 11 (3): 367 – 401.